图书在版编目(CIP)数据

粤语壮傣语问题——附语法语义词汇问题研讨/刘叔新著.—北京:商务印书馆,2006
 ISBN 7-100-04660-2

Ⅰ.粤… Ⅱ.刘… Ⅲ.①粤语－文集②壮语－文集③傣语－文集④汉语－文集 Ⅳ.①H178-53②H2-53③H1-53

中国版本图书馆 CIP 数据核字(2005)第 099716 号

所有权利保留。
未经许可,不得以任何方式使用。

YUÈYǓ ZHUÀNGDǍIYǓ WÈNTÍ
粤语壮傣语问题
——附语法语义词汇问题研讨
刘叔新 著

商 务 印 书 馆 出 版
(北京王府井大街36号 邮政编码100710)
商 务 印 书 馆 发 行
北京市白帆印务有限公司印刷
ISBN 7-100-04660-2/H·1157

2006年5月第1版 开本 880×1230 1/32
2006年5月北京第1次印刷 印张12
定价:21.00元

粤语壮傣语问题
——附语法语义词汇问题研讨

刘叔新 著

商务印书馆
2006年·北京

目 录

粤语壮语关系词的分类问题及类别例释……………………（1）
汉语与壮语同源的和搬借的亲属称谓………………………（28）
汉语傣语同源的基本动作词…………………………………（40）
连山壮语元音系统与粤语的近似……………………………（73）

广州话的长短元音问题………………………………………（86）
广州话元音音位的两个问题…………………………………（100）
介音 u 是广州话的语言事实…………………………………（121）
广州话的形态词及其类别……………………………………（133）
广州话的趋向范畴……………………………………………（152）
惠州话系属考…………………………………………………（166）
　〔附录〕　李新魁《广东的方言·第六章·第二节　粤、客难分的
　　惠州话》……………………………………………（218）
汉语方言区语文教育的方言干扰问题………………………（222）

带连绵义的体词性短语………………………………………（236）
汉语构词法的几个理论问题…………………………………（255）

2　粤语壮傣语问题

汉语时间语义范畴的表现方式体系……………………（274）
句内词语意义关系的性质和复杂层面…………………（299）
习用语辞典与成语惯用语问题…………………………（313）
关于成语惯用语问题的答问录…………………………（330）

中国诗歌文化的语言条件………………………………（348）

当代汉文事务文体的特点………………………………（365）

跋…………………………………………………………（376）

粤语壮语关系词的分类问题及类别例释

一

粤语中存在着古代百越语的底层,特别是存有来自这些语言的大量借词,是长期以来学者们所确认的事实。但是这两桩事的关系如何,大家认识上有分歧,一般又还有点儿模糊。近有学者在专论中明确区分开借词和属于底层中的词,认为底层是语言融合的结果,而借词只是不同民族间一般经济文化交往的产物。①这种区分有些道理;至少,借词在概念上确然不应与作为一种底层成分的词相等同。然而语言的融合有多种模式。有的甲语言彻底战胜乙语言,乙被甲同化而导致其自身的消失;有的甲语言与乙语言融合成一种新的语言——混合语,虽然甲或者乙未必就不再独立生存下去;有的甲、乙两种语言尽管长期密切融接,相互吸收对方的大量成分,但最终谁也没有战胜谁,双方仍各自独立发展下去。随着早期从中原和荆楚移居岭南的汉族先民而进入百越语区的古代汉语,同周围的百越语所发生的融合,就表现出这后一种模式。因为双方都确曾给予对方种种影响,把己方大量成分渗入到对方里去,而一方仍按照自身的特点演进为现代的壮语、布依语、临高话、侗语、黎语等,另一方则继续依循固有的内部发展规律,发展为汉语的一种重要方言。粤语虽掺有来自百越语的不少成分,但其词汇、语法、语音系统在整体上和大部成分上仍保持着汉语的特点;另外在这些特点上及文字上还反映出其使用的群体有着和汉民族共同的心理素质,并非另一种民族。因而粤语只是经过一段语言融合过程而形成的、独特性较多的汉语方言,似难以像有的学者主张的那样具有独立语言或混合语的性质。[②]那么,在这样一类无胜负之分的语言融合之后,在发生过融合的粤语和某些百越语"后代"语言中,从对方吸收过来的词是否只能定为"底层"现象而不可以同时也看作借词?看来,否定的回答较为合理。只一度相融而最终未合,其结果从对方语言吸收过来的词与一般的借词就不存在实质上的差异。上述第一类融合下完全战胜的语言所留存的底层词,情形也一样。在一定的观察角度和范围内,底层词可以说就是古代在语言融合中产生的借词。"借词"概念的外延可以把很多底层词(非混合语中的)包括进去,尽管它们的搬借成因有着不同于一般借词的特殊之处。

  本文在这开首部分之所以提出借词和底层的关系问题,是由于明确一般底层(非混合语中者)的词也属于借词范畴,乃是探讨关系词分类的必要前提。的确,问题就在于历史比较语言学面对所比较分析的不同语种[③]时,对于它们彼此在音义上相近的词——那些并非偶然近似而是相互存在某种必然关联的词,最终需要分辨出从同一母体分化来的和仅仅搬借而来的两类。换言之,历史比较语言学需要把"借词"与"同源词"对立起来使用,这是确定语言亲属关系的研究任务和基本的研究方法所决定的。探讨粤语和壮语关系词的分类问题,不仅为了加深对粤语壮语词汇的了解,更是为了推进汉语和侗台语是否存在亲属关系的研究,因此这种探讨自然须将借词概念扩及底层词作为一个必要的出发点。

众所周知,要确定出汉语的和侗台语的同源词,困难极大。作为先行的、奠基的重要步骤,先把彼此在语音形式及所示意义上有一定关系的词汇成分尽可能多地发掘出来,则比较现实而可行。由是便先后出现"关系字"④"关系词"⑤的概念,并涌现出对这方面深入开掘研究的丰富成果。

但是,无论汉语和侗台语亲疏关系的研究,还是粤语中百越语底层词的探索,都还不能满足于关系词或关系字的发掘和确定。关键性的、进一步的工作,是要科学地把关系词中的同源词肯定下来,换句话说,须要在关系词中鉴别出哪些是借词,哪些是同源词。这就是要求把关系词加以分类——首先要分出一部分不能说明亲属关系的,一部分足以证实亲属关系的。

这项工作虽然举步维艰,但是步子总须迈出,哪怕仅仅是尝试性的。何况目前迈此一步既极为需要,也已具备实现的条件。事实上,邢公畹先生多年来丰硕的研究成果就既是一方面不断充实了这种条件,也是率先跨出了确定汉台语同源词的步子。他在20世纪80年代就已得出了"汉语和侗台语之间有许多同源词"的结论。⑥

二

从现有的有关语言材料可以看出,汉语当中以同古代岭南百越语发生过融合的方言——粤语具有最多的"汉—侗台"关系词,而侗台语方面则以始终和粤语相邻近而且接触面较广的壮语最明显地拥有大量"粤—壮"关系词。因此讨论"汉—侗台"关系词的分类问题,先把范围具体定在粤语和壮语之间,可能比较适当。本文还准备以广州话作粤语的主要代表。相应地,壮语以同广州距离最近的壮族聚居地——粤北连山的壮话为主要代表,因为一来它同粤语融合的程度可能最高,二来可以给汉台语的比较研究补充一些粤境壮语的新语料。

在粤语壮语关系词(不包括壮语中明显地是现代借自汉语的词)中,有一小部分较易看出是借词和被借词,绝大多数都需要细心考察,才能就其搬借性质抑或同源性质作出推断。搬借性质的推断还须建立在区分两类借词的基础上。一类是甲语借自乙语的,一类则是乙语从甲语借来的。前一类只对于甲语来说是借词,乙语方面相对应的词只是乙语的被借词;后一类,情况自然相反。

判断为粤语借自壮语的借词,应有以下几个方面综合起来的依据:(1)含有非汉语本身的(非汉语古来一直存在的)语素材料。(2)汉语其他各大方言,特别是北方方言以及与岭南两广地区隔离开来的吴方言、湘方言、赣方言、闽北方言等都没有这种说法。(3)在南北壮语里都有在音义上类似或接近的说法;或者除了某支壮语,侗台语族其他某些语言也存在这样的说法。(4)该词所指的事物对象一般非精神文化或高程度物质文明的表现,而是极普遍的东西、行为、方式等。由于古代移居岭南的汉族人民在文化发展水平上比当地民族高,因而反映出较高文化发展水平的词无须从当地民族语言借入,而只有可能输出;日常生活中使用的、指称极普遍事物的词,则较可能从当地的民族语言借入,因为当地民族语言使用人口相对地比陆续迁来的汉民多,陷入当地民族语言汪洋大海中的汉语自然容易因民族间生活上的频繁接触而在这类词中受到当地民族语言的极大影响。但这是一般情势,并非绝对的、严格的规则。因而依据的第(4)方面不能成为像(1)(2)(3)三个方面那样的有力准则,只是有较多参考因素的作用。但是它可配合着前三方面合成一个整体;在这种情况下,就仍不失其准则性。整个依据是比较可靠而有效的。例如,广州话中的近指代词"呢"ni^1("这"义),已有学者指出有受当地少数民族语言影响的表现痕迹。① 可以更明确地肯定,它就是来自壮语的借词。因为中国的古籍,包括字书、韵书和早期经籍,都不见音义上接近 ni^1 的近指代词;"此"(上古音为 *$ts^hjək$;广州音 ts^hi^3)和后起的"这"(广州音 $tsɛ^5$)肯定都不可能同 ni^1 有什么渊源关系,即近指代词 ni^1 不是汉语本有的成分,粤语、客家话以外的汉语方言都不存在近似于它的语素也证明了这一点。而同样意思和功能的词,在连山小三江壮话里是 ni^3,武鸣壮话里是 nei^4,傣语(西双版纳)为 ni^3,泰语为 ni^4,临高话 $niʔ^8$ 或 $nəi^4$,侗语 $nai^6$⑧,水语 $na:i^6$,黎语(通什、黑土)ni^5,都充分表明了是侗台语中本有的词汇单位。这样一个表示一般远指概念而起广泛替代作用的普通常用词,不反映文化发展水平的高低,早期进入岭南的汉语自然完全有可能从一直最靠近的壮语把它搬借过来。

粤语中有的合成词只是部分词素借自壮语,即所谓半音译词。确定一个关系词具有这种性质,其依据与完全的壮语借词(纯音译词)大体一样。例如广州话指基本上成熟而尚未下蛋的小母鸡为"鸡项"$kɐi^1 hɐŋ^3$,其中的词素"鸡"当然是汉语本有的词汇成分,"项"则是外来的:除粤语之外,所有其他汉语方言都没有音义上和这相近的语素;而连山壮语指这样的小母鸡的词是 $haŋ^6 kɐi^5$,武鸣壮语是 $haŋ^2$,侗语是 $laŋ^2$,水语是 $ʁa:ŋ^1$,连山壮语还用 $haŋ^6 kɐi^5$ 来指称下过蛋而未曾孵过小鸡的母鸡。很清楚,广州话的"鸡项"是部分词素借自壮语的半音译词。

在粤语壮语关系词中,要判断某一个是粤语中早先曾输出到壮语的被借词,即确定壮语中相应的词是古代、近代来自粤语的借词,须得以如下情况为依据:(1)粤语中这个词从音义上看须是汉语古来本有的成分;但只是粤语沿用下来或只有粤语使用这样的名称,其他汉语方言都没有类似说法。(2)壮语相应的词,没有在其他壮侗语族所有语言或分布在空间距离很远的语言中发现形式上相近的说法,即它没有任何从壮侗语本有的共同母体分化而来的痕迹。(3)该词所指的事物对象一般曾是较高精神文化或物质文明的表现。不过这一项比上一类借词的第(4)项更带参考性质,因为岭南地区的古百越语和后来的壮语也未尝不可能从该地区的汉语吸收一些不反映精神文化和物质文明高低的普通词语。

例如,广州话把木板鞋说成 $k^h\varepsilon k^9$。乍听来,相当特别,似可能借自外族语言;连山壮语指木板鞋就有 $kiak^8$ 或 $hai^1 kiak^8$ 两个说法。其实,广州话的 $k^h\varepsilon k^9$ 是公元1世纪(西汉元帝时)问世的《急就篇》已编进去的常用词"屐"。其上古音为 $^*gjiak$;⑨其本义,唐颜师古注《急就篇》时就指明:"屐者,以木为之,而施两齿,可以溅泥。"该词最迟南北朝时还衍生出"木屐"、唐时衍生出"屐齿"的固定说法。⑩后来产生了"鞋子"的引申义。⑪可见"屐"是古代汉语所固有的、曾较为常用而有过能产性的词。只是中古以后,北方方言区和大部分南方方言区的口语弃用它,粤方言区口语却一直沿用了下来。应该说,两千多年前利用木材制成底下有两脚齿的鞋子,以便于在泥泞道上行走,是很好的发明,是当时汉族人民在物质文明创造上处于先进地位的一个例证。连山一带壮族的先民,把这种便利于行走的生活用品,连同它的名称,从邻近的粤境汉民那里搬用过去,是很自然的。而地理上同粤民拉开了距离的侗族没有可能从粤民那里搬用木板鞋,他们的侗语(以黔东南榕江[章鲁]侗话和湘西新晃侗话为代表)里,也就不存在指说此物的词。这可以更充分地说明 kiak⁸ 是壮语中的粤语借词,广州话中的 kiek⁹ 则在历史上曾被壮语所搬借。壮语中同样存在半音译的汉语(或古代、近代粤语)借词。确定壮语中的这类不完全的汉语借词(或相应粤语中的半音译被借词),其依据也与完全的汉语借词(或粤语中的完全被借词)大体一致。例如,连山壮语的 ma¹tin²,意指疯狗;词含两个语素:ma¹-,意思是"狗",独立出来就是个常用词;-tin²,意思是"发疯",是粤语语素"癫"的音译。在广州话里,管发疯叫做"发癫(fat⁸tin¹)",疯狗是叫做"癫狗(tin¹kɐu³)"。语素"癫"还能独立作谓词用(如说"佢癫咗(他疯了)")。它是古汉语词"癫"⑫一脉相承下来的。演进到现代普通话,"癫"只用作词素,出现在三个并联格的复合词中:癫狂、疯癫、癫痫。而在广州话里这"癫"另可出现在质限格的复合词(癫狗、癫佬、癫婆)和支配格的复合词(发癫)中,还成了口语里的常用词。"癫狗"的说法,独见于粤语,其他汉语方言都不这样说。从另一方面看,在壮侗语里,指疯狗的词用上"癫"(tin)这个语素的情形又并不普遍存在,表示"狗"的语素却都普遍是 ma。因而连山壮语 ma¹tin² 的-tin² 毫无疑义地借自粤语,而 ma¹-则是本族语言原有的语素。

在粤壮关系词的借词大类中,还可分出一个特殊的小类——互借词。当 A 语种一个合成词的甲语素借自 B 语种,而乙语素却为 B 语种所借时,这样的词就是互借的。确定互借词的依据,当然简单地是上述两个相因应语种不完全借词的确定依据的相加。可以论定的互借词,比一般单方面搬借的借词少得多。例如,连山壮语表"个子瘦削、细高"义的 çiu¹tiu⁶,其前一成分 çiu¹ 并没有以近似的形式在各地壮语及侗语、黎语、傣语、临高话中出现,显然是粤语"瘦"的搬借;后一成分 tiu⁶ 却被粤语搬借——现代粤语粤中分支部分的形容词"鬏"("个子细高"义;广州音 liu¹,惠州音 lieu¹)是来自古代壮语这一相应语素的。粤语某些远的分支部分和汉语其他方言都不存在"鬏",古代此词也只在《广韵》及其后的《字汇》等工具书里有极简单的解释,不见有任何书面作品用例;而地理上与粤北连山壮语分隔得相当遥远的桂西田东壮语,却依样具有和连山壮语语素-tiu⁶ 意思一致、声音有点接近的词 lieu⁴。这表明判断粤语"鬏"从壮语借来,比认定壮语的-tiu⁶(或 lieu⁴)是粤语"鬏"的搬借,可靠性要大得多。

在粤语壮语关系词中,要推断哪些是同源词,自然得有不同于确定借词的依据。虽然理论上说,运用排他法的结果,可以把那些凭确定借词的依据不能定为借贷产物的关系词,都往同源词方面放;但是这有出错的很大危险:不能保证在非彼此搬借的关系词中,不会掺有不出于同源而是通过其他途径造成的、音义都相近的单位。所以从正面来认识和把握同源词的必要条件,是不可或缺的。把某些粤语壮语关系词推断为同源词,须有以下三方面综合起来的依据:(1)除了在粤语及壮语,它们还以一致的或相近、相关的意义和接近的语音形式,在侗台语其他各种语言中或在大部分侗台语——它们包括有彼此地域上相隔遥远的不同语种,特别是包括有与粤语分隔得最远的泰语或同泰语十分接近的傣语——当中出现。被广袤的地域空间所隔开、使用它们的社会集体历史上长期没有政治经济联系的不同语种里,音义上彼此都相近的一些词自然可以排除搬借的成因;而通过一些中介语种的递相借用来造成它们的相近，可能性又极小。剩下来，其成因当然最大可能地是来自一个共同的原始母体。(2)粤语中的粤壮关系词是汉语历史上早就存在的本有成分，而这一点有上古文献资料有关记载的证实，或有汉语许多方言普遍承传使用下来的佐证。(3)所涉及的词是指原始社会人们普遍认识的基本事物对象、活动行为或普遍应用的基本观念、概念的。

同源词应包括一种只是词的部分语素有同源关系的单位。确定粤语和壮语这种同源词的依据，和上述的一致，虽然考察点主要落在词内的某个语素上而非整个词上。

由于依据方面的充分程度会有高低不一的情形，粤壮同源词须分为两小类：基本上肯定的同源词和极可能的同源词(词语远古的历史渊源和分合发展情况，毕竟无从看出其确凿表现，也难作验证，两小类同源词在称名上自宜审慎地作这样的限定)。

例如，广州话的"火"fɔ³ 和连山壮语的 fi² (指火)有同源关系。因为同样指火，广西北部壮语的说法是 fei²，南部壮语是 fɐi²，泰语和西双版纳傣语同为 fai²，布依语为 vi²，临高话为 vəi²，榕江侗语 pui¹，水语 vi，毛难语 vi¹，通什黎语 fei¹。分布于辽阔境域的三个语支的那么多语言，说法的声母大体相同；榕江侗语的 p-声母以与古汉语重唇音声母的一致又恰恰证实了这大体相同不是偶然的，而是同一原始声母有类似演化过程的结果。榕江侗语此词的韵母-ui，则仿佛是广州话韵母-ɔ 和连山壮语、布依语、水语、毛难语等的韵母-i 之间的发展过渡状态，表明了这-ɔ 和-i 存在着语音演变规律上的因应关联。而广州话的"火"毫无疑问是汉语从上古一直承用下来的词。在汉字还是象形字的时期，"火"就已是个基本词。

再如，指跳蚤的广州话"狗虱"keu³set⁷和连山壮语meu²met⁷，在后一语素上，可以看出有共同来源。"虱"在广州话中是一个自由语素，独立作词使用时（如说"重唔洗头，生虱喇"），表示"虱子"；而在"狗虱""木虱"（指臭虫）"虱𤶅"（指虱子）等合成词中，意义广泛化，是"从皮肤外部侵害人体或高等动物体的小寄生虫"，和连山壮语合成词 meu²met⁷ 后一语素 met⁷ 的含义一致。在三个语支的一系列语言中，都有意指跳蚤而语音形式上和-met⁷一致或接近的、独立作词的语素：广西壮语 met⁷，布依语 mat⁷，西双版纳傣语 mat⁷，泰语 mat⁷，临高话 mat⁷，榕江侗语 ŋwet⁷ʼ，水语 m̥at⁷，仫佬语 m̥at⁷，毛难语 mat⁷，保定黎语 po:t⁷。广州话中的"虱"和北方方言中普遍存在的语素"虱—"，都来自上古汉语同一个单音词，古来书为繁体字的"蝨"。战国时《韩非子》中就有"甲胄生虮蝨"之句。《说文解字》："蝨，啮人虫。从䖵，卂声。"可见，"虱"自古在汉语里就是个常用词，其上古时的含义和语音形式与现代壮侗语都接近。

以上两组实例，都是基本上肯定的同源词。

而像广州话"我"ŋɔ³和连山壮语的 ku¹（表示我），则是极可能的同源词。表示"我"的意思，武鸣壮语说 keu¹，泰语说 ku²，西双版纳傣语说 ku¹，临高话 kau²，榕江侗语 jau²，水语 ju²，通什黎语 hou¹。虽然词形在声母的发音方法上，侗台语和粤语的似有难以直接勾连的差异，但在发音部位上却是相当一致或接近的，这使得推想这些声母都来自一个原始共同的 *ŋg-成为可能。另外，词形在韵母方面都一致地有后圆唇元音的事实，也提供了这些韵母来自同一个早期韵母的线索。因此仍然有根据可把广州话的 ŋɔ³ 和壮语、泰语等的"我"放到同源词范围里去。

看来,只要认真从上述几种不同的依据出发来鉴别、定性,排斥任何无根据的主观推想,做到尽可能符合历史发展的逻辑和真实轨迹,是能够把粤壮关系词科学地加以分类,得出迫切需要弄清的同源词和底层借词的有关情况的。

三

下面有必要给粤壮关系词的各个类别补充一些实例,以进一步表明凭以鉴别各类别的依据合理可行。每个实例,不再如上文提出的那样作详细分析说明,而只求表达简括。

(一)借词

1. 粤语中的壮语底层借词

A. 完全借词(纯音译词)

(1) 广州话"痕"hen^2,表示痒。

同是"痒"义,连山壮语相应的词是 hom^4,武鸣壮语是 hum^2,傣语 xum^2,临高话 kum^2,榕江侗语 ɬhəm^1,黎语 k^{h}om^1、k^{h}ɯm^1。广州话"痒"义的 hen^2,在粤语之外的汉语方言里没有近似的说法。汉语古代文献亦无影迹。

(2) 广州话"㧅"ŋou^2,表示摇晃(瓶中物)。

同是"摇晃(瓶中物)"义,连山壮语相应的词是 ŋau^1,广西壮语 ŋau^2 或 pet^7,临高话 ŋou^2,榕江侗语 ŋau^2,但傣语是 sen^5 或 pat^8。

广州话"摇晃(瓶中物)"义的 ŋou^2,粤语之外的汉语方言里不见近似说法,汉语古代文献亦无影迹。

(3) 广州话"搣"⑬mit^7,表示拧或折取。

同是"拧"或"折取"义,连山壮语相应的词一样是 mit^7,榕江侗语也是 mit^7。

粤语之外的汉语方言里不见与广州话 mit^7 义同音近的说法。汉语古代文献亦无其影迹。

(4) 广州话"躎"⑭ nin^3,表示"用手捏弄(软物)"。

同是"用手捏弄(软物)"义,连山壮语相应的词是 $nɛŋ^3$,湘西新晃侗语是 ȵhən⁶。

粤语之外的其他汉语方言,不见与广州话"躎"相近的说法。古代文献不见有此词。

(5) 广州话"嘥"sai^1,表示浪费。

连山壮语相应的词是 $ɬai^1$,⑮ 表示"多"义。被吸收到粤语后,"多"义引申为"浪费"义。同样表示"多"义的词,武鸣壮语是 lai^1,泰语 lai^2,西双版纳傣语 lai^1,通什黎语 ɬa:i。

粤语之外的其他汉语方言没有音近于广州话 sai^1 而表"浪费"义或相关意义的词。古代文献里不存在"嘥"字。

(6) 广州话"哈"ha^1,表示欺负。

同是"欺负"义,武鸣壮语是 ha^3,西双版纳傣语是 jam^6ho^1。粤语之外的其他汉语方言没有 ha^1 音而表"欺负"义或相关意义的词。古文献中亦不存在。

(7) 广州话"酞"⑯ tem^6,表示用力踏地。

同表"用力踏地"义,武鸣壮是 sem^5,临高话是 sam^3,侗语是 tem^6,保定黎语是 tom^2。粤语之外的其他汉语方言没有接近于广州 tem^6 音而表"用力踏地"义或相关意义的词。古文献中亦不存在。

(8) 广州话"䑛"⑰ $lœn^3$,表示舔。

连山壮语相应的词是 løn⁶,指舌头。此词被吸收到粤语后,"舌头"义引申为"用舌头摩擦(某种东西)"义——"舐"义。现同指舌头的词,武鸣壮语是 lin⁴,靖西壮语是 løn⁴,泰语和西双版纳傣语同为 lin⁴。

粤语之外的其他汉语方言没有接近 løn³ 音而表"舐"义或相关意义的词。古文献中亦不存在。

B. 不完全借词(半音译词)

(9) 广州话"唛菜"makʔtsʰɔi⁵,指一种叶子和茎都似莴苣的蔬菜。

连山壮语指同一种蔬菜的词是 piak⁶mjuk⁸(意为水果菜),武鸣壮语管梨子叫做 mak⁹lei²,而黎语称形近于莴苣、唛菜的萝卜为 ta:i⁷mə:k⁷,临高话称萝卜为 mak⁸fak⁸。除了粤语、客家话,其他汉语方言都没有这种蔬菜名。古代汉语不存在音近 mak⁷ 而义为水果的语素。可知广州话"唛菜"的"唛"从壮语而来。

(10) 广州话"碌柚",指柚子。

连山壮语称柚子为 lık⁶pʰuk⁶,武鸣壮语为 mak⁷puk⁸,临高话为 mak⁸ŋuk⁸。

"碌柚"的"柚"是汉语原有的语素。《说文解字》:"柚……似橙而酢。从木,由声。《夏书》曰:'厥包桔柚。'""碌柚"的"碌"却并非汉语本有的,"石貌"义语素的"碌"(《说文新附》:"碌,石貌。从石,录声。"),而是壮语表"柚子"义语素(其音以-uk 为韵母)的音译。粤语之外,汉语其他方言都没有"碌柚"的说法。

2. 壮语中的粤语(底层)借词

A. 完全借词

(11) 连山壮语 ma¹løu⁵,指猴子。

广州话把猴子叫做"马骝"ma⁴lɐu⁵,这是粤方言独自用古汉语语素造成的词。⑱《说文解字》:"骝,赤马黑髦尾也;从马,留声。"连山壮语的 ma¹lɐu⁵ 显然借自粤语。临高话 ma²ləu²、仫佬话mə⁶lau²,也是源于粤语的"马骝"。侗台语大多数都自有指猴子的固有名称,如武鸣壮语是 liŋ²,靖西壮语 ləŋ²,布依语 liŋ²,泰语和西双版纳傣语也都是 liŋ²,而侗语则是 mun⁶,水语 mon⁵,毛难语muːn⁶。可见得连山壮语的 ma¹lɐu⁵ 是外来的。

(12) 连山壮语 cuk³ɬau⁵,指粗长的大竹竿(一般用来撑船)。

广州话里相同意义的词是"竹篙"tsuk⁷kou¹。连山壮语的 cuk³ɬau⁵ 即借自粤语的"竹篙"。"竹"是汉语早就存在的语素不必说;"篙"也是汉语古来有之。《说文新附》:"篙,所以进船也,从竹,高声。"《广韵》:"篙,进船竿。"《淮南子·说林》就用了这个词:"以篙测江,篙终而以水为测,惑矣!"而侗台语大多没有音近于 tsuk⁷kou¹ 或 cuk³ɬau⁵ 的词。如侗语只把大竹竿说成 kon⁵(榕江)或 kan⁶wen¹(新晃)。

(13) 连山壮语 ɬa²kɔt⁸,指凉薯(地瓜),一种果肉白色、味甜,去皮可生吃或炒熟而吃的薯类。

广州话同所指的词是"沙葛"sa¹kɔt⁸。ɬa²kɔt⁸ 即来自粤语的"沙葛"。语素"沙""葛",汉语自古便存在。《说文解字》:"沙,水散石也。从水,从少,水少沙见。"后"沙"引申出粗糙义。《旧唐书·食货志上》:"令百姓依样用钱——沙涩、厚大者,皆不许简。""沙葛"的"沙"即用的"粗糙"义。"葛",春秋时便见于《诗经》《易经》,《说文解字》解释为"絺绤草",指一种豆科藤本植物,其块根富淀粉而供食用和入药。⑲侗台语大多没有近似于 ɬa²kɔt⁸ 或 sa¹kɔt⁸ 的说法,如田东壮语就只借一个成分,说成 mɛn¹kat⁸,新晃侗语甚至是形式上不相干的 ma¹ŋəm²。

(14) 连山壮语 kɐp⁷çu¹，指蛤蟆。

广州话把青蛙及与其相类的动物，统称为"蛤"kɐp⁸。连山壮语 kɐp⁷çu¹ 的"kɐp⁷-"即来自粤语的"蛤"。"蛤"自古即存在于古汉语。《说文解字》收了"蛤"(写作䗊)。《广韵》里的"蛤"字，列入合韵，古沓切。原义为海产的贝壳类软体动物，后又可用来统指青蛙和蟾蜍。唐刘恂《岭表录异》："闻田中有蛤鸣，牧童遂捕之，蛤跃入一穴。"㉒粤语的"蛤"独沿用此义。-çu¹ 借自粤语古代指蛤蟆的书面语词"蟾蜍"的"蜍"。"蜍"可是"蟾蜍"的省称。《广韵》收在鱼韵，署鱼切，释曰："蜍，蟾蜍。"

(15) 连山壮语 laŋ⁶，表示"把湿的衣物铺展开地挂着，使晒干或风干"。

同样意义的词，广州话是"晾"lɔŋ⁶。连山壮语的 laŋ⁶ 即借自粤语的"晾"。侗台语中表示"晾"义的词，大多形式上与 lɔŋ⁶ 或 laŋ⁶ 迥异。如田东壮语为 taʔ⁷，傣语为 tak⁹，黎语为 ko:i¹，侗语有说成 kiu¹ 的；武鸣壮语也有一半成分大不相同，说成 laŋ⁶tak⁷。只是临高话(laŋ⁴)和榕江、新晃侗语(kiaŋ⁶、lhaŋ⁶)的说法相近于 laŋ⁶。"晾"本是汉语的词；现代除闽南方言外，汉语各大方言都普遍使用"晾"。

(16) 连山壮语 u⁵，表示肮脏。

广州话表示"肮脏"义的词是"乌糟"u¹tsou¹ 或"邋遢" lat⁹tʰat⁸。连山壮语的 u⁵ 即借自粤语"乌糟"的前一语素"乌"。侗台语大多数都没有意义和 u¹ 或 u⁵ 相近的词。如新晃侗语"肮脏"义的词是 zhuai²，龙州壮语是 ɬɐm⁵，剥隘壮语是 ɬa:n⁵，保定黎语是 re:k⁷ȵei³，通什黎语是 tiaʔ⁷。只是田东壮语说大体一致的 ʔu⁴。

粤语利用汉语自身固有的语素"乌"和"糟"而构成复合词"乌糟",以具体表现肮脏的颜色和贬义。它是粤语所独具的词。

B. 不完全借词

(17) 连山壮语 $lik^6 kœ^5$,指茄子。

广州话通常管茄子叫做"矮瓜"$ei^3 kua^1$;但是西红柿说"番茄"$fan^1 k^hɛ^3$ 或 $fan^1 k^hœ^3$,经调味加工的西红柿汁液称"茄汁"$k^hɛ^3 tsɐp^7$ 或 $k^hœ^3 tsɐp^7$。惠州话则称茄子为"茄"$k^hœ^3$。连山壮语的 $lik^6 kœ^5$ 的后一语素 $kœ^5$,显然是粤语"茄"的音译。其前一语素是本族语言固有的词缀。壮侗语大多没有意义接近于 $k^hœ^3$ 或 $kœ^5$ 的语素。如榕江和新晃的侗语就都称茄子为 $ła^2$。只是广西境内的壮语还有借入"茄"的,如田东壮语称茄子为 $luuk^8 k^h ia^5$,也是个不完全借词。"茄",粤语之外的汉语各大方言都从古代承用下来,但其韵母不是、也不包含元音 œ。

(18) 连山壮语 $lip^9 ma^1$,指猎狗。

词中的 lip^9,是广州话"猎狗"$lip^9 kɐu^3$ 前一语素的搬借。"猎"在汉语各大方言里都存在,是汉语自古就固有的常见语素。但侗台语大多数不见有意义近于 lip^9 的语素。如较靠近壮语的新晃侗语,也把猎狗叫做 $wha^{1'} ȵhi^6 nan^4$,榕江侗语又另一样:$khwa^{1'} ȵit^{10}$。$lip^9 ma^1$ 一词中的 ma^1,则是侗台语普遍都有的语素,而且单用时就指狗(如武鸣壮语、田东壮语、临高话、傣语、黎语都以 ma^1 指狗,侗语以相近的语音形式 $ŋwa^{1'}$、$khwa^{1'}$ 或 wha^1)。可见得它是壮语所本有而非外来的成分。

(19) 连山壮语 $wuaŋ^2 luk^9$,指鹿。

词中的后一语素 luk^9,是广州话"鹿"一词的音译。"鹿"在汉语各大方言里都存在,是汉语自古就有的词。侗台语多数不存在音义近于 luk⁹ 的语素。如傣语以 kwaŋ¹ 指鹿,侗语是 xan¹pe²,黎语是 ro:i³。只是武鸣壮语也吸收了粤语的 luk⁹,把"鹿"说成 ma⁴lok⁸,临高话是个音近的 tsok⁸。连山壮语 wuaŋ²luk⁹ 的前一语素,明显地因应于傣语的 kuaŋ¹,是壮傣语支本有的语素。

3. 互借词

(20) 武鸣壮语 mak⁹lei²,指梨子。

词中后一语素 lei² 借自粤语指梨子的词"梨"(广州音 lei²);前一语素 mak⁹(义为"果")则为广州话"啰菜"一词所借(见上文第(9)例的说明)。"梨"在汉语各大方言里都较常用,上古时即见于汉语典籍。《史记·司马相如列传》:"楂梸梬栗,桔柚芬芳。""梸"与"梨"同。在侗台语里,却并不都以近于 lei² 的形式指梨子。如傣语就管梨子叫 ma:k⁹kɔ¹。

(21) 田东壮语 mak⁷kam⁵,指柑子、桔子一类水果。

词中居后的语素 kam⁵ 借自粤语指柑子的词"柑"(广州音 kam¹);居前的语素 mak⁷ 为广州话"啰菜"所借。"柑"是汉语自古本有的词,粤民一直在口语里沿用下来。唐杜甫有句:"岑寂双柑树,婆娑一院香。"在侗台语里,指柑子、桔子的词并不普遍是近似于 kam 的形式。如临高话是 mak⁸ka⁴,黎语是 tsʰo:m¹ka²。

(22) 广州话"潲牙"sau⁶ŋa²,指成排向外倾斜的上门齿。

词中前一语素 sau⁶ 借自壮语,而后一语素"牙"则被壮语所借。除粤语部分支系外,汉语所有其他方言都不说 sau⁶ŋa²,没有修饰"牙"的"潲"这个语素。古代文献没有该语素的记载。"牙"自然完全相反,是汉语本有的基本词。连山壮语有和"潲牙"同样意义的词:çau¹pa³ŋa⁴;地理上与连山壮语隔得相当遥远的田东壮语也有个同样意义的说法:hɐu³çau¹。前后两词中的 çau¹、çau¹,就是广州话"涮牙"的"涮"之所本。而 $çau^1pa^3ŋa^4$ 中的 $ŋa^4$ 却为粤语"牙"的搬借,田东壮语表示牙的 heu^3 才是壮傣语支一个本有的说法。傣语也管牙叫 xeu^3,泰语是 k^hiau^5,而临高话、黎语、侗语指牙的词另是个 n 音尾的音节,都说明了这一点。

(二)同源词

    1. 基本上肯定的同源词

(23)连山壮语 kei^5 和广州话"鸡"kei^1。

一系列侗台语指鸡的词,语音形式都与连山壮语、粤语的 kei 很相近:武鸣、靖西壮语 kei^5,西双版纳傣语 $ka:i^5$,泰语 kai^3,临高话 kai^1,侗语 ai^5,水语 qai^5,仫佬语 ci^1,黎语 k^hai^1。它们在各自语言里,一如在粤语里那样有能产性,与别的单音词结合造成不少复合词。这都说明,它们不可能是从粤语搬借的。"鸡"在汉语各方言里又都是基本词,上古时就常用,当然断不会从侗台语借来。

(24)连山壮语 p^hui^2 和广州话"肥"fei^2,都表示"胖"或"(肉类)含脂肪多的"。

同样意思的词,武鸣壮语是 pi^2,泰语是 $p^hi:^1$,傣语 pi^2,临高话 fni^2,侗语 pui^2,黎语 $gwei^3$。"肥"是汉语各方言都常用的基本词,很早就见于古代典籍。《说文解字》:"肥,多肉也。"古无轻唇音,"肥"在上古的声母就是与大多数侗台语一致的 *p-。而"肥"的韵母与侗台语(包括连山壮语在内)相应的词的韵母,有明显的一致之处。

(25)靖西壮语指粪便的 k^hi^3 和粤语"屎"si^3。

同指粪便的词,泰语和靖西壮语一样是 k^hi^3,西双版纳傣语是 xi^3,武鸣壮语 hei^4,临高话 kai^4,黎语 hai^3,水语 qe^4,仫佬语 $cɛ^3$,毛难语 ce^4,侗语 $ʔe^4$,布依语 $ʔje^4$。"屎"通用于汉语各方言,很早就在典籍里出现。《庄子·知北游》中有庄子说的话"所谓屎溺"。《广韵》把"屎"收在旨韵,式视切。粤语"屎"的韵母和靖西壮语、泰语、傣语一致并相同于武鸣壮语、临高话、黎语的韵尾,又与其他侗台语的相应韵母都是前元音,表明了来自同一原始词韵母的痕迹。顺便指出,粤语专指人粪的 $k^h\epsilon^1$,则明显与侗水语"屎"义的词音近,声母也与靖西壮语、傣语、临高话一致,但它应是粤语中后有的借词。

(26) 连山壮语表示"迅速"的 $v\epsilon i^4$ 和广州话"快"fai^5、"快脆"$fai^5 ts^h œy^5$。

同表示迅速的词,武鸣壮语是 vai^5,靖西壮语是 $k^h wai^5$,泰语和西双版纳傣语都是 vai^2,琼山和澄迈的临高话都是 $xuai^3$,侗语 $hoi^{5'}$,水语 hoi^5。南朝宋刘义庆《世说新语》用了此义的"快":"彭城王有快牛,王爱惜之。"《说文解字》释"快"字"从心,失声"。《广韵》描写此字的音是"苦夬切"。"苦""快"的声母,粤语都读 f-,而北方方言读 k^h-,正与侗台语"迅速"义词唇齿音声母和舌根音或喉壁音声母的分化有一致的趋向。在韵母上细微差异的表现:-ai――-uai;-ai、-ɐi――wai、uai、oi 也大体如此因应。

(27) 连山壮语表示"落(下)"的 tok^9 和广州话的"落"$lɔk^9$。

同表示"落(下)"义,武鸣壮语是 tok^7,剥隘壮语 $tək^7$,泰语和傣语都是 tok^7,临高话 $tək^7$,榕江侗语 tok^7,新晃侗语 to^5,黎语 t^hok^7。"落"是汉语的基本词,活跃于粤语口语。《说文解字》指"落"字洛声,其上古音当以 *l 为声母,以 k 为韵尾,与广州音很接近。而汉语中有由上古不带音的 l 声母变为切韵时代 t^h-声母的情形,形成赖 l-:獭 t^h-、禮 l-:體 t^h-等谐音的现象。[20]可见"落"广州音的边音声母与侗台语同韵部字的塞音节声母,也能是规律地分化的对应。何况其后的韵母又极为相近。

(28) 武鸣壮语表示"(用担竿)挑(重物)"的 ɣam^1 和广州话表示同样意义的"担"tam^1、表"担子"义的"担"tam^5。

同表"(用担竿)挑(重物)"义,靖西壮语是 t^{h}am^1,泰语和西双版纳傣语都是 ham^1,临高话也是 ham^1,保定黎语 ts^{h}am^1,榕江侗语 ŧoŋ^1,水语 tjuŋ^1。在汉语里,"担"字是"擔"的俗写体。"擔"很早见于典籍,《国语》:"负、任、擔、荷……以周四方。"这说明"担"是汉语自古本有的词,粤语一直承用了下来。在语音形式上,广州话的与侗台语的相当近似:调类一致;韵母除侗水语外也一致,而粤语的-m 尾韵和侗水语的-ŋ 尾韵又有着规律的发展对应关系;㉒声母在发音部位上也大多一致:泰语、傣语和临高话的 h-声母可看出是原送气塞音声母遗下的送气部分的衍生物。

(29) 连山壮语指鸟的 ɋuk^{9}㉓和广州话的"雀"tsœk^8(指鸟)、"雀仔"tsœk^{8}tsɐi^3(指体小的鸟)。

同指鸟,武鸣壮语说 ɣok^8,靖西壮语 nɔk^8,泰语和西双版纳傣语 nok^8,临高话、侗语、水语亦 nok^8,通什黎语 tat^7。"雀"作为"麻雀"中的一个语素,通用于汉语各方言;粤语另把它作为泛指鸟的词而单用,口语里则不用"鸟",这是上古汉语"雀"的含义和用法的直接承传。《诗经·行露》:"谁谓雀无角,何以穿我屋?"李善注宋玉《高唐赋》:"雀,鸟之能称。"现代"雀"的广州音与侗台语同所指之词的音是接近的:声母发音部位绝大多数一致或靠近(只武鸣壮语的 ɣ 靠后),可以推断由原始声母 *nts-分化而来;绝大多数韵母是圆唇元音+k(只黎语是 at,仍具塞音尾)。

(30) 连山壮语指父亲的 pɔ^6 和广州话的"爸爸"pa^{2}pa^1 及书面语用词"父"fu^6。

同指父亲的词,武鸣壮语是 po⁶,剥隘壮语是 pɔ:⁴,泰语 pʰɔ:⁵,西双版纳傣语 pɔ⁶,临高话 be²,侗语 pu⁴,保定黎语 pʰa³za¹。汉语里基本词"父"的古音声母为 * p-㉔;"爸"即口语里由"父"所衍生。王念孙《广雅疏证》:"爸者,父声之转。"可以看出,古今汉语和侗台语里这一重要的称谓词,在语音形式上何等相近。

2. 极可能的同源词

(31) 广州话指一种草木植物或其辣味根茎的"姜(薑)"kœŋ¹ 和连山、武鸣壮语同所指的词 hiŋ¹。

南部壮语以 kʰiŋ¹ 指姜,布依语以 jiŋ¹、西双版纳傣语 xiŋ¹,临高话 kiaŋ¹,侗语 çiŋ¹',水语和毛难语 siŋ¹,黎语 kʰwəŋ¹。"薑",很早就见于汉语典籍,《论语·乡党》有"不撤薑食,不多食"之语。《广韵》标此字居良切,声韵调当与今广州音逼近。而声母,广州音与临高、南壮及黎音一致,为舌面后清塞音;韵母不仅南壮音又与布依、傣、侗、水及毛难音一致,而且广州音与各侗台语都同样收-ŋ尾;声调调类上又都相同。

(32) 广州话指稻子的"谷(穀)"kuk⁷、"稻"tou⁶ 和武鸣壮语指同样农作物的 hɐu⁴ko:k⁷。

连山壮语只把稻子叫做 kuk⁷,临高话既说 mək⁸ 又说 ŋau⁴,泰语说 kʰau⁵,西双版纳傣语说 xau³,榕江侗语 əu⁴ok⁹,新晃侗语 əu⁴,黎语 pok⁷ 或 pok⁷mu:n³。汉语里,"谷""稻"都是历史悠久的语素。《尚书·洪范》:"百谷用成。"《诗经·七月》:"八月剥枣,十月获稻。"因应于广州话的"稻""谷",壮侗语里或相合留存,或只存用其一,语音形式的相近都反映了词在不同语言里的长期分化历程。

(33) 广州话表示"捡取"义的"拾"tsɐp⁷ 和武鸣、靖西壮语同样意义的 kip⁷。

同表"捡取"义的词,泰语和西双版纳傣语都是 kep⁷,布依语是 tɕip⁷,侗语 ɬəp⁷,水语 tsup⁷,毛难语 tsəp⁷,保定黎语 tip⁷。在调类上全与广州的"拾"一致,韵尾也一致;韵腹,侗音、毛难音与广州音相当近,其他侗台语的 e、i、u 也都不相距很远,可看出分别通过韵腹 ə(侗音)、e(傣、泰音)而与广州韵腹 ɐ 关连;声母,水音、毛难音与广州音一致,黎音、布依音、侗音也接近,只是壮傣语支的在舌位上有较大差距。这种不同程度的同异情况正反映了漫长历史中同一个词在不同语言里的不同音变。《尔雅》:"筑,拾也。"《说文解字》:"拾,掇也。从手,合声。"《广韵》的"拾"入缉韵。这些表明汉语上古就存在音义极近于广州音的"拾",它绝非搬借而来。

(34) 广州话指水池的"塘"tʰɔŋ² 和同所指的连山壮语词 tɐm⁶,武鸣、剥隘壮语词 tɐm²。

龙州壮语管池塘叫 tʰum¹,临高话叫 hom²,榕江侗语 tɐm¹,新晃侗语 taŋ²,西双版纳傣语 noŋ¹。这里同样出现了粤、壮音之间 -ŋ 尾和 -m 尾的对应。"水池"义的"塘"是汉语的基本词,很早就见于书面语。《国语·周语》:"陂塘汙庳,以钟其美。"

(35) 广州话的"人"jɐn² 与同所指的连山壮语词 wun⁶、武鸣壮语词 vun²。

乍一看,两头在韵腹上差别不小。但相应的词,靖西壮语是 kən²,榕江侗语 nən²,新晃侗语 ən²,水语 zən¹,韵腹同广州音及北方话音却相当接近;而泰语 kʰon²、西双版纳傣语 kun²,在韵腹上又与连山、武鸣壮语相近或一致,声母则与靖西壮语一致。显然,绝大多数侗台语这一重要的基本词在语音形式上与广州话及汉语其他方言的"人"有着关联——它只能是共同渊源性的因应。

(36) 广州话表示狭窄或挤(形)的"挟"kip^9、武鸣壮语表窄的 $kɐp^8$、连山壮语表挤的 $kɛp^9$。

同表"狭窄"义的词,剥隘壮语是 $kɛp^8$,临高土话 ep^8,泰语 $k^hɛ:p^8$,黎语 kit^9。广州话的"挟"由窄义引申出挤(形)义;而表示同样意义的词,在琼山、澄海的临高话里是 $kiep^8$,在泰语里是 k^hap^8。广州话的"挟"还另有"在腋下或指间夹持"或"紧紧地夹"的意义。而古汉语文献里出现了带前一意义的"挟"。《仪礼》有"挟矢于二指之间"的说法;《国语·齐语》:"时雨既至,挟其枪、刈、耨、镈,以旦暮从马事于田野。"《说文解字》:"挟,俾持也。"《广韵》将"挟"字列入帖韵,胡颊切。

(37) 广州话表示"用筷子夹(菜肴)或用工具夹(物)"义的"夹"kap^8 与同样意义的武鸣、剥隘壮语 kap^8。

泰语里,用"窄、挤(的)"义的 k^hap^8 兼表"用筷子夹或用工具夹"义。傣语相应的词是 kip^8,临高话是 kep^8,侗语 sap^7,黎语 $he:p^7$。《尔雅·释山》:"山夹水,涧。"《说文解字》:"夹,持也。"表明"夹"在汉初时就表示"对向夹持"。此字《广韵》归入洽韵,古洽切。可见汉语上古就存在的"夹",在音义上和广州话及侗台相应的词都有渊源上的相近关联。而"挟"另一入洽韵讫洽切(见《集韵》)的音,也有"用筷子夹或用工具夹"义,通"夹";甚至可指筷子,通"梜"。那么"挟"与侗台语的因应词、"夹"与侗台语的因应词,这两组词之间也有源生上的密切关联,可以互相说明。

(38) 广州话"暖"nyn^4 和剥隘、龙州壮语同表"温暖"的$nɔ:n^1$。

泰语有与"暖"义一致而音相近的 $nɔ:n^1$,傣语相因应的词是 un^5,临高话是 lun^3,黎语是 $ɬun^2$。"暖"不仅现代是汉语各方言的基本词,古代即常用而进入书面语。《墨子·节用》:"冬服绀緅之衣,轻且暖。"《尔雅》:"燠,煖也。""煖"同"暖"。《广韵》收"暖"字入缓韵,乃管切。广州"管"音韵母-un 与傣、黎、临高"暖"义词的一致而很近于壮、泰音。

(39)广州话基数词"三"sam^1和同所指的连山壮语ɬam^3、武鸣及靖西壮语 θam^1。

同指三的词,泰语和西双版纳傣语都是 sa:m,临高话 tam^1,侗语 sam^1,水语 ha:m^1。韵母和调类,壮傣、侗水语和广州话的相当一致,声母也都是擦音,可看出大同小异的分化。而广州音是承传了中古音的:"三"在《广韵》是谈韵字,苏甘切。

(40)广州话基数词"六"luk^9 和同所指的连山壮语 juk^7、武鸣壮语 ɣok^7、剥隘壮语 lok^7。

同指六的词,泰语和西双版纳傣语都是 hok^7,布依语 zoʔ^7,仫佬语 lok^8,侗语、水语、毛难语都是 $liok^8$。从词形韵母看,壮傣、侗水语和广州话的相当接近。广州音则贴近于中古音:"六"在《广韵》是屋韵字,力竹切。

附　识

笔者1995年2月到广东连山壮族瑶族自治县调查当地壮语,得到较多词语材料。热情帮助开展工作的发音人为该自治县壮族谭麟章、莫鼎征、韦继瑛等同志。榕江(章鲁)侗语和新晃(李树)侗语的有关词例,分别为南开大学侗族副教授石林先生、侗族博士生黄勇同志所提供。田东壮语的有关词例则是笔者向南开壮族大学生唐慕华调查而得。其他各种民族语言的材料来自一系列有关的著作。谨在此向上述的同志们及所用材料著作的作者们一并致谢。

附　注

① 李敬忠《粤语中的百越语成分问题》,《学术论坛》1991 年第 5 期。

② 李敬忠《粤语是汉语族群中的独立语言》,《第二届国际粤方言研讨会文集》,詹伯慧主编,暨南大学出版社,1990。

③ "语种"以及"粤语""闽语""吴语"等说法中的"语",并不意味着就是指独立的语言。它应作宽泛的理解——为一定地域的社会集体所共用的、有自身特点的语言符号系统。

④ 见邢公畹先生在《原始汉台语复辅音声母的演替系列》一文中评介李方桂先生《汉台语考》的一段文字,《语言论集》253 页,商务印书馆,1983。

⑤ 如重庆出版社 1994 年出版的曾晓渝女士的博士学位论文,题目即为《汉语水语关系词研究》。

⑥ 邢公畹《汉语遇蟹止效流摄的一些字在侗台语里的对应》,《语言论集》314 页,商务印书馆,1983。

⑦ 饶秉才、欧阳觉亚、周无忌《广州话词汇特点研究》(下),《暨南大学学报》1981 年第 2 期。

⑧ 据笔者多年前的调查,作为侗语代表的榕江侗话及作为壮语代表武鸣壮话,同广州话一样,长的 a 和短的 a 作为不同的音位,实际是在音质的差异上对立:/a/——/ɐ/,音的长短只是伴随现象,不起音位对立作用(见拙文《广州话的长元音问题》,《语言研究论丛》第三辑 293—304 页,天津人民出版社,1987)。因此本文侗语词、壮语词及粤语词词形所有的音标 a,表示是长 a,短 a 标为 ɐ。其他语种依循一般的标法:长——a:,短——a。

⑨ 据李方桂《上古音研究》(商务印书馆,1980)58 页,"剧(劇)"属鱼部三等开口韵,拟定的上古音为 *gjiak;广州话里的"屐"与"剧"完全同音,《广韵》"屐"和"劇"同为陌韵字,同是奇逆切,"屐"的上古音当与"剧"同。

⑩ 南朝宋范晔《后汉书·五行志》:"延熹中,京都长者皆著木屐。"唐房玄龄等《晋书·谢安传》:"安……既罢还内,过户限,心喜甚,不觉屐齿之折……。"

⑪ 清王筠《说文句读》:"屐有草有帛者,非止木也。"

⑫ 此词在唐代便见于书面作品,如韩偓的诗句:"郁郁空狂叫,微微几病

癫。"(《感事三十四韵》)

⑬ 撼字见《广韵》(<u>屑韵莫结切,联绵词用字</u>),借用来录写广州话这个动词。

⑭ 蹨字见《广韵》(<u>铣韵乃殄切,联绵词用字</u>),此处亦借用来录写广州话这一动词。

⑮ ɫ 表示舌面中清边擦音。

⑯ 酙字见《广韵》(<u>勘韵丁绀切</u>,"顽劣貌"义),借用来录写广州话这一动词。

⑰ 耮字见《广韵》(<u>準韵力束切</u>,"束也"),此处借用来录写,不带其原义。

⑱ 饶秉才、欧阳觉亚、周无忌《广州话词汇研究》中把"马骝"归入"广州话独自保留的古汉语词语"。见《暨南大学学报(哲学社会科学版)》1981年第2期89页。

⑲ 参见《汉语大字典》3248页,1988。

⑳ 转引自《汉语大字典》2850页,1988。

㉑ 李方桂《中国上古音声母问题》;见李氏《上古音研究》102—103页,商务印书馆,1980。

㉒ 参见邢公畹《汉语和侗泰语里的 -m、-ŋ 交替现象》一文,载《民族语文》1986年第4期。

㉓ ʑ 代表舌面中浊擦音。

㉔ 据邢公畹《汉语遇蟹止效流摄的一些字在侗台语里的对应》中"父"的音变程式,《语言论集》265页,商务印书馆,1983。

参考文献

Fang Kuei Li 1977 *A Handbook of Comparative Tai*, The University Press of Hawaii.
李方桂 1980 《上古音研究》,商务印书馆。
张元生等 1985 《海南临高话》,广西民族出版社。
欧阳觉亚 郑贻青 1983 《黎语调查研究》,中国社会科学出版社。
王均等 1984 《壮侗语族语言简志》,民族出版社。
邢公畹 1983 《汉语遇蟹止效流摄的一些字在侗台语里的对应》,《语言论集》,商务印书馆。

────── 1986 《汉语和侗泰语里的-m、-ŋ交替现象》,《民族语文》第4期。

刘叔新 1987 《广州话的长短元音问题》,《语言研究论丛》第三辑,天津人民出版社。

────── 1995 《连山壮语元音系统和粤语的近似》,《广东民族学院学报》第2期。

郭璞注、邢昺疏 《尔雅注疏》,《十三经注疏》,中华书局影印,1980。

许慎撰、段玉裁注 《说文解字注》,上海古籍出版社,1981。

陆法言撰本、陈彭年等重修 《覆宋本重修广韵》,商务印书馆,1936。

徐中舒主编 《汉语大字典》,四川辞书出版社、湖北辞书出版社,1986—1990。

(原载《第五届国际粤方言研讨会论文集》,詹伯慧主编,暨南大学出版社,1997;又收进《语言研究论丛》第七辑,语文出版社,1997)

汉语与壮语同源的和
搬借的亲属称谓

一

汉语和壮语中存在着许多反映着两种语言历史上关联密切的关系词。它们陆续被发掘出来,增强了一些学者肯定汉语和壮侗语族有亲属关系的信念;认为彼此并无亲属关系的另一些学者的立场却未因此而动摇,因为他们把这些关系词视作搬借的产物。看来,在目前汉语和壮侗语族有无亲属关系的争议中,一个足以导致结局为如何的重要关键,就在于弄清关系词是否存在同源的与搬借的两类,存在同源的关系词,它们又都是哪一些,有多少。这须要进行大量细致的分析鉴别工作。本文只拟先观察一下汉语壮语亲属称谓方面的关系词。

在词汇学研究中,亲属称谓引起广泛的关注,成为学者们集中研究的词语群之一。这不是偶然的。亲属称谓反映着最基本的、最重要的人际关系,反映着社会集体的人伦亲戚观念和日常关联往来的一个重要侧面,有着深厚的民族心理、民族文化素质的蕴涵。因此它成为基本词汇中极富于民族特色的、最为常用也最为稳固的词语群之一。尤其是它们的基本部分,总是代代口耳相传,毫无疑问地可以进入本族语言根基最牢固的成分之列,是很难被其他语种的亲属名称所替换的。由于这个缘故,要优先选择亲属称谓来作为观察的对象。在这样的词语群范围内来鉴别汉语和壮语同源的与搬借的单位,具有较高程度的可靠性,也就是客观性会比较强,主观臆断的可能性可以降低到最小程度,乃至完全避免。根据一定的原则确定出同源的或搬借的亲属称谓时,亲属称谓的稳固性及其本体又区分出程度差别颇大的不同等级,可以给这种确定的准确无误提供有力的保证。

亲属称谓中有无同源单位或有多少同源单位的情况弄清楚了,再对其他词语群作观察、鉴别,就有个很好的参考点或出发点。

二

无论汉语还是壮语,亲属称谓都相当多。这里要进行考察的,只是其中两种语言彼此在意义上一致或相关、在语音形式上也相近的关系词。而汉语,又存在着众多系统,除了共同语,互相歧异颇大的方言可谓纷繁众杂;分布在广西、云南、广东各地的壮语,也形成不少很有差别的支系。对它们的亲属称谓进行考察,不可能也不必要把它们全部纳入观察分析的范围,而只需作适当的、重点的选择。

在下面的观察和分析鉴别中,汉语以同壮语在地缘上和历史上关系异常密切的粤方言为主要代表(粤方言又以标准样式——广州话为代表);而壮语则以粤北连山壮语和广西的武鸣壮语为主要的观察分析对象。

区分同源与搬借的称谓,最要紧的是必须有合理的依据,即借以将两种极易混淆而实质上迥异的成分正确区分开来的原则。它不仅在理论上须站得住脚,而且应具有实践上的可操作性。由于同源和搬借在呈现出彼此某些共同特点或相似现象的同时,各有大不相同的成因、条件,涉及的汉语和壮语这两方各有不同的历史文化背景和分化情况,确定同源的亲属称谓和确定搬借的亲属称谓,就须各有不一样的依据。

对汉语壮语某些亲属称谓下"同源"的按断,应当特别审慎。这种肯定的确断,必须有以下三个方面综合起来的依据:①

(1) 除了在汉语和壮语,所面对的亲属称谓还以一致的或相近、相关的意义和接近的语音形式,在壮侗语族其他各种语言中或在大部分壮侗语——其中特别须包括有与粤语分隔得十分远的泰语或傣语——当中出现。这是在古代交通极为困难,被万水千山阻隔着的不同民族绝少往来的条件下,彼此难以搬借对方的词语所决定的原则。古代汉民族活动地域和西南方少数民族先民主要聚居的黔、粤、滇、桂等地之间,是没有可以畅行的通道的。滇南傣族先民和古代汉族人民相隔得最远,其间不仅阻隔着无数山川,而且还居息着其他多种少数民族。从地理上和社会上看,古代傣族先民和汉族人民是无从直接沟通交往的。和傣族极亲近的——无论语言、风俗和血统都很相近的泰国人民,地域上距汉族人民自然更远,可说是天南地北的距离。因此,如果汉语里一个自古至今一直使用的基本词语单位,以近似的音义也广泛地出现在包括有泰语或傣语的多种壮侗语中,那么,这种跨着如此广阔的空间范围的近似现象,就足以排除互相搬借或递相搬借而来的解释,相反地能成为研究者往同源关系方面推断的一个可靠的理由。

(2) 有历史文献证明,所面对的亲属称谓是汉语历史上早就存在的固有成分。当然,汉字的录写形式,必须古今一致,历史文献中所见到的又必须是上古时期就存在的。

(3) 所论断的亲属称谓,是最常用的、表示的亲属关系最为亲近和相当亲近的基本亲属称谓。这一点,在某种程度上能够阻止互相搬借的发生,尽管还不是起绝对阻止的作用。

三

以上三项加合起来,无疑能成为论定同源性质的有力根据。从它出发来作考察,可以确定以下 4 组亲属称谓是同源的或基本上能肯定是同源的:

1. 连山壮语 $bɔ^6$、武鸣壮语 po^6 和汉语的"爸"pa^1、"爸爸"$pa^1·pa$(粤音 pa^2pa^1)及书面语用词"父"fu^4(粤音 fu^6)。

同指父亲的词,泰语是 $p^hɔ:^5$,临高话是 be^2,布依语 po^1,侗语 pu^4,水语 pu^4,黎语 $p^ha^3za^4$。汉语"父"的上古音为 *$pjiagx$,到中古切韵音系时期变为 bju②;而"爸"实际上就是在口语中沿用下来的上古的"父",这由它的现代音流形式 pa 与"父"的上古音很接近所表明,仅只文字上增加一个显示实际读音的声符(巴)而呈现出与"父"的差异而已。王念孙在其《广雅疏证》中已指出:"爸者,父声之转。""爸"保留了"父"上古音的声母和韵母的主要元音;而"父"的声母到了近古变为轻唇音,韵母主要元音中古之后就变为后圆唇元音。音流形式有别,词义上又一带书面语色彩,一带口语色彩和亲昵感情色彩,"父"和"爸"遂成互有同义关系的两个同源词。"爸爸"则明显地是"爸"重述格复音词的衍生。可以清楚地看出,一个原始的词"父"在各种壮侗语中,都保留下双唇塞音声母,把韵母简化为单元音——在绝大多数语种里是后圆唇元音,在黎语、临高话里分别是前展唇元音 a、e；而在汉语里具有类似于壮侗语的同样两种衍化形式。同源分化的轨迹可谓昭然若揭。

2. 连山壮语 mjiɛ⁶、武鸣壮语 me⁶ 和汉语的"妈"ma¹、"妈妈"ma¹·ma（粤音 ma²ma¹）及书面语用词"母"mu⁴（粤音 mou⁴）。

同指母亲的词，泰语是 mɛː⁴，德宏傣语是 me⁶，布依语 me⁶，侗语 məi⁴。汉语"母"的上古音是 *məgx，中古切韵音系时期变为 məu③。壮侗语相应的词与汉语在声母上完全一致；韵母方面也与现代汉语简化为单元音的趋向大体一致，只是这单元音比之于原始的或上古时期，大多变得舌位靠前一些，而汉语包括粤方言在内则舌位向后变化。这无疑是同源词在意义上始终保持一致，在音流形式上则同中有异地、成规律地分化演变的很好的实例。汉语"妈"后见于"母"，《尔雅》中无此字，《广韵》中才见有，标明"莫补切"；《玉篇》："妈，莫补切，母也"，《集韵》还引出："妈，《博雅》：母也。"可见得"妈"不仅声母与"母"同，韵母本亦一致；同"爸"与"夫"的关系一样，它是"母"在人们口语中沿用下来而韵母元音逐渐由舌位靠后变为靠前而低的结果，成了发音上不同于"母"并具有异于"母"的表达色彩（口语色彩和亲昵的感情色彩）的另一个词。它的韵母元音舌位变化，与壮侗语指母亲一词的情形正是类似的。即原始的词"母"在壮侗语一方和汉语另一方的不同分化情况，大体上正与汉语中"妈"与"母"的分化相仿佛。至于"妈妈"衍生自"妈"，是"妈"复音化而形成的另一个重述格的复合词，也是清楚不过的。

3. 连山壮语 pu⁶ 和汉语的"夫"fu¹、"丈夫"tsaŋ⁴fu¹（粤音为 tsœŋ⁶fu¹）。

同指丈夫的词，龙州壮语是 po⁶，德宏和西双版纳两地的傣语

都是 p^ho^1，黎语是 $p^ha^3ma:n^1$。汉语"夫"的上古音为 *$pjiag$，中古切韵音系时期变为 pju。④ 由于汉语中古以后部分重唇音变为轻唇音，加上介音的脱落，"夫"音遂变为 fu^1。壮语、傣语和黎语却都保留了上古指丈夫一词的重唇声母。韵母方面的变化，壮语、傣语和汉语基本上一样地都是塞音韵尾失落，韵腹元音舌位变后、变高，黎语也失落韵尾，但韵腹元音仍保持着前低舌位。汉语"丈夫"一词，从其构造看，当是"夫"之后产生的，虽然成词之初只指年已二十和二十以上的男子（后来才衍生出"男性配偶"义），但造词时毕竟以含有"男性配偶"义的词"夫"（它很早就是多义词，另有"成年男子""官长""武士"等义）作为构造成分，而带"男性配偶"义的"夫"至少周秦时就已流行（《易·小畜》："夫妻反目"）。总之，"丈夫"部分地与"夫"同源，与壮语（连山、龙州）、傣语（德宏、西双版纳）、黎语指丈夫的词（另有的只是其词素之一）同源，当不成问题。

4. 武鸣壮语 $luuk^8kuui^2$、连山壮语 $lik^9kəi^2$ 和粤方言"女婿"（广州音 $nœy^3sɐi^5$）、普通话文言词"婿"$ɕy^4$。

这是在局部词素上同源。$luuk^8kuui^2$、$lik^9kəi^2$，直译都是"子婿"，即"婿子"的意思。汉语的"婿"，古时同"壻"。《尔雅·释亲》解释了"壻"："女子子之夫为壻。"《说文·士部》："婿，壻，或从女。《诗》曰：'女也不爽，士二其行。'士者，夫也。读与细同。"而"细"字"壻"字，《广韵》同列在霁韵，一个苏计切，一个苏个切，都属支部。李方桂先生在其《上古音研究》中把支部改称为佳部，其中四等开口的例字"帝"和"丽"在韵母上无论上古的拟音还是中古音都一致。而"细""婿（壻）"韵母的广州音和"帝""丽"是同样的，特别是与"帝"在声调上也一致。因此，仿照李方桂先生的构拟，"婿"的上古音为 *$sigh$。它到了中古切韵时期变为 *$siei$。⑤ 武鸣、连山壮语指女婿一词的词根-kɯi²、-kɔi²,都以-i为韵尾。更重要的是,壮侗语族其他一系列语言指女婿一词的同一个纯概念性语素都有接近的、元音尾的韵母及相对应的声母:龙州壮语 $k^hɯi^1$,西双版纳傣语 $luk^8xəi^1$ 的-xəi¹,德宏傣语 luk^8xoi^1 的-xoi¹,布依语 $lɯʔ^8kɯi^2$ 的-kɯi²,侗语 $lak^{10}saɯ^4$ 的-saɯ⁴,毛难语 $la:k^8zau^4$ 的-zau⁴,仫佬语 $ka:k^8kɤa:u^4$ 的-kɤa:u⁴,黎语 $ɬɯi^1$。

四

倘不具备上述同源关系依据的(2)项,即历史文献不能证明所面对的亲属称谓是汉语历史上早就存在的固有成分;另外,倘在汉语方面又只用于粤方言(或再加上客家方言或者闽方言),而相应地在壮侗语族方面却有较大的铺盖面;那么,这样的亲属称谓,就只是粤方言从古越语那里搬借(或部分搬借),不会存在同源关系。这类亲属称谓有如下几组。

粤方言指父亲的"老豆"(一般为旁称),其中的"豆"dɐu⁶是借来的:连山壮语称岳父为 lan^4ta^1,武鸣壮语称 po^6ta^1,布依语 $la:u^4ta^1$,毛难语 ta^1;西双版纳傣语称外祖父为 $pɔ^6t^hau^3$,武鸣、龙州壮语称 ta^1,布依语、侗语、毛难语也都称 ta^1。粤方言的-tɐu⁶,汉语历史文献中不存在表现它的字;其他方言也没有称父亲为"老豆"的说法。

粤方言指儿媳的"心布"$səm^1pou^5$,是从古越语借来的。这个称谓在汉语中,唯独是粤方言的说法,古代汉语文献中也不见此称谓。而同是指儿媳,连山壮语为 $bɐu^6$,剥隘壮语为 $pɐɯ^6$,德宏傣语 pau^4,泰语 sa^6pai^6,布依语 $lɯʔ^8pau^4$。可以看出,在壮侗语中,极其广泛地分布着同粤方言 sɐm¹pou⁵ 后一音节近似的说法；地理上隔得最远的泰语甚至与粤方言一样地保留有双音节近似的说法。这表明 sɐm¹pou⁵ 是从古越语来的借词。

粤方言"仔嬭"（指母子）中的"嬭"是借来的：武鸣壮语称母之妹为 me⁶na⁴，龙州壮语称 na⁵，泰语 na:⁶，西双版纳傣语 i:⁷na⁴；武鸣壮语称母之弟为 po⁶na⁴，连山壮语称 bɔ⁶na⁵，西双版纳傣语称 a:i³na⁴。这里的 na⁴/⁵/⁶ 都指母或母辈。音义与它十分接近的"嬭"显然搬借自它。"嬭"在汉语古代典籍及其他方言中都没有影迹。

倘所面对的亲属称谓，有汉语古代文献证明是汉语历史上早就存在的固有成分，但是在壮侗语方面并不普遍存在，特别是不见于泰语或傣语（以相近的形式来说），而仅只出现在壮语或壮语和其他个别的或三数种靠近粤方言的语言，那么，壮语中的这种亲属称谓是从汉语搬借（或部分搬借）的。这样的亲属称谓有下列：

连山壮语的 kuŋ³、武鸣壮语的 koŋ⁵，指祖父，都借自汉语的"公"kuŋ¹。汉语"公"古来就存在而有多个意义，指祖父的意义周朝时已使用开来，《吕氏春秋》载有："孔子之弟子从远方来者，孔子荷杖而问之曰：'子之公不有恙乎？'"翟灏《通俗篇·称谓》解释说："此所谓公者，祖也。今浙东犹称祖曰'公公'。"现代粤方言普遍地称祖父为"阿公"。但是泰语称祖父为 pu:³，傣语为 pu⁵ 或 i:ʔpu⁵，黎语为 pʰon³，这些显然是壮侗语本有的说法。

连山壮语的 mui⁶，指妹妹，借自粤方言的"阿妹"a⁵mui³ 或"妹妹"mui²mui³。西双版纳傣语指妹妹的词是 nɔn⁴jiŋ²，泰语为 nɔ:ŋ⁶，武鸣壮语为 ta⁶nu:ŋ⁴ 或 nu:ŋ⁴，明显地是壮傣语本有的说法。而"妹"则为汉语很早本有的词，《尔雅》："谓女子先生为姊，后生为妹。"汉语共同语和各种方言都一直把"妹"沿用下来。

武鸣壮语的 ku^6，龙州壮语的 ku^5，指父亲的妹妹，都借自汉语的"姑"ku^1 或"姑妈"ku^1ma^1。泰语指父之妹的词是 $ʔa:^1$，西双版纳傣语为 $ʔa^1$，德宏傣语为 $ʔa^6$，水语为 ni^4ti^3，黎语为 $fauɯ^3$，无疑都是壮侗语本有的说法。而"姑"很早就是汉语固有的基本词，《尔雅》："父之姊妹为姑。"汉语共同语和各种方言一直把"姑"沿用下来。

连山壮语指母之兄的 $luŋ^1kɐu^5$，其后一语素搬借自粤方言"舅父"$k^hɐu^4fu^3$ 的"舅"。同指母之兄，西双版纳傣语却为 $po^6loŋ^1$，德宏傣语为 $u^3luŋ^2$，泰语为 $luŋ^2$，布依语为 $po^6luŋ^2$，侗语 $ljoŋ^6$，仫佬语 $luŋ^2$，水语和毛难语同为 $luŋ^2$；就连武鸣壮语也称母之兄为 $po^6luŋ^2$，剥隘壮语为 $luŋ^2$。绝大多数壮侗语保存着的说法无疑是它们本有的。而"舅"则是汉语各方言都使用的语素，它的"母亲的兄弟"义自古便存在——《尔雅》："母之晜弟为舅"（按："晜弟"即兄弟）。

连山壮语的 lu^3 指"哥哥"，借自粤方言"兄长"义的"大佬"tai^6lou^3 的后一语素。同所指，武鸣壮语的 ko^1 和龙州壮语的 ko^5，则借自粤方言的"哥哥"$kɔ^2kɔ^1$ 或"阿哥"$a^5kɔ^1$。壮侗语族的很多语言指称哥哥的词，有大不一样的形式——明显地是这个语族本有的说法：西双版纳傣语是 $pi^6ts:i^2$，德宏傣语是 $tsa:i^2$ 或 $pi^6tsa:i^2$，布依语是 pi^4（虽也可是 ko^5ko^5），侗语是 tai^4pan^1 或 tai^4，仫佬语 $fa:i^4$，水语 $fa:i^4$，毛难语 $va:i^4$，保定黎语 $ɬau^3$ 或 $no:ŋ^3$。粤方言"大佬"中的"佬"，早在 6 世纪就见于南朝梁陈间顾野王著的《玉篇》："佬，侉佬也，大貌也"；力雕切。到粤方言中，与"大"组合起来，指比自己大的男性同胞，是合情合理的；此语素尔后得以引申出"成年男性"义。至于"哥"，至迟至唐代就带"同父母或同族同辈的比自己年长的男子"义而成为汉语的一个亲属称谓。《广韵》："哥，今呼为兄也。"唐代有文句:"再拜跪奠大哥于座前,伏惟哥孝友慈惠,和易谦恭。"⑥汉语共同语和各地方言尔后一直沿用了下来。"哥哥"自然是"哥"重述格的衍生。

武鸣壮语 sim³、龙州壮语 ɕɐm³,指叔叔的妻子。两词借自粤方言的"阿婶"a⁵sɐm³。这从"婶"的粤音比官话音在韵母上与龙州武鸣壮语相应词的更为近似,便可看出来。"婶"是汉语古来本有的,宋代的《集韵》就收了这个单音字而作了释义:"婶,俗谓叔母曰婶。"而指称叔母的词,西双版纳傣语是 a¹pai⁴,德宏傣语是 me⁶lo²,布依语是 me⁶a:u¹,侗语 nəi⁴wi⁵,水语 ni⁴ti³,通什黎语 pei⁴。存在这一系列壮侗语自身所本有而与汉语相应词无关的说法,能充分说明武鸣的 sim³ 和龙州的 ɕɐm³ 是外来词。

武鸣壮语指兄长妻子的 sau³、龙州壮语同所指的 ɬau³,都借自汉语官话"嫂"。两单音词的韵母与官话的完全相同,而与粤方言的(-ou)不一样。更重要的是,"嫂"自古为汉语固有称谓(《尔雅》:"谓兄之妻为嫂,弟之妻为妇"),现代各方言和普通话仍使用这一语素;而指说同样对象的词,西双版纳傣语是 pi⁴pai⁴,德宏傣语 pi⁶la:ŋ² 或 pi⁶lo²;布依语 pi⁴pɯɯ⁴,侗语 ɬai,水语 fe²,毛难语 vɛ²lja³,明显地是壮侗语本有的称谓。

连山壮语指侄子的 cɕet⁹,借自粤方言的"侄"tsɐt⁹。《尔雅》:"女子谓晜弟之子为姪。"《说文》:"姪,兄之女也。"意义渐扩大为女子或男子称兄弟的子女,因而到近代,也可写成"侄"。各地汉语方言都把这一语素沿用下来,足见它一直是汉语固有的称谓。而同样指侄子,武鸣壮语是 lan¹,龙州壮语是 lan¹bau⁵,布依语 lɯɯ²so⁶,侗语 lak¹⁰ɬai⁴ 或 lak¹⁰noŋ⁴,水语 la:k⁸kʰa:k⁷,毛难语 la:k⁸va:i⁴(兄之子)/la:k⁸nuŋ⁴(弟之子)。

武鸣壮语指姐夫的 çe³fou¹，借自汉语官话的"姐夫"tɕiɛ³fu¹。汉语自古就有"姐"。《说文》："蜀谓母曰姐"；指年岁大于己的女性同胞，至迟已是唐代的事实，李白有句："小儿名伯禽，与姐亦并肩。"(《寄东鲁二稚子》)现代"姐夫"通用于各大汉语方言。而同指姐夫的词，连山壮语是 piu³kɔi⁴，西双版纳傣语是 pi⁶xəi¹，德宏傣语 pi⁶xoi¹，布依语 pi⁴kui²，侗语 ɬai⁴，水语 faːi⁴，毛难语 vaːi⁴，这些无疑都是壮侗语本有的说法。

五

从上述，可看出汉语和壮语同源的亲属称谓远不如搬借的多；在搬借的亲属称谓中，壮语借汉语的又比粤方言借壮语的多好几倍。此外，桂、粤两地壮语还在不同数量上使用着不少自身本有的亲属称谓。这反映了壮侗语和汉语从原始共同母语分化开来的时期的久远性，也反映了后来粤方言对于古越语、壮语的影响较大，反过来的影响相对地小些。

饶有意义的是，同源亲属称谓的表现情况和制约条件，与搬借的亲属称谓的有着鲜明的反差，可以说彼此几乎形成正反的对立。而搬借的那部分都可靠地被证实，凭着反差的关系，许多亲属称谓互相搬借的事实本身便也有助于证明几组亲属称谓同源的、非搬借与被搬借关系的性质。

附 注

① 参看笔者前作《粤语壮语关系词的分类问题及类别例释》，载《语言研

究论丛》第七辑,语文出版社,1997;又载詹伯慧主编《第五届国际粤方言论文集》,暨南大学出版社,1997。

②"父"的上古音和中古音,据李方桂《上古音研究》60页,商务印书馆,1982。

③"母"的上古音和中古音,据李方桂《上古音研究》37页。

④"夫"的上古音和中古音,据李方桂《上古音研究》60页。

⑤参考李方桂《上古音研究》69页。

⑥白居易《祭浮梁大兄文》,转引自徐中舒主编的《汉语大字典》第一卷625页,四川辞书出版社、湖北辞书出版社,1986。

参考文献

Fangkui Li 1977 *A Handbook of Comparative Tai*, The University Press of Hawaii.
李方桂 1940 《龙州土语》,商务印书馆。
—— 1980 《上古音研究》,商务印书馆。
王均等 1984 《壮侗族语言简志》,民族出版社。
欧阳觉亚 郑贻青 1983 《黎语调查研究》,中国社会科学出版社。
广西壮族自治区少数民族语言文字工作委员会研究室 1984 《壮汉词汇》,广西民族出版社。
刘叔新 1997 《粤语壮语关系词的分类及类别例释》,《语言研究论丛》第七辑,语文出版社。
—— 1998 《连山壮语述要》,高等教育出版社。
徐朝华 1987 《尔雅今注》,南开大学出版社。

(原载《中国语言学的新拓展——庆祝王士元教授六十五岁华诞》,石锋、潘悟云编,香港城市大学出版社,1999)

汉语傣语同源的基本动作词

一

在汉语和侗台语是否有亲属关系的争议中,焦点已集中在如何认识存于两方的"关系词"上。尽管对汉台关系词几种互相迥异的解释,都是解释者深入研究得出的深刻论说,但是或由于作为论说立足点的定量核心词在成员选定与数量范围上欠缺理论根据,或由于方法上不够稳妥、周密或者理论上存在疑窦,这些解释都难以让人信服。它们分别导致的无论是汉语和侗台语并无亲属关系(包括无真正的同源关系)的论断还是有大量同源字相互对应的结论,都难说有足够的说服力。关于这一点,丁邦新(2000)《汉藏系语言研究法的检讨》一文有非常中肯和精辟的分析,可谓击中了要害。

那么,问题怎样解决呢?当然,只有进一步发掘和研究关系词,特别是要审慎地确定有没有同源词,有多少同源词。正像丁文所说:"元音和声调的对当似乎显示汉语和侗台语的关系相当深厚,不像只是语言影响的结果,也不像只是语言联盟的关系。那么要肯定或推翻这样的推测,必须要深入寻找关系词不可";"要讨论汉语和侗台语的关系现在还没有到下定论的时候,发掘更多语言对当的词汇(按:指前文提的、可作比较的同源词)是当务之急。"[①]

要发掘关系词和鉴别同源词,在汉语方面,考察的眼光不应只及于西南官话。只看西南官话与壮傣语历史上的接触和由此形成的关系词,这似乎是陈保亚(1997)核心词分阶说和语言联盟说不很够说服力的原因之一。其实,在保留有古代汉语成分特多的粤方言中,可以看到不少词与壮傣语的近似,其间存在历史上某种关系是不容置疑的。笔者曾推断,汉语壮语的亲属称谓同源的有4组;其他类别的词,只抽选出部分作观察,有19组是同源词。[②]这还远不是对词汇全面的发掘和考察。而汉语与壮语有同源关系的词,绝大多数情形下就也会与傣语相应的词同源。对于发掘汉台语关系词和论断汉语台语是否同源来说,粤方言作为发掘对象和分析对象的价值是远高于西南官话的。这支历史上形成时起即与傣语分隔着千山万水的古老方言,其中若有一系列与傣语音义相似的基本词,它们就至少无可置疑地是远古或上古时期语言分化或接触的产物,完全可排除近代搬借的成因。

要发掘和确定汉语与侗台语的同源词,有作为必要出发点的两个基本条件。其一是,所面对的词,在意义上相同、相近或相关,语音上相似、接近或形式大体类近。这自然是比较和溯源的必要基础,道理用不着说。另一基本条件是,所面对的汉语方面的词主要应属于那样的区域方言——地理上与台语相邻近而从古至今一直与傣语分隔得足够遥远的、早自初期中原汉语分化出来时起又一直与汉语母体远隔开的大方言,那就是粤语,不应为西南官话、湘语、赣语、吴语、闽语或客家话等;而侗台语方面所面对的词,须有属于地理上分隔最远的傣语或泰语的。这是汉台语词汇历史比较研究受到的"地理—历史"制约。拒绝或越出这种制约,就不可能作出客观的、符合实情的推断。粤语在汉台语词汇历史比较研究中,确实拥有适作汉语方面主要比较语种的优越性。从萌生时起,粤语就一直先后与古越语、壮语相邻接、相交融;随着向海南岛扩展,还长期与黎语、临高话邻近、接触(比较:吴语、赣方言都与侗台语不相邻、难接触;闽语、客家话除远移到海南岛的一小支外,主体部分也都与侗台语不相邻、无从直接接触)。它是形成期最古远的大方言之一,秦汉时就萌长于远远隔离着中原汉语区的岭南地带,遭受到岭南古越语的包围、浸润,其后是壮语、黎语等的长期影响。这样,粤语一方面固然与邻近的古越语、台语之间会有相互频繁的词语搬借,另一方面,重要的是,它从古汉语母体带来的一部分在现代台语有对应近似单位的基本词,在周遭或邻近台语类似说法的影响下,得以依样使用下来,很好地存留至今。闽语、吴语也历史悠久,从中原汉语分化出来的时间比粤语还早,但不见有和现代台语对应并近似的基本词,这与闽、浙一带的古闽越人、瓯越人两汉魏晋时逐渐转移、消失,此后闽语、吴语都并不邻近台语,可能很有关系。赣方言和粤东北中、赣南、台湾境的客家话,同样不邻近台语,源生的时间比闽语、吴语还晚得多,也难给汉台同源词的发掘提供有用线索。客家话尽管可发现存有些少与台语音义近似的词,但那大多是从粤语借过去的。湘方言只邻接侗语而非台语,且素与中原汉语、官话密切融接,经常受其影响,到了近代同官话一样,上古时期许多古老的口头基本词业已消失。因此难以指望湘方言提供有利于发掘汉台同源词的重要线索。最后剩下也同侗台语邻接的西南官话,它诚然在最广阔的地带与侗台语族多种语言相接触,但这种接触若从并非偶尔个别地、而是较多较常地发生来看,是晚至元代才开始的,而这时西南官话和其他区域官话一样,已有了大大不同于南方诸大方言的发展面貌,上古汉语古老的口头基本词业已大量消失。所以从西南官话,当无从发掘与侗台语同源的词,只是可以看到很多近代为侗台语搬借的关系词。

可见,汉台同源词的发掘、研究,不顾及或不重视粤语就是沙上建塔,必然落空。

在比较的侗台语语种方面,则傣语或泰语最为重要,不可或缺。傣语分布在今云南西隅及西南部,泰语则分布在北接傣语区的中南半岛西半部,都和汉语隔离甚远,在古代很长时期内不可能和汉语发生接触。因而,其中存在的、音义近似于粤语特殊方言词的单位,必然排除周汉以来借自汉语或输与汉语的可能,而饶具同源词"候鉴者"的价值。历史昭示,春秋时期,今四川境的"巴""蜀"地、贵州和大部湖南江西的"蛮"地,并未入华夏秦国、楚国的版图,[3]更遑论远于川黔的、生活着傣族先民的今云南境了。秦统一中国十年后,其版图西南边也只扩大到四川盆地;[4]到西汉末年(公元2年),汉帝国"西南方仍由未被同化的当地人所占有";[5]三国时期,诸葛亮南征深入到的、今黔西北、滇东北、川西南相连的一带,还纯是少数民族部落活动的地域。唐帝国初期版图,西南部分甚且比汉帝国时收缩不少;唐宋六百多年间,今整个云南连同贵州和部分广西之境先后是南诏独立王国和大理国,都不入中国版图。[6]直到元代,大理国中东部始被蒙古王朝设为云南省。[7]可知,在近代傣语区并入中国版图之前,傣族活动地区与汉族活动地域不仅地理上隔离遥远,经济上文化上也难有什么沟通往来。在古代交通极为艰难的限制下,汉族傣族(更不必说泰人)之间自必极少交往,傣语(更不必说泰语)和汉语(尤其和其中被壮语等不少语言远远隔离开的粤语)不可能发生经常性的直接接触。由此决定了,傣语、泰语在汉台同源词研究中作比较的语种,最具备资格,也最为必要。

要发掘和确定汉台同源词,只满足上述两个基本条件,当然还远不能奏效。众所周知,必须看关系词语音方面的差异是否符合语音历时分化的规律。这是为求得一定"物质"佐证的必要步骤。考察取得肯定性结果,无疑是确定相应关系词同源的必要条件——另一基本条件。不过,它还不是充足条件。因为在满足这一条件的情形下,并不必然排除词被搬借、改造的可能。如表示痒或发痒的词,广州话是 hɐn², 剥隘壮语是 hum², 武鸣壮语是 hum², 黎语——kʰom¹, 泰语——kʰɐn²: 虽然由于声母在舌面后和送气上一致、韵母相近或相同(尤其是泰语 -ɐn 与广州话 -ɐn 一致)而能看出历史发展的分化对应,但是广州话这个词不好说与几种台语相应说法同源;它有极大可能是从台语搬借来的,因为汉语古代文献不存在这样意义、音类的字,其他汉语方言也没有这个语素的踪迹。

充足条件是为社会历史或地域空间所制约的另一些因素。它包含统合起来的三项,缺其中任何一项就不完整有效,达不到"充足"的要求:

(1) 所面对的粤方言中的那一关系词(或关系字),也出现在汉语上古或中古文献中,或者可在现代其他多种大方言里见到。这能说明该词(字)是汉语古来固有的。

(2) 论定为同源的词中,侗台语方面的除包含有傣语词或泰语词外,应还有若干种其他侗台语的词。在不具其他侗台语词的情况下,则须兼含有傣语的和泰语的词,或至少有多种不同地域傣语的词。这有助于充分排除台语个别语种偶然从汉语搬借过去的可能。

(3) 所比较的词应是基本词汇中最稳固的、最不易以外来词替换的基本词。满足这项要求,则词的近似非出于搬借的可靠性就大大加强。

按照上述基本条件和充足条件的要求,只以基本动作词为考察对象,以粤语广州话为汉语的主要代表,可以发掘出一批汉傣同源词。它们依符合同源条件完满程度的差别,分为"基本上肯定的"和"极可能的"两类。⑧由于不可能看出同源词远古的历史渊源和分合发展情况的确凿表现,也无从给同源关系的论断作验证,两类同源词自宜审慎地在称名上留有余地地加以限定。

下面,逐组列出这些同源的基本动作词,每组作简略的分析说明。

二

汉傣同源的基本动作词,基本上肯定的一类有如下 27 组。

(1) 广州话表示"以拳头向下击或手持榔头之类的硬器重物向下击打"义或者"重物坠落、压下"义的 tɐp², 与傣语泛指打、击动作的 tɐp⁸(金平傣语)、tup⁷(西双版纳傣语)、dop⁹(景谷傣语)、top⁷(德宏傣语)。

前一词与后四词意义上相近似:后者的意义只比前者的本义较为概括,范围广一些,彼此有很多共同成分;后者完全可用于指说前者本义所反映的动作。语音形式方面,广州话的 tɐp² 与金平傣语的 tɐp⁸ 几乎一致(只是前者声调[阳入]调值不同于后者[第 8 调]调值),这表明前者与后者同样地是早先一个基本动作词分化演变出的几个不同形式之一。诸地傣语的 tɐp⁸、 tup⁷、dop⁹、top⁷，无疑是同一词在不同地域分化成的地方变体；与 tɐp⁸ 几乎一致的 tɐp² 显然也加入到这一变体系列里来，无可置疑地印合历史分化的轨迹。而广州话 tɐp² 就是古汉语的"搨"/"㧺"；有古籍的录载证明至少隋唐时其前身就存在于汉语，绝非从台语搬来的借词：《广韵、盍韵》收录"㧺""搨"二字，注音俱为"都榼切"；释义，"搨"为"手打也"，"㧺""同上"。另外，表示"打、击"义的词，泰语也是相应形式的 top⁸、tʰup⁸，剥隘壮语是相对应的 tup⁸。词分布到遥远的其他语言区域，又可更有力地否定傣语从汉语搬借过来的可能。

(2) 广州话表示"洗（锅/煲/盆）"义的 saŋ³⁵、粤语惠州话⑨ 表示"洗（锅/煲/盆/手）"义的 saŋ³⁵ 与武定傣语"洗（衣/碗/筷）"义的 saŋ⁴/⁸、德宏傣语"洗（衣）"义的 sɐk⁴ 和"洗（碗/筷）"义的 laŋ⁴、西双版纳傣语"洗（衣）"义的 sɐk⁸ 和"洗（碗/筷）"义的 lan⁴。

与(2)组词音义相近的词，泰语有"洗（衣服）"义的 sɐk⁸、"洗（碗/筷）"义的 la:ŋ⁶、洗的对象物较广泛些的 mɐ⁴la:ŋ⁹，武鸣壮语有 sɐk⁷，龙州、剥隘壮语都是 ɬɐk⁸，临高话是 dak⁸，侗语是 sɐk⁷。可以看出，广州话、惠州话的 saŋ³⁵ 与傣语、泰语及上述其他侗台语相应的词，相互间存在着分化对应关系。韵腹 a:a:ɐ，彼此差异微小，显然是一个元音轻度分化变异的结果。尾音-ŋ:-k:-n，可推测来自共同的 *-ŋ。*-ŋ 只鼻响音消失，就自然成了同部位的-k；只气流阻塞位往前移，则变为-n（正像汉语有些方言中，中古的-ŋ 尾字念成了-n 尾字）。声母 s-与 l-、ɬ-及 d-之间，差别都不小。可推想它们是从最早共同的复合辅音声母 *sl-分化而来。

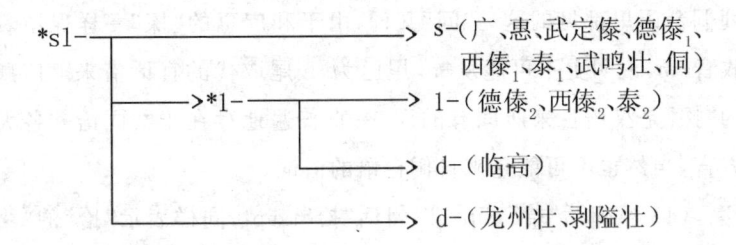

```
*sl- ─────────────> s-(广、惠、武定傣、德傣₁、
      │                  西傣₁、泰₁、武鸣壮、侗)
      └──>*l- ──────> l-(德傣₂、西傣₂、泰₂)
            │
            ├───────> d-(临高)
            │
            └───────> d-(龙州壮、剥隘壮)
```

这个有鼻音韵尾和舌尖音声母的"洗"动作词,既然遥远域外的泰语里有,而且在分布于多个辽阔地域的几种傣方言、几种壮方言、临高话及侗语里存在,就不可能是从广州话、惠州话输入傣语的。反过来更不可能,因为汉语古来存在这个词,写作"磄"或"瓨"。《广韵·养韵》:"磄瓦石洗物。初两切六。瓨同上。"

(3)广州话"探"t^ham^{33}、惠州话"探"t^ham^{13},表示"问"义的景谷傣 t^ham^1、西傣 t^ham^2、德泰 t^ham^1、金平傣 t^ham^1。

两方面在词的语音形式上,除声调调值外,相互一致或逼近;词义相近而共含一些同样的义素。粤语"探"往往有"为探知情况而问"的意思(如说:"探下佢嘅意思""探佢几句"),普通话在书面上也有一个把"探"与"问"结合起来的词——"探问",这表明很容易把"探"这个词的意义逐渐转移到"询问"义上,即以"探"来表示问。因此,数地傣语表示"询问"义的词与粤语"探"语音逼近,不是偶然的,可以从同源的词在部分语种里出现自然的意义转移而得到解释。

傣语之外,包括泰语在内的多种侗台语,也有语音近似广惠的"探"而意义为"问"的词:$t^ha:m^1$(泰语)、t^ham^1(龙州壮语)、$ɕam^1$(武鸣壮语)、hem^6(连山壮语)、hem^5(侗语)、$\hat{g}am^2$(黎语)。粤语相应词不可能为地理上相隔十分遥远的泰语、傣语所搬借。一系列侗台语里都见的这一"问"义词,由于和广惠的"探"一样保留着收音-m,说明更不可能从-m尾已为-n尾取代的官话借来。广惠的"探"是汉语古来所固有的词,一直普遍地存在于共同语和各大方言,当然也不可能是来自侗台语的借词。

(4) 惠州话"拾"tsip⁵、广州话"拾"tsɐp⁵,同样表示"拾"的"用手把低处的东西捡起"义的傣语词 kip¹⁰(景谷傣)、jip⁷(西傣)、jip⁷/tsep⁹(德傣)、kep⁷(金平傣)。

表示同样意义的词,泰语是 jip⁷/kep⁷,壮语是 kip⁷(龙州壮)、cip⁷(剥隘壮),侗语——tәp⁷,黎语——tip⁷。它们的韵母,大体与数地傣语相应词的一致;声母则与傣语相同和不同各参半。这有力表明了它们同出一源的、语音形式上分化对应的关联。而惠州话"拾"的韵母-ip,与壮语、景谷傣语等多个侗台语种的相同;广州话"拾"的韵母-ɐp 与侗语的贴近;广惠同一词的声母 ts-,与德傣 tsep⁹ 的完全一致。这无疑昭示,广惠的"拾"完全适宜加进同样意义的侗台语词的同源分化系列。又该词普遍存在于汉语共同语和南北方言,自古为汉语所固有(《庄子·盗跖》:"画拾橡栗,暮栖木上"),因此它既不可能由粤语或古代中原汉语输出到整个侗台语地域,也绝不会是从侗台语来的借词。

(5) 广州话表示"鼠类动物咬"的"嚙"ŋat⁴、惠州话同样意义的 ŋat⁵,傣语泛指人和动物都有的一种动作——咬 kɐt⁷(西傣)、kɐt⁷(德傣)。

泛指咬这种动作的词,泰语有 kɐt⁷,龙州壮语有 kɐt⁷,剥隘壮语也有 kɐt⁷,连山壮语也是 kɐt⁷。"嚙",其写法所简自的"齧"是古代汉语词"齧"的俗字。《广韵·屑韵》:"齧噬也,亦姓。五结切。"今粤语的 ŋat⁴、ŋat⁵,无疑就是古汉语词"齧"的承传。其韵尾与傣泰

kɛt⁷ 的一致,韵腹逼近,声母都是舌面后音,可以看出双方在整个语音形式上有同一来源。

(6) 广州话"咽"jin³⁵、北京话"咽"jɛn⁵¹,"咽、吞"义的傣语词 ʔɯn¹/lɯn²(西傣)、ʔɯn⁶(德傣)。

表示"咽、吞"义的词,泰语是 ʔɛ:n³、klɯn²/¹,龙州壮语是ʔe:n³、kja:n⁽ʔ⁾,剥隘壮语——ʔwe:n³,武鸣壮语——dɯn³、kjan¹,临高话——lɯɛn²,侗语——an¹。韵尾都与(6)组汉傣词的一致;韵腹有两个与相应傣语词的-ɯ-完全一样,有一个——泰语的-ɛ:-——与北京话"咽"的基本相同,其余几个都与京广相应词的同属前元音。可以看到,这里涉及的各种侗台语里,"咽、吞"义词的韵母存在元音舌位前后不同的分化对应,而汉语相应词的韵母元音显然加入了舌位在前的对应方面。声母也存在历史分化的痕迹:

(原始共同声母) * kl->(泰语 klɯn²/¹ 声母)kl-

    * kl->(龙州壮词 kja:n⁽ʔ⁾、武鸣壮词 kjan¹ 声母)kj-

    * kl->(西傣词 lɯn²、临高词 lɯɛn² 声母)l-

    * kl->l->(武鸣壮词 dɯn³ 声母)d-

    * kl->k->(西傣词 ʔɯn¹、德傣词 ʔɯn⁶、泰词 ʔɛ:n³、龙州壮词 ʔe:n³ 声母)ʔ-

    * kl->k->(剥隘壮词 ʔwe:n 声母)ʔw-

(7) 广州话指"掷"或"扔弃"动作的 fit⁵,惠州话有同样两种意义的 vit⁵;傣语也表"掷""扔弃"二义的 fit⁸(金平傣)、fɛt¹⁰(景谷傣)。

指"掷"或"扔弃"动作的词,泰语是 wit⁸,武鸣壮语有 fuet⁹。惠州 vit⁵ 的韵母与泰 wit⁸、金平傣 fit⁸ 的一致,声母与后者逼近——都在唇部位上,都有摩擦性。vit⁵与景谷傣 fɛt¹⁰、武鸣壮 fuɐt,韵尾一致,韵腹接近——都是前或较前位置的舌面元音,声母则都是唇齿擦音而只有清浊差异。可见,这一系列词有同源分化的关联。广州 fit⁵与系列中的金平傣 fit⁸,声母韵母(除调值外)都一致,自然它也和 fit⁸一样地是整个同源分化系列中的一员。广州话这个词以及惠州话的 vit⁵,是从古代汉语承传下来的,并非借自侗台语。其本字是"抗"。《广韵·质韵》收有"抗",于笔切,意义释作"揘抗,击貌"。今广惠话的"抗",其"掷"义与壮傣语相应词的"掷"义当同从远古"抗"的某种"手击"义发展而来;"掷"又自然可再衍生出"扔弃"义。

(8) 广州话"骑"kʰiɛ¹¹、北京话"骑"tɕʰi³⁵,傣语也指"骑"动作的词 hi⁶(景谷傣)、xi³(西傣)、xi⁵(德傣)。

同指"骑"的动作,泰语是 kʰiː³,连山壮语是 kʰœy²,龙州壮语是 kwiː³。前两者的声母与广州相应词一致,与西傣、德傣"骑"义词声母同是带气流的舌面后辅音,与景谷傣词喉浊擦音声母及龙州壮词圆唇化的 kw-声母自然也接近或逼近。这一系列壮傣语"骑"义词的韵母,绝大多数为音质上与北京相应韵母一致的-i、-iː;个别有明显差别的-œy,也与-i、-iː同属舌面前元音,彼此当是同一韵母在元音舌位高低和唇形圆展上分化的产物。两"骑"的京音韵母与广音韵母、京音声母与广音声母,都有同一来源已是铁的事实。因而上述京、广、壮傣"骑"义词,在语音形式方面的分化对应是无可怀疑的。"骑"一词为汉语所固有:《战国策·赵二》就有"今吾将胡服骑射,以教百姓"之句。它不可能是来自侗台语的借词。中古和上古时中原汉语 kʰ-声母的"骑"及粤语形成以来的"骑",又没有输入远方泰人傣人生活地区的可能;近代官话 tɕʰ-声母的"骑",更不会是现代壮傣"骑"义词之所本。

(9) 广州话"指"tsi³⁵、北京话"指"tṣʅ²¹⁴,同样表示"手指伸直地指"的景谷傣词 tsi⁴、金平傣词 tsi⁶、德傣词 tsi⁴。

泰语表同样动作的词是 cʰiː⁶,连山壮语为 ccɣ³。两者的韵母只有唇形展、圆的差异,由同一韵母分化而来当属可能。广州相应词的韵母-i 与泰、傣相应词的在音质上一致,与京词韵母-ʅ 又肯定有渊源关系⑩。因而,京广泰傣"指"义词韵母,相互间都存在分化对应是无可置疑的。声母方面,似也可形成一个有远有近的分化对应系列:

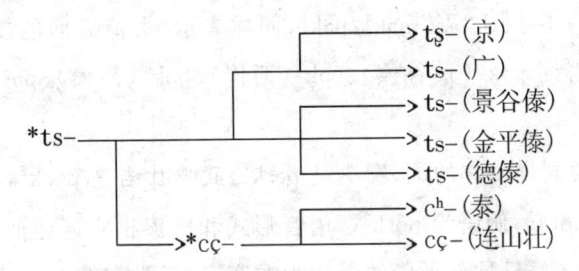

```
                    ┌─→ tṣ-（京）
                    ├─→ ts-（广）
              ┌─────┼─→ ts-（景谷傣）
*ts- ─────────┤     ├─→ ts-（金平傣）
              │     └─→ ts-（德傣）
              │         ┌─→ cʰ-（泰）
              └─→ *cç- ─┤
                        └─→ cç-（连山壮）
```

另外,动作词"指"是今各汉语方言中都存在的基本词,为汉语自古所固有(战国时期的《离骚》即有"指九天以为正兮"之句)。

(10) 汉语词"合"hɐp²(广州话)、hiap²(惠州话),只指"关"这种动作[按:广惠的"合"也可指"关"(如说"合番门"),但另可指"使拢合""使聚合"等]的傣语词 hap⁷(景谷傣)、hɐp⁷(西傣)。

德宏傣语表示"关"义的词,是除实际调值之外和西傣一致的 hɐp⁷;金平傣语相应的词也是 hɐp⁷。同样动作意义的词,武鸣壮语有 hop⁷/hɐp⁷,临高话是 hop⁷,侗语是 ŋap⁸,黎语有 tsʰop⁷。它们的语音形式与(10)组词的近似——其中德傣、金傣的甚至与广州及西傣的基本相同。这种近似明显地表现为大同小异:韵尾一致为-p；声母绝大多数都是 h-，余下一个 ŋ-与 h-一样是舌面后音，一个 tsʰ 虽离 h-远些，却也和 h-一致地送出较强气流；韵母几乎都是单元音，全部整齐地分为展唇舌面前/较前和圆唇舌面后两组。可见，这一系列"关"义词的语音形式显出从同一形式分化而来的迹象。

汉语词"合"，东周时就用于典籍（如《论语·宪问》"桓公九合诸侯"；《战国策·燕二》"蚌合而拑其喙"），一直为汉语各方言及共同语所承传。它不可能是外来词，也不可能由粤语或古代中原汉语输出并传播到那么遥远和辽阔的整个侗台语区域。

（11）广州话"剥"mɔk⁵/pɔk⁵，同样表示"去掉表面的皮或壳"义的傣语词 pɔk⁷（景谷傣）、pɔk⁹（西傣）、bɔk⁹（德傣）、pɔʔ⁷（金平傣）。

指说同样动作的词，泰语是 pɔːk⁷，武鸣壮语是 poːk⁷，剥隘壮语也是 poːk⁷，侗语为 poːk⁹。语音形式和广傣相应词逼似。韵尾几乎都一致，只是金平傣的弱化为喉塞音；都没有韵头（介音）；韵腹都是舌面后圆唇的 ɔ 或 o。声母绝大多数一致为 p-，只个别为浊化的 b-或浊化并鼻腔共鸣的 m-。可见得，相应诸词来自古代同一个词，语音形式方面的分化变异程度较低。现代汉语共同语和各大方言都存在"剥"这个动作词，它是汉语自古就固有的（《诗·小雅·楚茨》"或剥或烹，或肆或将"即出现该词）。中古汉语的"剥"，其声韵又还与今广、傣、泰、壮、侗的大体一致（《广韵》中，"剥"属入声觉韵，北角切）。

（12）广州话"含"hɐm、惠州话"含"ham，同样意义的傣语词 ʔom³（景谷傣）、um¹（西傣）。

"含"义词，泰语是 ʔom¹，剥隘壮语是 ʔom³，武鸣壮语——

kam², 连山壮语——hɔm², 临高话——hɔm², 侗语——ɐm¹, 黎语 fo:m²。这一系列词和(12)组词的韵母都是"单元音＋m"; 这单元音具体是两组：

$$(A) u—o—ɔ:—ɔ——(B) a—ɐ$$

组内的不同元音都彼此逼近或接近；两组同是舌面节制的口元音，却在唇形圆——展上和舌位前(包括较前)——后上显出反差。这表明了汉语侗台语"含"义词韵母两式多层分化的对应。声母也显示了不同程度弱化的分化对应关系：

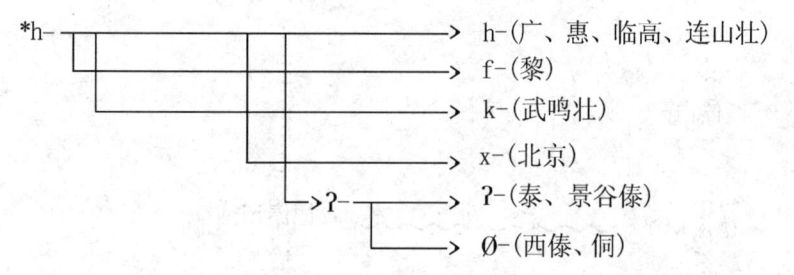

```
*h-  ─────> h- (广、惠、临高、连山壮)
    │────> f- (黎)
    │────> k- (武鸣壮)
    │────> x- (北京)
    └─>ʔ-─> ʔ- (泰、景谷傣)
         └> Ø- (西傣、侗)
```

"含"这个词，自古为汉语所固有，春秋时期即用于著述（如《庄子·马蹄》："含哺而熙"）。

(13) 广州话表示"用筷子夹起菜、肉等"的 kap⁴, 表示"用臂与胸侧或用双腿夹住"的 kip²; 傣语表示"夹起肉、菜"的 kip⁹（景从傣）、kip¹⁰（西傣）、kip⁸（德傣）、kap⁸（金平傣），表示"用臂与胸侧夹住"的 nip⁹（景谷傣）、hip⁷（德傣）、nep⁷（金平傣）。

指"夹（菜）"动作的词，泰语是 kʰip¹⁰, 临高话是 kep⁸, 连山壮语是 niɛp⁹。指"(臂与胸侧)夹住"的词，剥隘壮语为 kʰɐp⁸, 连山壮语为 kiɛp⁹。泰语还有一个意义及语音形式都很接近的词——kʰɐp⁸, 指"用嘴或钳夹住"。这些词与(13)组的词加合起来，形成较大、较复杂的音义相近词系列。系列中，三种相近意义的词，由于语音形式上也互相逼似或接近,可以看出彼此有渊源派生的关系。另一方面,不同语种的、意义上互相一致且语音形式又接近或逼近的词,又有明显的对应关联。因此,汉语侗台语整个"夹"义词系列内部,存在着成员间纵横交贯的复杂对应链:

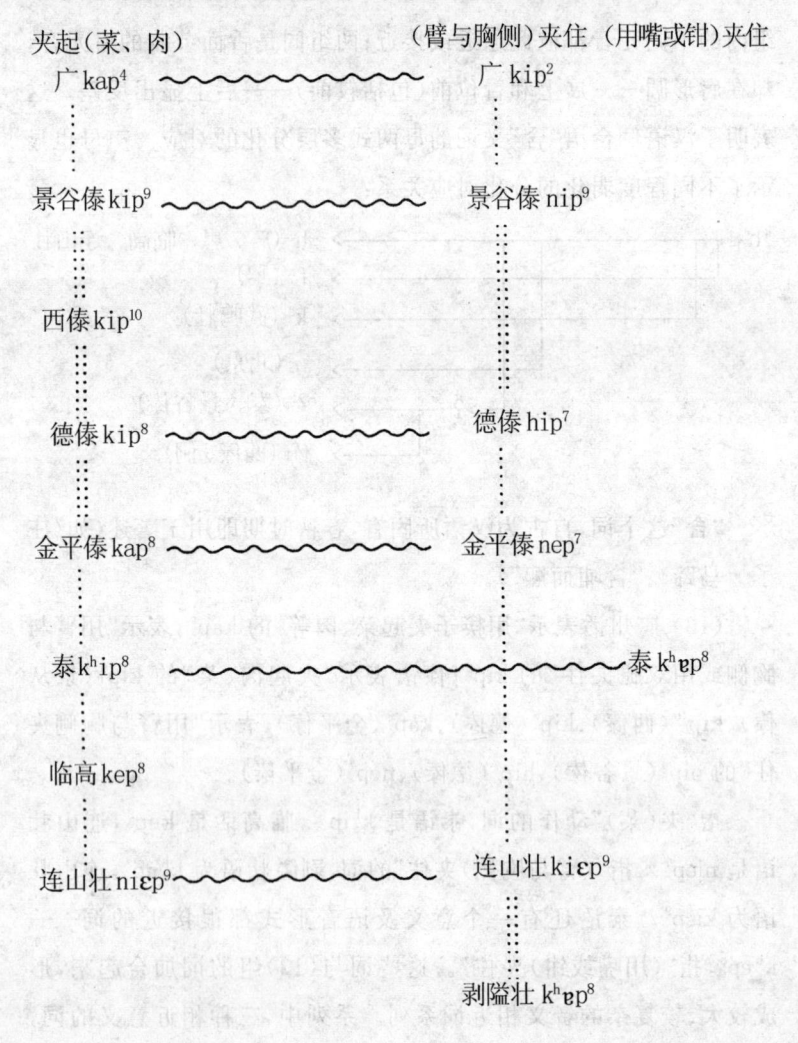

夹起(菜、肉)   (臂与胸侧)夹住 (用嘴或钳)夹住

广 kap^4 〜〜〜〜〜〜〜〜〜 广 kip^2

景谷傣 kip^9 〜〜〜〜〜〜〜 景谷傣 nip^9

西傣 kip^{10}

德傣 kip^8 〜〜〜〜〜〜〜 德傣 hip^7

金平傣 kap^8 〜〜〜〜〜〜〜 金平傣 nep^7

泰 k^hip^8 〜〜〜〜〜〜〜〜〜〜〜〜〜〜〜〜 泰 $k^h\text{ɐ}p^8$

临高 kep^8

连山壮 $ni\varepsilon p^9$ 〜〜〜〜〜〜〜 连山壮 $ki\varepsilon p^9$

剥隘壮 $k^h\text{ɐ}p^8$

左纵行傣语四地词无疑是源出于一的地域变异,而其中金平傣词与本纵行的广词几乎一致,其他三地傣词与本纵行泰词及右纵行广词基本一致,与临高词也贴近;右纵行韵母一致而声母有别的上头三个词,由历史地分化而来是难以置疑的,而它们的韵母又与泰词及三种傣词一致,与临高词、金平傣词近似;壮语三地音相近、义相同或相近的三个词,相互间有历史分化的关系也不容置疑,而它们当中一个与右侧的泰词几乎完全同音,另一个的语音形式与临高词的颇相近。这样通过如此多"逼近"环节的桥梁,上述汉语侗台语的所有"夹"义词可以看出全进入一个分化对应的关系网络。

广州话"(臂与胸侧)夹住"义的 kip^2,衍生自另一义近、音近的词"夹"kap^4,后者是汉语早就存在的(《仪礼·既夕礼》就有"圉人夹牵之"之句)。"(用筷子)夹起(菜、肉)"义的 kap^4,现虽写作"夹",其本字却为"梜""筴",是"夾(今简作夹)"的同音近义词,也是汉语自古固有的词(《礼·曲礼》"羹之有菜者用梜",郑玄注:"梜,犹箸也。"《广韵·怗韵》:"筴箸筴",古协切,又古洽切。后由"箸"义转为"以箸(筷子)夹"义)。

(14) 广州话"抽打、鞭打"义的 fit^5,傣语也指抽打动作的 fet^1(景谷傣)、fet^8(金平傣)。

表示"抽打"义的词,泰语是 $fa:t^9$,龙州壮语是 fat^9,临高话是 $viat^7$。它们与广傣相应意义的词,语音形式逼似:韵母都是"前元音+t",而且-at(壮)/-a:t(泰)/-et(傣)——-iat(临高)——-it(广)正可显示分化的三个互有关联的格局;声母都是唇齿擦音。广词 fit^5 与(7)组里表示"掷"或"扔弃"义的"抗",语音形式一致,指的动作相近,是"抗"的同音近义词。由于"抽打"比"掷/扔弃"义更接近于《广韵·质韵》"抗"字与击打有关的含义("揵抗,击貌。"),"抽打"义的广词 fit^5 的本字就更无可置疑地是"抗"。指抽打动作的"抗",是汉语自古所固有的。

从广州话"抽打、鞭打"义的 fit^5 与"掷/扔弃"义的 fit^5 是同音近义同形词(甚且可是共合为一多义词)来看,广州壮傣"抽打"义词与广惠傣泰"扔弃"义词也有同源分化的关系,(14)组未尝不可合并于(7)组。

(15) 广州话"盖上"义的 k^{h}ɐm^{35},傣语指同样动作的 hum^5/kom^1(西傣)、hom^5(德傣)、ŋam^4/xɐm^3(金平傣)。

语音形式近似而同表示"盖上"义的词,泰语有 k^{h}ɐm^3/k^{h}um^6/hom^3,壮语有 hom^5/kom^6(武鸣壮)、hum^3(龙州壮)、hum^6/hɔm^3(剥隘壮)、hom^5(连山壮),临高话有 xum^3。它们与(15)组的广傣词,"单元音+m"韵母的整齐划一,舌面后辅音声母的一致,无疑提供了从一个模子里出来的可靠证据。广州话的 k^{h}ɐm^{35},是从古代汉语承用下来的,其本字"弇""簎"俱见于中古韵书(《广韵·覃韵》:弇同盖,覆也;古南切。《集韵·感韵》:簎盖也,古禫切),说明它并不来自壮傣语,不是借词。

(16) 广州话表示"用力按"义的 kɐm^{22}、惠州话同样意义的 k^{h}im^{21},傣语表示"握住、把住"义的 kam^1(西傣)、kɐm^1/ŋam^1(德傣)。

指"握住"或"把住"动作的词,泰语是 kɐm$^{2/1}$,连山壮语是 kɐm^2。两词的语音形式与(16)组内广词及德傣语之一基本一致;而德傣内部两词 kɐm^1 与 ŋa:m^1 的语音形式之间,它们与西傣相应词 kam^1 之间,具有同一母体不同变异的关系无疑不成问题,广词 kɐm^{22} 的语音形式与惠词 k^{h}im^{21} 的由同一形式分化变异而来也不会有疑问。因此这里涉及的所有词的语音形式都从同一个形式变异发展而来。结合着的词义彼此相同或相近,自然也起了支撑、配合和证实这种同源分化关系的重要作用。广惠词"用力按"义与傣泰壮词"握住、把住"义颇为近似,反映的都是用手出力掌握好某种对象物的动作,只是方式、状态有所不同。二义之间显然能是推衍转移的关系。"用力按"义词 $kɐm^{22}$、k^him^{21},本字为"撳",是汉语自古固有的,中古的韵书即有收录。如《集韵·感韵》:"撳覆取也。"

(17) 广州话表示"解开"义的"解"kai^{35},傣语指同样动作的词 $xɐi^1$/$kɛ^3$(西傣)、ke^5(德傣)。

指"解开"动作的词,泰语是 $kɛ:^5$,龙州壮语是 $ke:^5$,连山壮语——$kɛ^3$,临高话——$keʔ^7$。它们的语音形式与德傣词 ke^5、西傣词 $kɛ^3$ 接近一致;声母与广词"解"相同,而韵母基本上都是广词"解"复合韵母的前低元音与前高元音之间过渡位置的单元音,显出与广词韵母从同一来源各起近似变异的分化轨迹。西傣 $kɛ^3$ 的同义词 $xɐi^1$,韵母逼近广词"解",声母也相近,显然采取与广词"解"大抵一致的变异趋向。"解"是汉语自古固有的词(早在春秋时代便见文句使用"解开"义的"解"——《孟子·公孙丑》:"民之悦之,犹解倒悬也"),今活跃于汉语各方言;粤语和壮傣语一致地仍承用其上古声母 *k-。

(18) 惠州话"掘"k^hut^2、广州话"掘"$kuɐt^2$,傣语"掘、挖"义的词 xut^7(西傣)、xot^8(德傣)。

表"掘、挖"义的词,泰语是 k^hut^7,壮语是 kut^8(武鸣壮)、hut^8(剥隘壮),临高话——$kuʔ^8$,黎语——$hjut^7$。它们与(18)组的惠广傣词无论音还是义都逼似。声母按"舌面后音还是喉壁音""塞音还是擦音"这样不同的选择而分化。韵母绝大多数都是 -ut;个别元音低化,而成 -ot(德傣)、-uɐt(广)。语音形式整体上源出于一而有较微少的分化,是比较明显的。"掘"一词,汉语自古所固有(周代《易·系辞》中便见"掘":"断木为杵,掘地为臼。")。今粤语、泰语、武鸣壮语和临高话仍保持其上古声母舌面后塞音的性质。

(19) 连平忠信话[⑪]表示"喝、饮"的词 sət⁵、河源话[⑫]同指"喝"这种动作的 sət³,傣语"呷、喝"义的词 sot⁸(德傣、金傣都如此)。

泰语表示"呷"或"喝"的词,和德傣、金傣的一致,也是 sot⁸。所指动作一致的泰傣词和粤语两种土话词,语音形式逼似而相互在韵母元音开口度大小上显出轻微差异的分化。与上举粤语土话词逼肖的说法,也见于粤境客家话。该词本字为"歠",自古为汉语所固有。《广韵·薛韵》"歠 大饮",昌悦切。

(20) 广州话:"回答、答应"义的"答"tap⁵,傣语(西傣、德傣)指同样回应动作的词 təp⁹。

表示回答或答应的词,泰语与西傣、德傣的基本一致,是 tɔːp⁷,龙州壮语为 tɔːp⁷。泰、傣、壮词与广词"答",声母、韵尾都一致,韵腹元音有圆唇后——展唇前的差异,表明从古代同一词的语音形式长期分化发展而来。广词"答"当然是上古汉语"答"一词的沿变,它和傣泰相应词一样,还保留着古代的双唇塞音韵尾。

(21) 广州话表示"说"或"口头批评、指责"的词"话"va²²、惠州话同此涵义的"话"va³¹,傣语表示"说"的 va⁶(西傣、德傣)、vɐi⁴(金平傣)。

表示"说"义的词,泰语是 waː⁴,龙州壮语是 va⁴。它们与(21)组的广惠傣词逼似。绝大多数词一致的声母 v-,与个别词(泰)的 w-声母很接近;绝大多数词同样的-a 韵母,与个别词(金平傣)的韵母-ɐi 也相近。表明上述泰傣龙壮"说"义词与广惠相应的"话",不仅语义上,而且语音形式上都留下低程度分化变异的轨迹。汉语早在周代就有"话"这个词,含"言辞"义(《诗·大雅·抑》:"慎尔出话,敬尔威仪")、"告诉、告谕"义(《书·盘庚》:"乃话民之弗率,……")。后引申出"谈论、议论"义。广惠"话"则衍生"口头批评、指责"义。

(22) 广州话"擤"siŋ³³、惠州话"擤"siaŋ³³,傣语指擤鼻涕动作的词 sɐŋ⁵(西傣)、sen⁵(德傣)。

同样指擤鼻涕动作的词,泰语是 seŋ³,剥隘壮语是 ɬen³,连山壮语——saŋ⁵,琼山临高话——siaŋ³,侗语——jeŋ⁵。它们和(22)组广惠傣词,语音形式总体上相近——有的相贴近甚至几乎一致,最清楚地显示同一形式最轻微的分化;有的相互不很近似,但是凭着相似成员的"桥梁",可以同所有其他成员都关联起来,形成一个可能包含不同阶段的复杂分化系列:

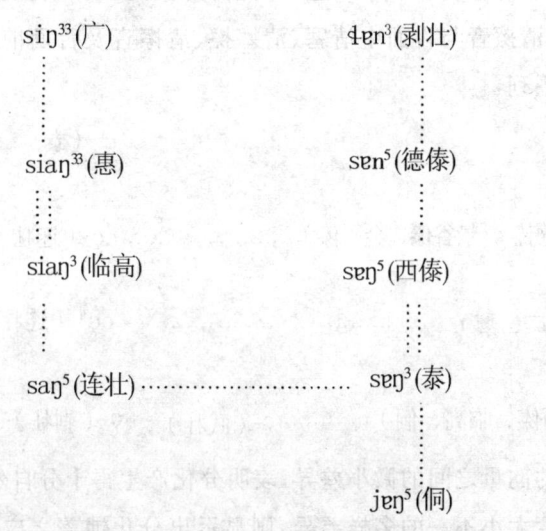

```
siŋ³³(广)                    ɬen³(剥壮)

siaŋ³³(惠)                   sen⁵(德傣)

siaŋ³(临高)                  sɐŋ⁵(西傣)

saŋ⁵(连壮)·············seŋ³(泰)

                             jeŋ⁵(侗)
```

汉语共同语和南北许多方言都有"擤"这个词。它是汉语古来固有的词,是没有问题的。可能因用于口头俗话,所指动作又不雅,标记它的字较晚为公众所共知而已(明代字书始录有"擤"字)。

(23) 广州话"擦"$tsʰat^4$(三义:①擦拭;②与某种东西摩擦;③使两物相擦,如~火柴),傣语表示同样一些擦义的词 $tset^8/xɛt^8$(德傣)、set^8(西傣)、$tsɛk^{10}$(景谷傣)、$tset^8$(金平傣)。

同样具有如上几种擦义的词,泰语是 $cʰet^7$,剥隘壮语是 $çat^7/çɛ:t^7$,武鸣壮语——$çat^7$,连山壮语——$ccʰat^8/ccɛt^9$,临高话——sat^7,侗语——sat^9,黎语 $tsʰat^8$。它们与(23)组广傣词合起来看,意义基本一致之外,语音形式也相近而整齐对应:韵母都是"一个舌面前元音+t(只景谷傣为 k)";其中的前元音,武鸣壮、连山壮、临高、侗、黎、广词的都带 a 色彩,泰傣词的则带 ɛ 色彩;而剥隘壮语反映了地理上处于壮、侗、临高、黎、粤诸语区与泰傣语区之间的特点,兼有 a 色彩的和 ɛ 色彩的两种韵母。声母表现为舌尖前清塞擦、清擦音与舌面中清塞、清塞擦、清擦音及舌面前后清擦音的对应系列:

$cʰ$-(泰)

ts-(德傣$_1$、景谷傣、金平傣)……………………cc-(连壮$_2$)

$tsʰ$-(广、黎)………………………………………$ccʰ$-(连壮$_1$)

s-(西傣、临高、侗)………$ç$-(武壮)……$ç$-(剥壮)……x-(德傣$_2$)

对应的韵母之间的微小差异,表明分化产生得十分自然;对应声母间程度大小不一的多样差异,则显示出分化铺盖之广阔与历时之久长。"擦"是汉语各大方言及共同语普遍常用的基本词,从粤、客、闽语等南方方言保留着塞音韵尾而官话已是元音韵尾的情况看,它无疑是汉语至少隋唐时就具有的,自古为民间汉语口语所固有(尽管到明代白话小说里才见到它的文字录写形式),不可能是从侗台语来的借词。

(24) 广州话指"两手掌对合"动作或"上下眼皮关合"动作的"合"hɐp²、惠州话同所指的"合"hiap²,傣语指相近动作"抱合"的hɔp⁹(西傣)、kɔt⁷(德傣)。

指"对合"一类动作的词,泰语是kɐp⁷,龙州壮语是ɕɐp⁷,剥隘壮语是ɕɐp⁷。它们表示的意义与(24)组词类同;语音形式也相近:泰语词声母k-与(24)组词的声母同是部位靠后的清音,壮语两词的清音声母舌位也与后舌位邻近;韵母与广词一致,与惠词、西傣词接近,与德傣语的也同属"单舌面元音+清塞音"的模式。而广词hɐp²与惠词hiap²之为粤语同一词的不同地点方言变异,"抱合"义的西傣词hɔp⁹、德傣词kɔt⁷之为傣语同一词在不同地域的变异,既都无可置疑,那就表明这里所有表示"对合"一类意义的粤傣泰壮词都进入同一个分化变异系列。广惠的"合",是汉语自古所固有的词(《战国策·燕》便出现了"对合、闭合"义的"合":"蚌合而拑其啄"),现普遍见于各大方言。

须说明,(24)组词实际上与前面(10)组词合共为一大组同源词,这里主要依侗台语有较大差别的两种意义而分开两组,是为了便于分析和认识。

(25) 广州话"撑"tshaŋ⁵⁵,傣语表示"撑开(伞)"义的kɐŋ¹(西傣)、kɐŋ³(德傣)。

指"撑开(伞)"动作的词,泰语是kaːŋ⁵,龙州壮语是kaŋ⁵,剥隘壮语——kʰaŋ⁵,连山壮语——cçʰɐŋ⁵。它们和相应的广、傣词,意义上一致(广词"撑"虽然意义多一些,如可表示"(用竹竿)撑动

(船)"义、"支撑"义,但也常表示"撑开(伞)";语音形式上,韵母都是"一个前(/较前)低(/较低)元音+ŋ",其中泰、龙壮、剥壮的与广的一致,它们与傣、连壮的差别都不大,可以透出从古代同一韵母轻度分化变异而来的轨迹。声母方面,尽管广词"撑"的 ts^h-与泰、傣、龙壮词的 k-、剥壮词的 k^h-及连壮词的 cç^h-差别相当大,也可推断相互间存在同源分化的关联,只是它由于分化程度重而深隐不显。"撑"为彻母字,高本汉论定知彻澄娘上古为舌尖前音,这是正确的(今惠州话知母字仍念 t-声母的音可证实)。"撑开(伞)"义词上古声母 *t^h-当以舌尖前部位是否转为舌尖后或舌面后、塞音是否转为塞擦音以及送气是否保留的方式,在各个有关语种里分化:

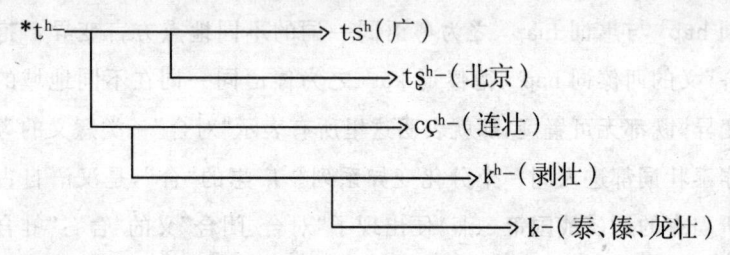

*t^h- ⟶ ts^h(广)
⟶ tṣ^h-(北京)
⟶ cç^h-(连壮)
⟶ k^h-(剥壮)
⟶ k-(泰、傣、龙壮)

"撑"是汉语自古固有的词(西汉司马相如《长门赋》"离楼梧而相撑"就用到它),活跃于今各大方言。

(26)广州话指"靠近向着炉火烤"的词 hoŋ^{33},傣语(西傣、德傣)指同样动作的 ʔom^5。

同表示"烤火"意义的词,泰语是 k^{h}a:ŋ^1,龙州壮语是 k^{h}aŋ^1。语音形式与相应广词近似:声母都是后发音部位而有强气流送出的清辅音,韵母都是"一个低/半低元音+ŋ"。这种近似,是分化变异未越出同一语音类型或范畴的自然结果。傣语相应词的声母 ʔ

也与广词的一样是喉部的音,韵母元音还完全相同,韵尾 m—ŋ 符合侗傣语粤语规律的语音对应⑱。而泰傣词 $k^ha:ŋ$、$ʔəm^5$,是本来同一部族(僆人)同一个词不同变异的产物,应该没有疑问。广词 $hɔŋ^{33}$ 本字为"炕",早在汉代便出现于文籍(汉代毛亨传注《诗·小雅·瓠叶》"燔之炙之":"炕火曰炙。"),是汉语自古固有的词。《广韵·宕韵》收有"炕",若浪切,释为"炕火"。《玉篇》:"炕炙也"。

(27) 广州话指"分开""分份儿"或"分予"动作的"分"$fɐn^{55}$,傣语同所指的 $bɛŋ^5$(西傣)、$mɛŋ^6$(德傣)。

同样意义的词,泰语是 pen^1,壮语是 fen^3(连壮)、pen^1(龙壮、剥壮),临高话是 $fən^1$。语音形式与相应广词逼似或基本一致。泰词、西傣词及龙壮剥壮词的声母,共同保留着上古的重唇音,连壮词、临高词和广词的轻唇音声母则明显地是同一古重唇音声母的转化。稍微特别一些的德傣词声母 m-,也和重唇音一致地用上双唇发音。它入到同一重唇音声母的分化系列里,也就没有疑问。多数语种词同样的韵母-ən 与个别语种的-ne,差别甚微,而与余下两种傣语一致的-ɐŋ 也异中有同而存在整齐的元音对应(ə-ɛ)和鼻韵尾对应(n—ŋ)。因此,这里广、傣、泰、壮、临高诸语种的"分"动作词,是从上古同一个词分化而来的。"分"自古为汉语所固有(春秋时期便用于汉文典籍——《左传·文十六年》:"分为二队。"),是各地方言的常用词。

三

下面是汉傣语极可能同源的基本动作词,有 12 组。

(28) 广州话指"掰"或"扭、拧"动作的词 mit^5;傣语表示"掰"

的词 vit^{10}（景谷傣）、mit^7（德傣）、vit^7（金平傣），表示"扭断"的词 mit^9（德傣），表示"摘"的词 pit^{10}（景谷傣）、bit^9（德宏傣）、pit^7（金平傣）。

连山壮语也有一个表"掰"或"扭、拧"的词 mit^7。(28)组诸词加连它一起看，意义上一致或类近，语音形式撇开调值只有声母 m-—b-—p-—v- 的差异。四种声母都用到唇来形成障碍，m-、b-、p- 同是双唇音，m-、b-、v- 同是浊音。它们共同点不小于差异处，明显地是来自同一声母的轻微分化。较有可能，v-<*m-，b-<*m-，p-<b-。广词 mit^5 的本字为"搣"，见于中古时期的汉语韵书。《广韵·薛韵》：搣手拔，又摩也，批也，捽也；亡列切。

(29)广州话表示"捂、(用手)覆盖住"的词 em^{35}；傣语指同样动作的词 $ɔm^2$（景谷傣）、hum^3（金平傣），泛指"用手、用物遮盖"动作的词 em^3（西傣）。

三地傣语意义上类近的 $ɔm^2$、em^3、hum^3，韵母都是单元音+m，语音形式异中而有大同，是古代傣语同一词的不同地方变异，应无可置疑。而其中西傣词 em^3 的语音形式，除去调值方面，与相应广词又完全一致。可知该广词与相应的三地傣语词一起形成一个同源分化小系列。广词 em^{35} 的本字为"揞"；《广韵》收有此字，列入感韵，乌感切，释其义为"手覆"。

(30)广州话表示"(手入袋中)探取"义的词 jem^{11}，惠州话同样涵义的 $ŋiam^{11}$；傣语表示相近动作"摸"或"捞"的词 $ŋom^2$（西傣、德傣），只表示"摸"的词 $ŋum^4$（金平傣）。

泰语表"摸、捞"义的词，和西傣、德傣的一样，也是 $ŋom^2$。傣语两个逼近的词 $ŋom^2$ 与 $ŋum^4$ 来自同一词的地域轻微变异，是了然可知的。自然，泰词 $ŋom^2$ 也同样是这分化变异中的一分子。

广词 jɐm¹¹与相应惠词 ŋiam¹¹在韵母上的小异,符合两方言历史音变的对应规律:中古咸摄开口一等影母字,如"庵""揞""暗",其韵母音演变到广州话为-ɐm,到惠州话为-iam。而-ɐm 与泰傣相应词韵母-om、-um 明显同型相近;惠词 ŋiam¹¹与泰傣相应词有同样的声母和韵尾。可见得(30)组的广词、惠词和音义相近的傣泰词共属一个分化系列。彼此的分化对应,主要表现在韵母元音上:(广、惠)展唇、舌位较低的 ɐ、ia—(泰、傣)圆唇、舌位较高的 o、u。广词 jɐm¹¹、惠词 ŋiam¹¹ 的本字是"撢"。《广韵》收"撢"入深摄开口三等侵韵,余针切,"探也";又收入咸摄开口一等覃韵,他含切,释为"周礼有撢人"。广词"撢"本于前者,惠词"撢"本于后者。"撢"自古为汉语所固有,当无疑问。

(31) 广州话的"望"mɔŋ²²,西傣语表示"看、视"义的 tɔŋ¹。

表示"看、视"义的词,泰语是 mɔŋ²,武鸣壮语有 muːŋ⁶,琼山临高话是 mɔŋ⁴。它们和含义一致的西傣词 tɔŋ¹,意义上与广词"望"很相近——反映的动作基本上是同样的;语音形式方面近似,个别甚至一致(除去调值)。这里共合起的 5 个词中,4 个词的韵母同是-ɔŋ,余下一词(武壮)的是-uːŋ,明显地存在只有舌位高低差别的两个圆唇元音 ɔ—u 的分化对应。5 个词里有 4 个的声母同是 m-,余一词(西傣)的为 t-,也显示出 m-—t-的简单对应。因此,不容怀疑,广词"望"与壮傣语"看、视"义的 muːŋ⁶、mɔŋ⁴、tɔŋ¹、mɔŋ² 之间存在分化对应关系。而"望"是汉语自古固有的词(春秋时期的汉籍便见"向远处看"的"望"。《诗·卫风·河广》:"谁谓宋远,跂余望之。"),且普遍用于各大方言。

(32) 广州话"看"hɔn³³(书音)、"看守"义的"看"hɔn⁵⁵,傣语表示"看见"的 hɐn¹(西傣、德傣)。

泰语表示"看见"的词是 hen¹。其含义与(32)组傣词 hɐn¹ 一致,与广词 hɔn³³、hɔn⁵⁵ 近似或相近。hen¹、hɐn¹ 的"看见"义当从一般的"看、视"义(汉语词"看"保持着它)转来;而广词 hɔn⁵⁵ 的"看守"义是从"看、视"义引申而来,自然也不会有问题。语音形式方面,4 个词相当近似:声母、韵尾都一致,夹着的元音在广词与傣泰词之间显示出一种分化而来的简单对应:圆唇舌面后音－展唇舌面前(/较前)音。"看"这个词自古为汉语所固有(战国时期的《韩非子》便用了"探望"义的"看";"看、视"义的"看",南北朝时已用于书面语——《世说新语·规箴》:"殷觊病困,看人见半面"),普遍用于各大方言。粤方言的"看",无论在古代、近现代,没有可能被远隔的泰、傣语所搬借。近古以来,官话中声母已变成 kʰ-音的"看",当然也不可能是泰傣相应词之所本。

(33) 广州话表示"脱开(如"～身""～手")"义或"脱掉(如"～头发")"义的 let⁵,惠州话同样涵义的 lut⁵,傣语表示"逃脱"的 lɔt⁸(西傣、金平傣)、lɔt⁹(德傣)。

泰语表示"逃脱"的词是 rɔːt¹⁰。泰傣词的"逃脱"义与广惠词的"脱开"义相近:"逃脱"义本身就含有义素"脱开不利处境"。这样相近的两种词义显然能有源出于一或互相转化的关联。泰傣词一致的韵母与相应广惠词的也同模式、同韵尾;这些词的韵母放在一起看,只有元音大致后前两类 ɔ(泰、傣)、u(惠)－ɐ(广)的差别。声母方面,广惠傣词一致为 l-,只泰词为 r-;l-与 r-也是相近的。很明显,这些词的声音形式存在简单的对应,它是声韵都二分式地轻度分化所造成的。很近似于傣词 lɔt⁸、lɔt⁹ 的惠词 lut⁵,与广词 let⁵ 之间存在符合于音变分化规律的对应(中古入声臻摄合口一等没韵透定晓匣母字[如"突""忽"],其韵母在广州话念-et⁵ 音,在惠州话念-ut⁵音），这可以表明，所有这些词没有理由不都存在同源分化的关系。广惠词的本字极可能是"宊"，《广韵》将它列入没韵字，释为"出貌"，他骨切。此词中古音的透母 t^h-与广惠音的声母 l-同是舌尖前音，意义与广惠词接近而可通连，彼此应有渊源关系或同源分化关系。

（34）广州话指闭眼动作的词 sɐp⁵，傣语同所指的 lɐp⁷（西傣、德傣、金平傣）。

同表"闭（眼）"义的词，泰语是 lɐp⁷，龙州壮语是 jɐp⁷，连山壮语——lɔp⁷，侗语——ȵɐp⁷，黎语 tso:p⁷。它们与（34）组的广傣词音近；音节模式一致；韵尾相同；声母半数同是 l-，半数是有点接近于 l-的 ȵ-、j-和相互接近的 ts-、s-；声母与韵尾夹着的元音，多数同是 ɐ，少数是彼此相近的 o:、ɔ。这种布于辽阔地域众多语种的接近情况，显然没有理由不是一个上古时期的词在各地不同语种中长期分化的结果。韵母、声母的分化过程会分别是：

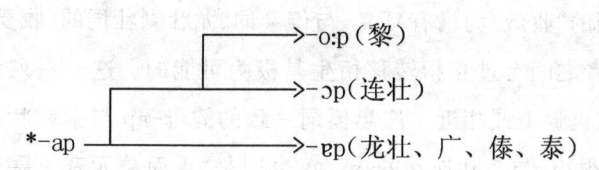

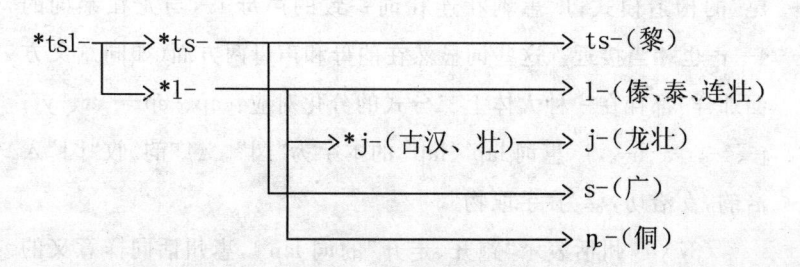

```
                    ──→-o:p（黎）
                    ──→-ɔp（连壮）
*-ap  ──────────────→-ɐp（龙壮、广、傣、泰）


*tsl-──→*ts-──────────────────────→ts-（黎）
      └─→*l-───────────────────────→l-（傣、泰、连壮）
              └──→*j-（古汉、壮）──→j-（龙壮）
                                  →s-（广）
                                  →ȵ-（侗）
```

广词 sɐp⁵ 的本字是"眣"。《广韵》收"眣"入狎韵，於业切，释为"闭目"。

(35) 广州话指"戳、刺"动作的词 $ts^hɔk^5$,傣语同所指的 $tsɔk^9$（德傣）、$jɔk^8$（西傣、德傣）。

泰语表示"戳、刺"义的词是 $jɔk^{10}$,韵母与(35)组全部广傣词一致,声母则与西傣德傣的 $jɔk^8$ 相同。而德傣另一词 $tsɔk^9$ 的声母,与广词 $ts^hɔk^5$ 逼似。为几个词明显地只在声母上分化,是二分式的对应:ts-、ts^h-——j-。广词 $ts^hɔk^5$ 的本字是"戳"。《广韵》收"戳",入觉韵,敕角切,释有二义:"授也,刺也。""刺"义的"戳"后作"戳",在汉语共同语和许多方言里沿用下来。

(36) 广州话表示"收敛（为己有）"的词 lap^4,惠州话同样意义的 lap^5,西傣语表示"接"或"收受"动作的词 hap^8,德傣语表示"收受"的 hap^4。

同样指收受动作的词,泰语是 rep^8,龙州壮语是 $ɬet^8$,剥隘壮语是 lep^8;指用手收敛动作的词,连山壮语是 lyt^7。连壮词、(36)组广惠词的"收敛（为己有）"义,与傣泰词、龙壮剥壮词的"收受"义类近;两者之间有过互相转移衍生是极为可能的。这一系列词的语音形式也逼似或相近。广惠傣词一致的韵母-ap 与泰剥壮词的-ep 相差很小,与龙壮连壮的-et、yt 也同是"舌面单元音＋塞音韵尾"的构造模式;广惠剥壮连壮词一致的声母 l-,与龙壮泰词的 ɬ-、r-也相当接近。这些词显然在韵母和声母两方面（如同意义方面那样）都存在一种大体上二分式的分化对应:-ap、-ep——-et、-yt;l-、ɬ-、r-——h-。广惠词 lap^4、lap^5 的本字为"㧱"。《广韵》收"㧱"入洽韵,女洽切,释为"手取物"。

(37) 广州话表示"跑开、走开"的词 lan^{55},惠州话同样意义的 lan^{33},傣语表示"跑"或"跑走"的词 $lɛŋ^6$（德傣）、$lɛŋ^5$（金平傣）。

泰语含"跑"义或"跑走"义的词是 lɛːn⁴。其声音形式与(37)组的傣词基本一致,与广惠词只有韵腹元音舌位高低的轻微差别(不计声调)。这里在广惠词与泰傣词之间,语音形式上的局部小异恰伴同有意义上的微略出入,显然存在一种音义统一起来的二分式低度分化对应。"跑开、走开"义的广惠词,本字为"躝"。《广韵》收此词入寒韵,落干切,释为"踰也"。

(38)北京话"一层加上一层"义或"折叠"义的"叠"tiɛ³⁵,广州话只含"一层加上一层"义的"叠"tip²,西傣语只含"折叠"义的词 top⁸。

与西傣语一样只指折叠动作的词,泰语是 ciːp⁷,龙州壮语——cip⁷,武鸣壮语——tɐp⁸,临高话——dap⁸,侗语——tɘp(?)。京广的"叠",彼此在韵母上的差异是不同音变形成的规律对应(中古咸摄开口三等叶韵字和开口四等帖韵字,其韵母北京话念-iɛ ["腌"字例外],广州话念-ip["捷""铁"例外]);而广"叠"的韵母,与相应泰词、龙壮词的韵母基本一致,与相应的西傣武壮词、临高词及侗词也构造模式相同,韵尾都是-p。因此"折叠"义侗台语词的韵母,无疑也是"叠"字韵母分化中的一分子。整个分化系列所涉及的所有词的声母,又都是舌塞音,彼此比较接近甚且完全相同,明显地形成一个二分式分化出的、差异不大的对应:

t-(京、广、西傣、武壮、侗)、d-(临高)——c-(泰、龙壮)

(39)广州话指"弯下(身体)"动作的词"躬"kuŋ⁵⁵(书音)(如"～身下拜"),傣语同所指的词 kom³(西傣、德傣)、kum²(金平傣)、kuŋ⁵(景谷傣)。

表示"弯下(身体)"义的词,泰语是 kom⁵,壮语是 kum⁵(龙壮)、kum³(连壮)。它们与(39)组的词,含义一致的同时,语音形式也一致或近似。声母都是 k-;韵尾不是-ŋ,就是-m,符合邢公畹(1986)考证出的粤语侗台语里-m、-ŋ 尾规律对应的情况⑫;而声母与韵尾夹着的单元音,多数是 u,少数是相近的、仅舌位低一点儿的 o。显然,这一系列词显现了轻度分化的印迹。广词"躬",汉语自古所固有。《易·蒙》"见金夫,不见躬"的"躬",带早期的"身体"义;带衍生出的"弯下(身体)"义的"躬",也见于较早的古籍:《管子·霸形》有"桓公变躬迁席"之语。

附 注

① 丁邦新《汉藏系语言研究法的检讨》,《中国语文》2000 年第 6 期,中国社会科学院语言研究所 50 周年纪念刊。

② 拙文《汉语与壮侗同源的和搬借的亲属称谓》(载《中国语言学的新拓展》,石锋、潘悟云编,香港城市大学出版社,1999)、《粤语壮语关系词的分类问题及类别例释》(载《语言研究论丛》第七辑,南开大学中文系《语言研究论丛》编委会编,语文出版社,1997)。

③ 据 Geoffrey Barraclough 主编的 The Times Atlas of World History 第 63 页之图,Times Books Limited,伦敦,1984。

④ 据 The Times Atlas of World History 第 80 页之图;又据顾颉刚等编《中国历史地图集·古代史部分》第 6 页,《秦统一图》,地图出版社,1955。

⑤《泰晤士世界历史地图集》,杰弗里·巴勒克拉夫主编,中文版,81 页,生活·读书·新知三联书店,1982。

⑥ 据 The Times Atlas of World History 第 126、127 页两图,以及中国历史地图集编辑组《中国历史地图集》第六册第 3—4 页《辽北宋时期全图》,中华地图学社出版社,1975。

⑦ 顾颉刚等编《中国历史地图集·古代史部分》,第 20 页,《蒙古帝国图》。

⑧ 拙文《粤语壮语关系词的分类问题及类别例释》(载《语言研究论丛》第七辑,语文出版社,1997)曾把粤壮同源词分为这样两类。汉傣语同源词的

分类自然应同于此。

⑨拙文《惠州话系属考》(载《语言学论辑》第1辑,南开大学《语言学论辑》编委会编,天津人民出版社,1993)得出结论:惠州话应属于粤语分布于东江中上游流域的一个支系。

⑩王力先生有力地论断过 ʅ 源自 i:"不论是什么韵类,如果知照系以外的字在现代汉语里唸 i……那么,和它同韵的知照系在现代汉语里唸 ʅ。因此我们可以相信这个 ʅ 是由 i 变来的;tʂ,tʂʰ,ʂ 和后面的 i 互相排斥,结果是 tʂ,tʂʰ,ʂ 把韵母 i 带到和它们同一发音部位上来,变为 ʅ。"(《汉语史稿》(修订本)上册,164页,科学出版社,1958)

⑪广东连平县忠信镇的本地话,与惠州话相当接近,属于粤语惠河系。见拙文《惠州话系属考》,《语言学论辑》第1辑,天津人民出版社,1993。

⑫广东河源市城区本地话,与惠州话相近似,同为粤语惠河系的代表。见拙文《惠州话系属考》。

⑬邢公畹《汉语和侗泰语里的-m、-ŋ交替现象》,(《民族语文》1986年第4期)一文揭示了这种规律的语音对应。

⑭邢公畹《汉语和侗泰语里的-m、-ŋ交替现象》,《民族语文》1986年第4期。

参考文献

Fang Kuei Li 1977 *A Handbook of Comparative Tai*, Press of Hawaii.
丁邦新 2000 《汉藏系语言研究法的检讨》,《中国语文》第6期,中国社会科学院语言研究所50周年纪念刊。
李方桂 1980 《上古音研究》,商务印书馆。
王 均等 1984 《壮侗族语言简志》,民族出版社。
张元生 马加林 文明英 韦星朗 1989 《海南临高话》,广西民族出版社。
邢公畹 1986 《汉语和侗泰语里的-m、-ŋ交替现象》,《民族语文》第4期。
刘叔新 1997 《粤语壮语关系词的分类问题及类别例释》,《语言研究论丛》第七辑,语文出版社。
——— 1999 《汉语与壮语同源的和搬借的亲属称谓》,《中国语言学的新拓展》,石锋、潘悟云编,香港城市大学出版社。

徐中舒主编　1986—1990　《汉语大字典》，四川辞书出版社、湖北辞书出版社。
陆法言撰本、陈彭年等重修　《覆宋本重修广韵》，商务印书馆，1936。
Geoffrey Barraclough 主编　1984　*The Times Atlas of World History*，Times Atlas Limited,伦敦。
顾颉刚等编　1955　《中国历史地图集·古代史部分》，地图出版社。

（在纪念吕叔湘先生百年诞辰国际学术
研讨会上报告，收进该研讨会文集）

连山壮语元音系统与
粤语的近似

　　连山壮族瑶族自治县位于粤北的西陲,是广东省内惟一有较多壮民聚居之地。该县壮民四万人,约占全县人口三分之一强,集中分布于县南半部永丰、福堂、上帅、加田和小三江五个镇区。五区的壮语比较统一,语音系统上主要只是个别声调的调值微有差别。本文以小三江和福堂的壮语作为连山壮语的代表,考察其元音系统的情况。

一

　　听连山壮民相互用壮语交谈,可以强烈感到有近似于粤方言的声音格调。若以广州话作粤语的代表,那么连山壮语不仅以其六个舒声调和三个塞尾声调而与粤语在声调上相类同,而且在元音系统方面尤其和粤语的近似。后一种接近,是连山壮语声音格调类似于粤语的一个主要原因。

　　元音系统的相近,首先表现在元音音位的一致上。连山壮语共有九个元音音位:

/a/ /ɐ/ /ɜ/ /i/ /ɛ/ /o/[①] /u/ /œ/ /y/

其中除/ɐ/之外，其他八个元音音位都可以单独作韵母。如 wa^{52}（花）、ka^{231}（那）、wɛ^{35}（划）、li^{52}（犁）、mɔ^{35}（新）、o^{52}（哦）、pu^{35}（衣）、çœ^{214}（字）、y^{35}（腻）、çy^{35}（恕）。粤语广州话的元音音位同是这样九个，同样只有/ɐ/不能单作韵母，而其他八个都可以，如"他"ta^{55}、"加"ka^{55}、"写"sɛ^{35}、"爷"jɛ^{11}、"知"tsi^{55}、"哥"kɔ^{55}、"哦"o^{22}、"姑"ku^{55}、"靴"hœ^{55}、"煮"tsy^{35}、"住"tsy^{22}。这种情况，不单在广州话，而且在粤语粤海系诸方言及其他系不少方言里都广泛地存在。具有可单作韵母的/œ/，又具有撮口呼的/y/，可说是粤语元音系统的一个特色。而在这一点上，连山壮语和粤语完全同样。更为重要的是，两者都一致有个不能单作韵母而处处与/a/对立的/ɐ/。②很久以来，多把广州话里的/a/和/ɐ/分别看作长 a（标作 aː 或 aa）与短 a（标作 a），彼此在音的长短上对立。事实上，是两个不同的元音在音色的差异上形成对立；音的长短只是伴随现象，不起音位对立作用。这一点，笔者于 20 世纪 80 年代中期已提出过而详加论证。③五年前，黄家教《广州方言的 ɐ》一文④也有类似见解。新看法的正确合理，已是无可置疑的。

连山壮语的/ɐ/也是在音色的差异上与/a/形成对立。/ɐ/一般比/a/略短，这一点同样不起分辨意义的音位作用。连山壮族人一般不会意识到/a/和/ɐ/的长短差异；但是能非常敏锐地感知，分别包含着/a/、/ɐ/而除它们外其他语音成分及其位置都一致的两个音流片段是不同的声音。这与粤语说者对于粤语/a/和/ɐ/的意识，完全相同。像下面成对成对的单音词，连山壮族人不假思索地认为是不同的声音：

am^{55}（三）—ɐm^{55} 酸

van^{55}（甜）—vɐn^{55}（瘟，病）

连山壮语元音系统与粤语的近似　　75

　　　lam²¹⁴（揽）—lɐm²¹⁴（倒）

　　　lap⁵（抱收）—lɐp⁵（黑，套穿）

　　　kap⁵（伙同，合本）—kɐp⁵（蛙类）

　　　tap¹⁴（跌落）—tɐp¹⁴（捶打）

　　　ʎap⁵⁵（高兴）—ʎɐp⁵⁵（响声）

　　这里，声音的不同，事实上就只是 a 和 ɐ 的差异，表明了它们是两个互相对立的音色音位。

　　连山壮语/a/和/ɐ/的对立，形成两列韵母——对立的格局：

　　　-ai(版；水牛)：-ɐi(树；去)

　　　-iai(唾液；走)：-iɐi(蛋)

　　　-iau(叔；蜘蛛)：-iɐu(头)

　　　-am(三)：-ɐm(问；晚上)

　　　-an(万；半)：-ɐn(天；穿)

　　　-aŋ(高；坐)：-ɐŋ(肯定；皮)

　　　-ap(押；回答)：-ɐp(打；蛙类)

　　　-at(芽；芥菜)：-ɐt(蚂蚁；眼睛)

　　　-ak(百；嘴)：-ɐk(冬瓜；壁虎)

　　这大体相同于粤语的/a/、/ɐ/所形成的韵母对立格局：

　　　-ai(精；柴)：-ɐi(妻；齐)

　　　-uai(乘；怪)：-uɐi(龟；贵)

　　　-au(靠；教)：-ɐu(扣；救)

　　　-am(三；甘)：-ɐm(心；金)

　　　-an(山；间)：-ɐn(新；斤)

　　　-uan(弯；关)：-uɐn(温；军)

　　　-aŋ(争；耕)：-ɐŋ(憎；羹)

-ap(甲;峡)： -ɐp(蛤;合)

-at(发;杀)： -ɐt(佛;失)

-ak(掰;麦)： -ɐk(北;墨)

不同处,仅在于-ian、-iau 为粤语所无,-iai、-iɐi 在粤语相应地是带 u-介音的-uai、-uɐi。

二

在元音音位具有哪些音位变体方面,连山壮语基本上也和粤语一致。主要是/ɔ/、/œ/、/u/、/ɛ/、/i/五个元音音位出现变体的情况,和粤语几乎相同。

粤语广州话的/ɔ/,在作单韵母、或前或后与 i 结合或者其后结合上舌根鼻辅音或塞辅音-k、-t 时,表现为[ɔ]音变体(如歌 kɔ[55]、该 kɔi[55]、哟 jiɔ[55]、狼 lɔŋ[11]、葛 kɔt[4]),在结合上韵尾-n 时则通常表现为[o]音变体(如干 kon[55]、看 hon[55])。连山壮语/ɔ/音位出现[ɔ]变体的条件与广州话基本相同,如:

藏[ɥɔ[52]]⑤　新[mɔ[35]]　蔗[ɔi[55]]　耳环[ɫɔi[55]]⑥　知[liɔ(ʔ)]

叫闹[hɔŋ[52]]　酒杯[ɐu[55]ccɔŋ[55]]　舌苔[lœn[13]hɔk[5]]

骨骸[lɔk[45]]　地瓜[kɔt[45]çy[231]]

出现[o]变体的情况比广州话多一些,有广州话所无的与介音-i、与韵尾-m 或-p 结合的出现条件,但是与韵尾-n 相结合这一条件却相同于广州话:

前天[pon[52]wɐn[52]]　床[pon[13]]　嫩[nom[55]]

大后日[wɐn[52]lyom[35]]　撞[hop[5]]　盖[kjiop[13]]

一般情况下,[o]变体比[ɔ]短些,这与广州话中的表现也一致。[o]与[ɔ]作为音位变体,无论是长短的差异还是音色的差异,连山壮民同广州人一样地一般感觉不到;两个音当然不互相对立。只是韵母 ou 当中的元音 o 却是对立于/ɔ/的另一音位。这在广州话里亦如此。

/œ/音位在与韵尾-y 或-n 结合时,表现为开口度较小的[ø]变体;在其他语音条件下,才是[œ]音。这和广州话的情形一致。如:

连山壮语	广州话
ma^{52} ŋøy^{231}(狼)	女 ŋøy^{35} 水 søy^{35}
çøy^{52} ŋen^{52}(水银)	巨 køy^{22}
løn^{13}(舌头)	春 tsʰøn^{55}
høn^{55}(攀爬)	蠢 tsʰøn^{35}
	纯 søn^{11}

························· ·························

ɲœ^{55}(草)çœ^{214}(字)	番茄 fan^{55} kʰœ^{35}
lɪk^{14} kœ(茄子)	田螺 tin^{11} lœ^{11}
hyœŋ^{52}(尾巴)	香 hœŋ^{55} 将 tsœŋ^{55}
ɥɔŋ^{231} cœŋ^{13}(蜜蜂)	常 sœŋ^{11}
ɲœk^{14} ɲu^{52}(猫头鹰)	削 sœk^{4} 略 lœk^{2}
ɲœt^{14}(芽)jœt^{5}(香菇)	

/u/音位在与韵尾舌根音-ŋ、-k 或双唇鼻辅音-m 结连时,或自身作韵尾时,表现为舌位低些、肌肉不那么紧张的[ʊ]变体;而在其他条件下,出现的是[u]变体,这和广州话基本一致。如:

连山壮语	广州话
kʊŋ⁵²(杯)	攻 kʊŋ⁵⁵ 中 tsʊŋ⁵⁵
fʊŋ²³¹(手)	从 tsʰʊŋ¹¹
pʊŋ²³¹(胀)	同 tʰʊŋ¹¹
θʊk¹⁴(熟悉)	读 tʊk² 叔 sʊks
kʊk⁴⁵(国)	促 tsʰʊk⁵
	族 tsʊk²
hʊm¹³(遮盖)	—
ɥʊm⁵²(荒芜)	
kɐʊ⁵²(藤)	烧 sɪʊ⁵⁵ 胶 kaʊ⁵⁵
ʔaʊ⁵²(叔)	
··········	··········
ku⁵²(我) u³⁵(脏)	姑 ku⁵⁵ 乌 wu⁵⁵
pu³⁵(衣)	扶 fu¹¹
kɐp¹⁴kuɛ⁵⁵(体小的一类青蛙)	瓜 kua⁵⁵ 夸 kʰua⁵⁵
	蛙 wua⁵⁵
u²³¹wuau²¹⁴(蝙蝠)	
ŋuɪ²¹⁴(果核)	灰 fuɪ⁵⁵
puɪ⁵²(岁)	杯 puɪ⁵⁵
fuɪ¹³(翅膀)	赔 pʰuɪ¹¹
wun¹³(人)	官 kun⁵⁵ 满 mun¹³
wun⁵²(温习)	搬 pun⁵⁵
çut⁵²(吻) tut⁴⁵(脱掉)	

[ʊ]一般比[u]短,但是这种长短差别以及音色的差别,和广州话一样,不能形成不同音位的对立,不为本语言一般使用者所辨察。

/ε/音位只在与韵尾-i 或-n 结合时,表现为[e]音变体,其他处境里都是[ɛ]音(或[ɛ];这里以[ɛ]来代表)。广州话的/ε/不与韵尾-n 结合,但与韵尾-i 结合时也是发[e]音,而在其他处境里亦同为[ɛ]音。[e]与[ɛ]在音色上和音长上的区别,不起辨认意义的作用,不能形成音位的对立。连山壮语/ε/音位的条件变异比照于广州话的情形,可见下列:

连山壮语　　　　　　　　广州话

pei^{52}(了[完成体形态词])　　比 pei^{35} 气 hei^{33}

kei^{52}(寄)　　　　　　寄 kei^{33}

wɔ^{35}(孵不出小鸡来的鸡蛋)　—

ten^{231}(脚)　　　　　　—

hen^{52}(悭省)　　　　　—

....　　..................

tɛ^{52}(他)　　　　　　　爹 tɛ^{55} 蛇 sɛ^{11}

fɛ^{35}(拔开)　　　　　　歪 mɛ^{35}

tɛʋ^{231}(树干)　　　　　—

mjiɛu^{13}(猫)　　　　　—

ʔɛm^{52}(跟从)　　　　　—

ʔɛŋ^{231}(更加)　　　　　腥 sɛŋ^{55} 青 tsʰɛŋ^{55}

jɛŋ^{52}(力)　　　　　　 城 sɛŋ^{11}

pei^{231} ɕiɛŋ(标致)　　　—

tɛp^{14}(叠)　　　　　　 —

wɛt^{35}(挖)　　　　　　 —

pjiɛt^{13}(八)　　　　　 —

wun^{13} hɛk^{13}(客人)　　劈 pʰɛk^{4} 锡 sɛk^{4}

/i/音位,在不同语音环境的条件下,表现为[ɿ]音变体和[i]音变体。前者一般比后者短,但是与音色上的差别一样地不为一般人所识觉,不起区分音位的作用。这样的情形,也与广州话/i/音位的变体表现相同:

	连山壮语	广州话
充作韵尾	ŋaɪ⁵²(饭)	大 taɪ²²
	feɪ²¹⁴(树)	帝 tɐɪ³³
	ʔɔɪ⁵⁵(蔗)	开 hɐɪ⁵⁵
	puɪ⁵²(岁)	灰 fuɪ⁵⁵
-k 尾之前	lɪk¹⁴(子)	识 sɪk⁵
	pɪk⁵(鸭)	滴 tɪk²
		激 kɪk⁵
-ŋ 尾之前	ʔɪŋ⁵²(靠)	兵 pɪŋ⁵⁵
	lɪŋ⁵²(红)	成 sɪŋ¹¹
		整 tsɪŋ³⁵
	………	………
单作韵母	θi⁵²(丝)	义 ji²²
	ɲi²¹⁴(二)	只 tsɿ³⁵
		滋 tsɿ⁵⁵
-ʋ 尾之前	miʋ¹³(苗)	烧 siʋ⁵⁵
	cçiʋ⁵²(蕉)	摇 jiʋ¹¹
		了 liʋ¹³
-m 尾之前	ʔim¹³(饱)	尖 tsim⁵⁵
	ʔim⁵⁵(让路)	蝉 sim¹¹
	kim³⁵(剑)	阉 jim⁵⁵

−n 尾之前	lin³⁵（滚）		年 nin¹¹
	çin⁵⁵（千）		浅 tsʰin³⁵
			剪 tsin⁵⁵
−t 尾之前	jit¹⁴（一）		热 jit²
	lit¹⁴（蚀）		必 pit⁵
			鳖 pit⁴
−p 尾之前	kip⁵（拾）		叶 jip²
	ʔip⁴⁵（腌）		箧 tip⁵
	çip¹⁴（十）		接 tsip⁴
作介音	ŋjiɛu⁵⁵（折）		—
	mjiɛ¹³（母）		
	ciaŋ⁵²hem¹³		
	（夜里）		

三

元音音位相互之间具有什么样的线性结构关系,即形成什么样的复合元音组合体,是元音系统内部结构性和系统性的一种重要表现。连山壮语元音系统在这方面,有很多地方同粤语（广州话）一致。比如,/œ/与/y/结合为前响二合元音 œy,/ɐ/分别与/i/、/u/结合为前响的 ɐi、ɐu（二合元音和三合元音都改回以音位代表的音标来标示,下同）,/ɔ/与/i/以两种次序分别结合为前响的 ɔi 和后响的 iɔ,/o/与/u/结合为前响的 ou,/u/与/i/以两种次序结合成前响的 ui 和 iu,/ɛ/与/i/结合为前响的 ɛi[ei],就是两个语种都完全一致的,显现出了同一种音响构造特色。其他如常见的前响二合元音 ai、au,后响二合元音 ua,也是两个语种都具有的。连山壮语比较特殊地拥有三合元音达 13 个之多——iai、uai、iau、uau、iɐi、uɐi、yɐi、iau、uɛi、iɜi、ici、iɔu、ncu。这里,7 个三合元音出现介音 i,主要是颚化声母的存在所致;在肯定颚化声母存在的情况下,是可以撤除这个介音的。从音系简洁处理的要求看,连山壮语的三合元音就未尝不可只确定为 uɐi、uai、uau、uɛi、ncu、yɐi 6 个,而 uɐi 是粤语同样具有的。因而,把所有二合元音和三合元音综合起来,可以明显看出,连山壮语的元音系统在线性结构和组织条理上与粤语也是相近的。下面把两个语种所有的元音线性组合一并列出,以清楚地全面比照。

	连山壮语	粤语(广州话)		
前响	ai	ai	ɛu	—
	lai⁵²(多)	街 kai⁵⁵	piak⁵ hɛu⁵²(青菜)	
	çai³⁵(柿)	买 mai¹³		
	au	au	ei[ei]	ei[ei]
	nau³⁵(山)	搞 kau³⁵	lei⁵⁵(得)	比 pei³⁵
	au⁵²(叔)	闹 nau²²	pei⁵²(了)	气 hei³³
	ɐi	ɐi	iu	iu
	lɐi⁵⁵(中用)	费 fɐi³³	niu⁵⁵(掉转)	小 siu³⁵
	fɐi⁵²(树)	闭 pɐi²²		要 jiu³³
	pɐi⁵²(走)	米 mɐi³⁵	œy	œy
	ɐu	ɐu	na⁵² ŋœy²³¹(狼)	女 nœy
	tɐu⁵⁵(扔)	狗 kɐu³⁵		衰 sœy⁵⁵
	jɐu⁵⁵ni³⁵(我们)	漏 lɐu²²	ɔi	ɔi
		瘦 sɐu³³	ɬɔi³⁵(耳环)	耐 nɔi²²

ɔi⁵⁵（蔗）	该 kɔi³⁵	kɐp¹³ kuɛ⁵⁵（体小的青蛙）	
	哀 ɔi⁵⁵		
ou⑦	ou	三合 uai	—
tou¹³（豆）	高 kou⁵⁵	wuai²¹⁴（坏）	
θou²³¹（扫）	租 tsou⁵⁵	wuai²³¹ wun¹³	
tou¹³ kyn⁵² wa⁵²（杜鹃花）	怒 nou²²	（敌人）	
ui	ui	uau	—
lui³⁵¹（洗）	会 wui²²	ʔu²³¹ wuau⁵²	
ccui¹²（醉）	桧 kʰui³⁵	（蝙蝠）	
后响 ia	—	uɐi	uɐi
kjia⁵⁵（秧）		wuɐi³¹（快）	贵 kuɐi¹³
pjia⁵²（鱼）		pau²³¹ wuɐi¹³（包围）	为 wuɐi²²
ua	ua		葵 kʰuɐi¹¹
kua³⁵（过）	瓜 kua³⁵		龟 kuɐi⁵⁵
	诓 kʰua⁵⁵	uɛi	—
ci	ci	wuɛi²³¹ tiŋ¹³	
liɔ³⁵（知）	哟 jci⁵⁵	（订婚）	
jiɔ⁵²（藏）		uɔu	—
iɛ	—	wuɔu⁵⁵	
lɐm²³¹ jiɛ³⁵		（托[人]，叫[人]）	
（种东西）		yɐu	—
uɛ	—	kjiɐi⁵²（犁）	

四

连山壮语的元音系统同粤语广州话如此近似,不可能是一种偶然现象。因为元音系统是语言整个声音物质外壳的基本材料和必要框架;它的组成单位和组织结构作为语言形式的重要因素,常常扎入了语音、词汇和语法这几个层面之中,特别是在词语范围内有极广的铺盖面。两种很不相同的、不能为各自的使用者用来彼此交谈的语言,是绝难分别自然"长出"相似的元音系统来的。因而,连山壮语元音系统近似于粤语广州话的事实,肯定有着深隐的历史原因,很有进行历史探索或历史比较研究的价值。从现实的角度来看,连山壮民同粤北汉人两千多年来生活于同一地区社会,互相通婚,和谐共处,早已融成一片,至今连山壮民甚至都既使用壮语,又能操一口流利的"白话"(广州话和所有近似于广州话的各种粤语方言的统称),他们的母语从古代以来已陆续吸收了不少粤语的成分,也肯定曾给粤语以很大影响,两个语种这样悠久的密切关系虽然增加了它们亲缘关系研究的难度,却也正可以给元音系统近似的原因探索提供有益的参考素材和视角。

反过来,连山壮语和粤语广州话在元音系统上的近似,似可使壮语和汉语亲缘关系的研究从其中获得一些有用的线索。无论如何,由于这种近似是建立在一系列本有语素(非近代现代借词)声音形式的基础上的,对它的揭露就有理由能给亲缘关系的研究添一点儿助力。

附 注

① 福堂壮话有/o/音位,小三江壮话未发现有。
② 粤语绝大多数地方话具有元音音位/ɐ/,都不单作韵母。个别一些地方话,阴声韵里不出现/ɐ/,代替它的是开口度小些而同/a/更拉开距离的/E/或/i/,如增城话、台山话等。见拙文《广州话的长短元音问题》,《语言研究论丛》第三辑,天津人民出版社,1987。
③ 刘叔新《广州话的长短元音问题》,1987。
④ 见詹伯慧主编《第二届国际粤方言研讨会论文集》,暨南大学出版社,1990。
⑤ 本文中的音标 ʮ 代表舌面中浊擦音。
⑥ 本文以 ꞎ 标示舌面中清边擦音。
⑦ 福堂壮话有此复合元音,小三江壮话无。

(原载《广东民族学院学报》1995年第2期)

广州话的长短元音问题

一

对于广州话韵母系统的描写,出现两种不同的模式:一是划分出长的和短的元音 aː/a,各形成一系列韵母而彼此对立,即:

  -aːi(挨)/-ai(危) -aːu(考)/-au(口)

  -aːm(蓝)/-am(临) -aːn(山)/-an(身)

  -aːŋ(盲)/-aŋ(萌) -aːp(闸)/-ap(集)

  -aːt(杀)/-at(实) -aːk(麦)/-ak(墨)

另一种情形是,取代 a 之分长短,划分出前低元音 a 和混半低元音 ɐ,也相应形成两组韵母的对立:

  ai/ɐi au/ɐu am/ɐm an/ɐn

  aŋ/ɐŋ ap/ɐp at/ɐt ak/ɐk

两套模式的差别是不容忽视的。国内研究广州话的论著,晚近有一部分采用 a/ɐ 的模式,如期刊《方言》所刊载的几篇关于广州话词语、语法和语音的论文[①]。但是 20 世纪 60 年代初出版的两本重要著作《汉语方言概要》(袁家骅等,1960)和《汉语方音字汇》(北京大学中国语言文学系语言学教研室,1962),是采用 aː/a

模式的,起了不小的影响作用。其后有的涉及广州方言语音的论著,也随着采取长短元音的模式,如宗福邦同志关于声调的论文②,张洪年先生的语法著作③,李卓敏先生对比普通话和广州话字音的字典④。

《汉语方言概要》"广州音系"里虽然说明,"长 a 是前 a 而偏央,短 a 是略高的央元音 ɐ 而又偏后,有点儿接近 ʌ"⑤,因此,"长短 a"也可以"采用两个不同的符号(比方说 a 和 ɐ)"而省去长音符号":"⑥;但是既然在描写中采用的是 aː/a 模式,而且处处提到长短的对立,还建议广州话拼音方案采用 aa/a 的模式,就明显地表示出长短音形成音位对立的观点。这里不能不产生一个问题:在广州话中,"a"是存在长短音的对立而不存在舌位不同的对立呢,还是相反,"a"在舌位上的不同形成对立而长短只是附随现象?

马学良、罗季光先生在《我国汉藏语系语言元音的长短》一文中写道:"如果一个语言仅只一对元音是长短对立的,象汉语广州话只有 aː、ă 对立(aː 是[aː],ă 为[ɐ]),我们可以不必把这一对元音的长短性质突出出来,容许根据实际音值,以 a 表 aː,以 ɐ 表 ă。"⑦这非常明确地肯定,广州话中,"a"有长短的对立,在符号标示上若采用 a/ɐ 表示实际音质而不去反映长短对立性质,是出于权宜或某种技术上的考虑。显然,问题仍同样存在:如果实际音质不同的 a 和 ɐ 并不形成对立(本文和引文中所说的"对立"当然是音位上的),那么标示上采用 a/ɐ 模式岂非及不合理? 如果 a 和 ɐ 也有对立的性质,那么是什么原因它不能比"长短 a"的对立重要些? 实际音质上的对立是否就没有可能把长短的差异排除出音位对立的范围之外?

可见,"容许"以 a 和 ɐ 来表示"长短 a"的提法,不仅一方面实质上仍坚持 a 有长短对立的主张,另一方面又显出了这种主张似乎在理据上不足,而且在某种程度上使现象模糊起来。这里,症结在于,确定广州话元音 a 有长短的对立,似没有以对事实进行客观分析作为依据。因此,究竟广州话元音的长短是一种什么情况,尤其是 a 的长短对立能否成立,是问题的焦点所在,需要弄清楚。

二

广州话的元音,除掉认识上有分歧的 a,有 ε、œ、o、ɔ、i、u、y 七个。它们无需划分长短,理由是大家确认的:它们发音当中的或长或短,在音位上并没有形成对立。可以用表具体表示清楚:

元音及相应的韵母	发音长短	习惯上长音	习惯上短音
ε	ε	+(爹、嘅)	—
	εi(实际发音为 ei)	—	+(机、你)
	εŋ	+(腥、饼)	—
	εk	+(壁、石)	—
œ	œ	+(靴、朵)	—
	œy(实际发音为 θy)	—	+(虚、醉)
	œn(实际发音为 θn)	—	+(樽、论)
	œŋ	+(张、唱)	—
	œt(实际发音为 θt)	—	+(出、卒)
	œk	+(削、雀)	—
o	ou	—	+(租、老)
ɔ	ɔ	+(哥、左)	—
	ɔi	+(该、海)	—
	ɔn	+(干、岸)	—
	ɔŋ	+(光、绑)	—
	ɔt	+(葛、喝)	—
	ɔk	+(朴、莫)	—

续表

i	i	＋(知、市)	－
	iu	＋(蕉、小)	－
	im	＋(尖、舔)	－
	in	＋(先、剪)	－
	iŋ(实际发音为 ɪŋ)	－	＋(星、整)
	ip	＋(接、涉)	－
	it	＋(节、热)	－
	ik(实际发音为 ɪk)	－	＋(击、食)
u	u	＋(姑、苦)	－
	ui	＋(灰、会)	－
	un	＋(官、款)	－
	uŋ(实际发音为 ʊŋ)	－	＋(公、总)
	ut	＋(阔、没)	－
	uk(实际发音为 ʊk)	－	＋(谷、族)
y	y	＋(猪、树)	－
	yn	＋(捐、转)	－
	yt	＋(嗫、月)	－

表内不仅每个元音在其相应的每个韵母中一般只发长音或只发短音，而且韵母的同一个例字即使有时其中元音发音的长短和一般情形相反，如"爹"的 ɛ 由长变短或"老"的 o 由短变长，也并不影响意义的了解。因此，ɛ、œ 等七个元音在一般的语音记写中，都不必写上长短音的符号。

a 的情况被看成和它们不同。在广州话中，a 一般都发音较长。但是按照一些研究者的提法，还有发音较短的 a。这个所谓同长 a 相对立的短 a，本身能否仍看作 a 元音，是大成问题的。

较早把广州话分长短 a 的说法推广开来的，是国语统一筹备委员会于1932年刊行的《注音符号总表》。该书凡例第六条有云："……如广州有长 Y 加 X(如交字)与短 Y 加 X(如沟字)两种。在本表举例，前者用ㄠ，后者用ㄚㄨ。"⑧根据什么而需用不同符号来分别表示长 Y 和短 Y，并没有说明。岑麒祥先生在比较注音符号与广州闰号的文章中指出，说"坳、欧"或"罋、莺"的区别在于其中 Y 音长短不同，"这只就一般的说法；其实音色也略有不同，前者多为前 a 而后者多为后 a"。⑨这是看出了长短 Y 之分掩盖了音质不同的毛病。其实，《注音符号总表》用不同的符号来表示长短 Y(如ㄞ——ㄚㄧ，ㄠ——ㄚㄨ，ㄢ——ㄚㄣ，等等)，就在某种程度上客观地显示了所谓长短 Y 是两个音质不同的元音，因为每个注音符号总应该表示音质独特的音位。

20世纪50年代初，王力先生在概论珠江三角洲粤音的论文里，没有采用长短元音的说法，而是明确地提出广州有-a-和-ɐ-的分别。⑩这是通过调查而得出的、符合事实的判断。

一般广州人对于全部有所谓长 a 与短 a 对立的韵母，语感上根本分不清元音的长短，但是能明显地感到音值上大有差异，即元音有音质的不同。笔者将所有这类对立的韵母，配上仅只元音对立的例字，列成简表(见下表)，请不少广州人辨其读音差异。

	阴平	阳平	阴上	阳上	阴去	阳去	上阴入	下阴入	阳入
ai_1	街	埋	拐	买	晒	赖	/	/	/
ai_2	鸡	迷	鬼	米	细	励	/	/	/
au_1	交	茅	爪	卯	搜	校	/	/	/
au_2	沟	谋	酒	某	秀	后	/	/	/
am_1	柑	蓝	减	揽	喊	馅	/	/	/
am_2	今	林	咁	凛	坎	陷	/	/	/

续表

an$_1$	山	蛮	反	晚	惯	饭	/	/
an$_2$	身	民	粉	吻	棍	份	/	/
aŋ$_1$	坑	盲	省	冷	jaŋ33	砾①	/	/
aŋ$_2$	哼	萌	肯	/	凳	赠	/	/
ap$_1$	/	/	/	/	/	/	夹	腊
ap$_2$	/	/	/	/	/	急	鸽	立
at$_1$	/	/	/	/	/	/	抹	滑
at$_2$	/	/	/	/	/	吉	/	核
ak$_1$	/	/	/	/	/	掰	百	或
ak$_2$	/	/	/	/	/	北	/	惑

所有辨者都认为，对立的例字音值很不一样，发音时舌头的部位有所不同，并且正是由于这种音感的差异而区别一对对例字的意义。笔者试将1类韵母例字改按较短的前低舌位的 a 来发音（如"街"kăi55），听辨者都认为仍是原有意思的例字。又有意将2类韵母的例字改按前低舌位的较短的 a 来发音（如"鸡"kăi55），听辨者立即认为听到的是相对立的1类韵母字（如"街"）。反过来，再将2类韵母的例字按混、半低舌位的 ɐ 来发音而有意把 ɐ 音发长（如"鸡"kɐːi55），听辨者认为是原来的例字，意思没有改变。可见，元音的长短不起辨义作用；处处形成对立的是两个舌位不同的元音 a 和 ɐ。因此，应该确立/a/和/ɐ/两个音位，上列2类韵母的"a"应改写为"ɐ"；而在认识上定出对立的长短 a，将它们标记为 aː、a 或 aː、ă，显然是不正确的。

对方言音位的确定和记写，不仅要以本地人的发音为依据，还应符合他们的实际语感。后一点很重要。定出广州话元音 a 的长短对立，就是没有考虑是否符合实际语感这个重要方面。对于广州人来说,a 的长短对立是强加给他们第一语言的东西,和他们的语感格格不入。

广东省教育行政部门于 1960 年公布的《广州话拼音方案》[②],用不同的字母 a、e 分别代表/a/、/ɐ/这两个对立的音位(/ɛ/用 é 代表,不会与/ɐ/混),无疑非常得当。因为这样做,突出了对立由音质不同所决定的性质,正确反映了广州人的实际语感。因此,并非偶然,这个拼音方案在群众中行得通,已为广州方言词典和某些学术文章所采用。

应该承认,在/a/和/ɐ/音质上对立的同时,也存在着音的长短差异;一般情形下,a 的音比 ɐ 长。但是,这种长短并非音位的构成因素,只不过是音位对立中一种伴随的语音现象。广州话里类似的元音长短现象,并不限于 a/ɐ 一处。i 和 ɪ 之间,u 和 ʊ 之间,œ 和 θ 之间,都是舌位高或前的比不那么高和前的发音长些;ɛ 和 e 之间则是舌位低的长些。它们的长短差别不同于 a/ɐ 之处,只在于这种现象是不一样的音段(segment)环境所致,从而相应的两个元音并不构成两个对立的音位。

三

从韵母系统的角度来看,认为广州话有 a: 和 a 的对立,也不合理。

ɛ、œ、ɔ、i、u、y 等元音及由之构成的韵母(还加上 ou),都没有长短的对立,独以 a 为韵腹的韵母有这种对立,这是很不整齐的,显得没有规律性。问题在于,作韵腹的 ɔ、y 都习惯上念长一点,作韵腹的 o 念短一些,作韵腹的 ɛ、œ、i、u 兼有长短,而所有这些情形都是不起音位作用的;那么 a 念长音的一列韵母和 ɐ 念短音的一列韵母同属这种非音位因素的伴随音范畴,岂不是非常自然合理?可以说,正是一种成系统的、规律的现象。相反,独把 a、ɐ 的两列韵母放在元音长短的音位对立范畴里,就构不成广州话韵母在元音长短上的统一性和体系性。

其次,如果认为存在 a 的长短对立,那么在作韵腹时都有这种对立,独在单作韵母时无此对立,也是很奇怪的不规律的现象。见《汉语方言概要》广州音系韵母表的局部[13]:

单元音	复元音		鼻尾韵			塞尾韵		
a	aːi	aːu	aːm	aːn	aːŋ	aːp	aːt	aːk
	ai	au	am	an	aŋ	ap	at	ak

空格的存在以及发长音的 a 不加长音标记,又不能不置于上一栏,是一个漏洞。

同一个元音,既然其或长或短在一系列的字里成为区别意义的音位特征,在单作韵母的字里不同样利用这一特征,就显得不完整、不规律而难以说明。换一种看法,把 a 的长、ɐ 的短确定为非音位因素的伴随现象,情形可以得到合理的解释:ɐ 不单作韵母,因此长音的单元音韵母 a 没有相应的短音韵母和它相配;a 和 ɐ 既是两个不同的元音,因而只在复韵母、鼻音韵母、塞音韵母里对立而没有单韵母的对立,就是完全可能的,不奇怪的,正如 u 和 y 或 ɜ 和 œ 也不整齐地在同类韵母里对立一样。

从历史音韵的角度来看,也以确定广州话有 a 和 ɐ 的对立而无 a 的长短对立为合理。

a、ɐ 对立的韵母,大体上分别和中古不同的韵相对应。下面一对对韵母依次来看：

ai——皆、夬。

ɐi——齐、祭开口，废、支、脂、微合口。

an——山、删，寒开口一。

ɐn——痕开口一，文、谆合口三，真开口三，魂合口一，欣开口三。

at——黠、镆、法、乏。

ɐt——质，部分的栉、物、术、月。

au——肴。

ɐu——幽、侯、尤（尤只有"矛""蟊"等个别的字念-au）。

am——衔、咸，见系除外的覃、谈。

ɐm——侵，见系的覃、谈。

aŋ——庚开口二（只"盲""坑""撑""横"等几个字）。

ɐŋ——登、耕（只有个别的字〔罂、甖〕念-aŋ），除去开口二等的"盲""坑""樘""横"等字的庚。

ak——陌、麦（有个别字〔覈〕念-ɐt）。

ɐk——德（只个别字念-ak〔贼〕、-ɐt〔劾〕）。

ap——狎、盍（只有"盍""嗑""阖"等极少数字念-ɐp），部分的洽（"夹""狭""峡""硖""箧""话""眨""歃""霎"等字），部分的合（"答""褡""飒""沓""踏""纳"等字）。

ɐp——缉，部分的洽（"洽""恰""袷""浥""凹"等字），部分的合（"合""郃""蛤""阁""鸽""颌""溘"等字）。

很清楚，一部分 a、ɐ 对立的韵母，所对应的韵是完全不同的；大部分所对应的韵也基本上不相同，在涉及同一韵时不仅在字上互不交混，而且对立的一方和韵的主体对应，而另一方只是涉及该韵极少量的或个别的字，可看作例外；只有 ap 和 ɐp 所对应的韵，部分地一致（同一韵内对应的字仍并不一样），但还是各有不同的部分（狎—缉）。这种情形，说明广州方言中 a 和 ɐ 的音位上的区别，是古来相应韵母元音音质上互相区别而对立的自然演进。如果一定要说广州方言有长短 a 的对立，那么竟然从古代音质上有区别并且互相对立的许多元音，变为现代同一个元音而只有音的长短对立，这是很难设想的音变。音质上的区别比同一元音长短的区别要明显得多，变化很不可能把音位明显的区别性特征改为不那么明显。

粤方言区其他地方话的情形，也在音韵渊源方面给广州 a、ɐ 的对立而非"长短音对立"，提供了有力的佐证。如增城、鹤山、三水三地同样有-a-和-ɐ-的明显区别，同样没有起音位作用的长短音；而 a 和 ɐ 的对立却只存在于阳声韵和入声韵，阴声韵里相应于广州 ɐi、ʷɐi 的成了 ɛi、ʷɛi（或 ɛi、ʷɛi）。⑭ 这表明，增城等三地方言在阴声韵里把和 a 对立的元音演变为和 a 在音质上区别得更明显的另一个前元音，根本不是变向长短音。

台山话在一部分阳声韵和入声韵里也出现 a 和 ɐ 的不同，但 ɐ 总是出现于 ɪ 介音之后（如南-am—廉-ɪɐm，孟-aŋ—郑-ɪɐŋ，纳-ap—帖-ɪɐp，客-ak—石-ɪɐk），所以 a、ɐ 并不对立；重要的是，广州 ɐ 韵腹字的一部分，在台山话里变为 ɛ 韵腹字或 i 韵腹字，例如：⑮

	广州	台山
肺	-ɐi	-ɛi
桂	-ʷɐi	-ʷɛi
林	-ɐm	-im
立	-ɐp	-ip
吉	-ɐt	-it

显然,台山话也是把和 a 对立的元音演变为音质上区别明显的元音。

东莞话的情形和台山话类似,同样在阳声韵和入声韵中存在 a 和 ɐ 的区别,但只形成互补关系而并不对立(a 出现于果、蟹、效、流、咸等摄,ɐ 则出现于梗、臻、曾、山、深等摄⑯);而广州话中的 ɐ 韵腹字和 a 韵腹字,在东莞话里有变为 ɛ 韵腹的(如"伐",广州 fɐt,东莞 fɛk;"或",广州 wak,东莞 wɛk)。

有些属于粤方言的地方话,只有 a,没有 ɐ,但是广州的 ɐ 韵腹在这些地方话里或者都变成仍与 a 对立的其他元音韵腹,或者部分地与 a 韵腹合流而其余部分则变为其他元音韵腹。举惠州话为例:

	广州	惠州
饺—狗	kau^{35}—kɐu^{35}	kau^{35}—kiau^{35}
盲—盟	maŋ^{11}—mɐŋ^{11}	maŋ^{22}—miaŋ^{22}
掰—北	pak^{5}—pɐk^{5}	pak^{5}—piak^{5}
柴—齐	tsʰai^{11}—tsʰɐi^{11}	tsʰai^{22}—tsʰɛi^{22}
晒—细	sai^{33}—sɐi^{33}	sai^{13}—sɛi^{13}
抄—抽	tsʰau^{55}—tsʰɐu^{55}	tsʰau^{33}—tsʰiu^{33}
衫—心	sam^{55}—sɐm^{55}	sam^{33}—sim^{33}
摊—吞	tʰan^{55}—tʰɐn^{55}	tʰan^{33}—tʰun^{33}
山—身	san^{55}—sɐn^{55}	san^{33}—sin^{33}
腊—立	lap^{2}—lɐp^{2}	lap^{2}—lip^{2}
达—突	tat^{2}—tɐt^{2}	tʰat^{2}—tʰut^{2}
杀—失	sat^{3}—sɐt^{5}	sat^{5}—sit^{5}

可见,广州话 a 和 ɐ 的对立,是符合于粤方言元音音位的一般发展趋向的;或者说,粤方言各地方话的这种元音音位的共同演变趋向,证实了广州话 a 和 ɐ 的对立是语音历史发展的自然产物。如果断定广州话有 a 的长短对立,那么这种现象完全脱离了粤方言共同的音韵演变途径和结构特点,甚至完全孤立于汉语所有方

言的音位对立的模式之外(汉语各方言都没有元音长短的对立)，当然，它的存在是难以思议的。

有的学者认为汉藏语系有元音划分长短的"风格"。而依据这一观点，广州话存在 a 的长短对立便可有"风格"背景的解释。然而，这样的解释似难具有充分的说服力。如果原始汉藏语或现代汉藏语系多数语言存在元音长短的对立，恐怕也不好以远古的情形来断定现代，或以一般来套具体，而还是需要从广州话本身以及粤方言和汉语各方言的实际情况出发，通过具体分析来作出结论。

若从汉藏语系来寻找有助于判明广州话元音长短性质的材料，那么，有一点颇值得注意：侗台语族中的壮语和侗语，在 a 的长短上似有同广州话趋于一致的情形——也是 a 和 ɐ 在音质方面形成对立，音的长短对于音位的划分似乎不起作用。例如武鸣壮语和榕江侗语分别有下列对立的词：

  武鸣壮语：　　走 plai[55]—不行 plɐi[55]
  　　　　　　　毯子 tam[55]—织 tɐm[55]
  　　　　　　　对 ŋam[55]—砍 ŋɐm[55]
  　　　　　　　嘴 pak[35]—累 pɐk[35]
  　　　　　　　双手捧 tak[55]—打 tɐk[55]
  　　　　　　　划破 sak[55]—偷 sɐk[55]
  榕江侗语：　　借 jam[55]—鸡肫 jɐm[55]
  　　　　　　　三 sam[35]—早 sɐm[35]
  　　　　　　　香 taŋ[55]—粘鸟胶 tɐŋ[55]
  　　　　　　　当(东西)taŋ[53]—凳子 tɐŋ[53]
  　　　　　　　男人 pan[55]—竹子 pɐn[55]

这当中，a 的音都比 ɐ 略长些，但是据壮族和侗族发音人说，他们感觉到这一对对单音词的声音是明显地不同的，但难以觉出长短的差别。声音明显地不同，就是成音节的元音 a 和 ɐ 在音质上的差异。

因此，如果再深入一步考察，其结果能够最终确定壮语和侗语确实存在元音 a、ɐ 的对立，同时伴有非音位因素的长短音差异，那么就可以说，广州话及粤方言一些地方话存在 a/ɐ 的对立而非 a 的长短对立，在汉藏语系内也不是孤立的现象。

附 识

为写作本文而需调查壮语和侗语的元音情况，曾请南开大学中文系壮族工作人员苏桂珍和侗族研究生石林及武鸣壮族李芹仙等三位同志作发音人，他们热情配合工作，提供了有关材料。谨在此感谢他们的厚助。

初稿写就，承张清常先生和邢公畹先生审阅并提出修改意见，特亦在此致谢。

附 注

① 陈慧英《广州方言熟语举例》(《方言》1980 年第二期)；白宛如《广州话本字考》(《方言》1980 年第三期)；梁洁英《广州话的"亲"字》(《方言》1980 年第四期)；白宛如《广州方言的 ABB 式主谓结构》(《方言》1981 年第二期)、《广州方言连读音变举例》(《方言》1982 年第一期)。
② 宗福邦《关于广州话阴平调的分化问题》，《中国语文》1964 年第 5 期。
③ 张洪年《香港粤语语法的研究》，1972 年，香港中文大学。
④ 李卓敏《李氏中文字典》，1980 年，中文大学出版社。
⑤《汉语方言概要》，185 页。

⑥ 同上。

⑦《中国语文》,1962年5月号,197页。

⑧ 转引自岑麒祥《国语注音符号及其广州闰号之比较》;文载原中山大学研究院文科研究所中国语言文学部编的《语言文学专刊》第二卷第一期,三五页。

⑨《语言文学专刊》,第二卷第一期,三八页。

⑩ 王力、钱淞生《珠江三角洲方音总论》,载《岭南学报》第十卷第二期,一九五〇年六月。王力先生两年前在香港就粤方言与普通话的差异所作的演说中,认为"广州话有长短音的分别",列举了a:和a对立而形成的八种韵母(见王先生讲辞《粤方言与普通话》,香港中国语文学会出版的《语文杂志》第七期,41页,1981年6月),但是未作详论。笔者认为王先生50年代初关于广州话元音的提法正确。

⑪ "砾"有"充塞,撑开使胀"或"吃(贬义)"的意义。加 * 号的字表示声母也与对立的字不同,不是只有元音对立。jaŋ³³是个动词,未见到用何字表示,意思是用脚向外蹬。

⑫ 该方案载《文字改革》1960年第15期。

⑬ 全表在该书182页。

⑭ 参考王力、钱淞生的《珠江三角洲方音总论》一文所述,见《岭南学报》第十卷第二期,65页。

⑮ 台山话材料引自王力、钱淞生的《台山方音》,文载《岭南学报》第十卷第二期。

⑯ 根据王力、钱淞生的《东莞方音》一文的描写,文载《岭南学报》第十卷第一期,一九四九年十二月。

(原载《语言研究论丛》第三辑,天津人民出版社,1987)

广州话元音音位的两个问题

一

关于广州话两个 a 音位,是音质方面还是音长上对立的问题,仍存在不同看法,须求得共识。

从近二三十年涉及广州话(包括"香港粤语")语音的文献资料看,以 a 和 ɐ 来标记广州话两个 a 音位的做法越来越多,成了日益普遍化的趋势。这表明,较多研究者认可两个 a 音位由音质方面的对立所决定,确认这符合广州话的语音实际情况。但是近些年,仍有文章论著坚持或采用长短 a 对立的观点。[①]特别是最近有专论从听辨实验的角度,论证长短 a 对立的根据。[②]因而讨论广州话是否存在长短元音音位对立的问题,仍有必要。须彻底把问题弄清楚。

问题要彻底弄清楚,有一个重要的观念前提,那就是明确地把元音物理性表现的或长或短与元音语言性表现的长短音位对立区别开。

谈论到广州话元音时,若只泛泛而说一部分元音分长短或 a 有长有短,不说明这长短是否造成不同音位的决定因素,那就不会给问题的解决带来什么助益。因为没有任何研究者不明确,广州话里有成对成对音长上有差异而音质上相近的元音:

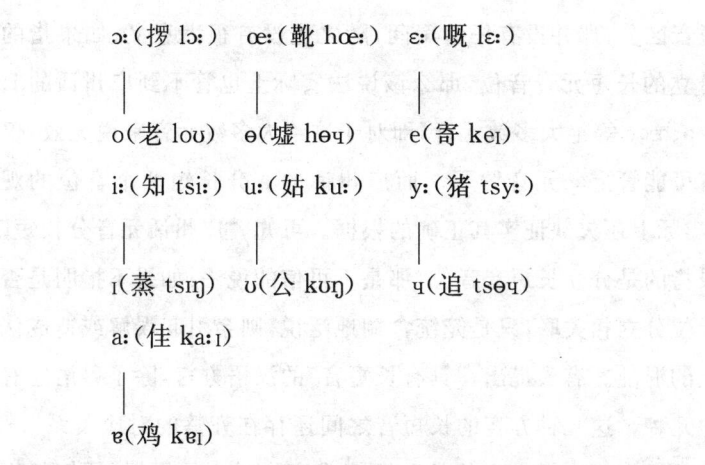

ɔ:(挪 lɔ:)　œ:(靴 hœ:)　ɛ:(嘅 lɛ:)
　│　　　　　　│　　　　　　│
o(老 lou)　ɵ(墟 hɵy)　e(寄 kei)
　│　　　　　　│　　　　　　│
i:(知 tsi:)　u:(姑 ku:)　y:(猪 tsy:)
　│　　　　　　│　　　　　　│
ɪ(蒸 tsɪŋ)　ʊ(公 kʊŋ)　ʮ(追 tsɵʮ)

a:(佳 ka:ɪ)
　│
ɐ(鸡 kɐi)

类似现象在其他方言、语言里也是容易觉察到的。如普通话里，"妹"字音(mei^{51})中的 e 比"灭"字音(miɛ^{51})中的 ɛ 要短，"公"字音(kʊŋ^{55})中的 ʊ 也比"姑"字音(ku^{55})中的 u 要短，轻声字(如"了""着")中的央元音短于重读字(如"能""僧")中的央元音，等等。广州话里存在这种发音上的、物理上的长短元音，有着这样的"元音分长短"情况，自然是无人能否认的普通事实，不是什么问题。关键在于，元音的长和短是否造成音位的对立。像上举广州话的 i: 和 ɪ、u: 和 ʊ、y: 和 ʮ，大家都明白，不过是同一个音位的不同条件变体，因而宽式标音或音位标音不计其区别而统一标作 i、u、y。ɔ: 和 o、œ: 和 ɵ、ɛ: 和 e，情况也基本如此，音质上、音长上的差异都不造成音位的不同和对立，每对元音只是同一元音音位的条件变体，音的长和短只是不同音质变体的伴随现象。它们作宽式音位标音，各对变体就只须分别统一标记为 ɔ、œ、e，作为长音标志的":"也一样可以去掉。这早已成为普遍采用的标音模式，反映了大多数学人对于三对元音的长短差异不起区别音位作用的共识。所以，"广州话元音分长短"的说法，如果指的仅是元音发音上的、物理上的长短音区分,那并没有任何疑问,随之也没有很大意义;如果指的是对立的长短元音音位,那么该说法实际上也管不到广州话的 i、u、y、ɔ、œ、e 等绝大多数元音,即对于这绝大多数元音来说无效,仅只有可能管上 a 元音罢了。而广州话的 a 分长短两个音位的观点,实际上还欠缺证实其正确的根据。可知,"广州话元音分长短"如果指的是分立长短音音位,那是不可信的说法;如果不指明是否与音位分立相关联,只是笼统含糊地泛说,则会引起误解或造成认识上的混乱。有人提出,"具有长短音"的汉语方言,除了粤语还有其他几种,"这几种方言的长短音之间还存在齐整的对应关系"。③可是并没有相应提出音的长和短造成音位对立的根据(须知长短音之间的整齐对应并不就是元音音位在长短上的对立),也没有作出解释或说明。这就使人感到论断模糊,至少离长短元音音位的对立甚远。广州话的两个 a 音位的分立,确实可以在其他几个粤语方言看到相对应的两个元音音位的区分,而且上溯古代,可以见到它们所在的韵母分别从中古音系不同的韵类演变而来。④但是中古这样的不同韵类之间并不存在长音与短音的对立。即使推到上古或远古,源头是长短音的对立,那也是上古或远古的事实,不是现代粤方言的现象,不能据以断今。历史的与现实的界限是不应抹去的。无论如何,现代多种汉语方言长短音之间的整齐对应,并不能表明汉语现实存在元音长短的音位对立。石锋、刘艺(2001)《香港粤语长短元音的听辨实验》一文根据这种对应,宣称"在汉语方言中也不仅是粤语中存在长短元音的对立",自然让人觉得像是沙丘上建塔,作出的判断立不起来。

该文力图通过听辨调查,凭借声谱仪的图录分析,证实香港粤语存在两个 a 元音在长短上的对立。应该说,动机无可非议。重视听辨调查,且借助语音实验仪器的手段,是值得称道的。得出的结果却有些奇异。论文作者从其调查分析,总结出自相矛盾的结论:香港粤语的"长 a",是音长起很大的(决定音位的)作用;对于"短 a"来说,音质起的作用很大(这是笔者按论文结论的实质所作的归纳,与论文作者从仪器制造出的长元音、短元音出发而作的表述在表现文字上虽有出入,实际内容或精神是一样的)。这是明显的二元论,两个"元"互不相容、互相否定,是无法并存而协调统一的。也许作者认为,这种兼容并蓄式的结论正配合了文中所表示的一种观点:"长 a:和短 ɐ 元音之间的对立包含了语音的时长和音质两个方面的因素,缺一不可。"但事实上,长 a:和短 ɐ 之间的音位对立(不就是两个元音之间的差异)只是一个语音因素在起决定作用,并非必得有另一个因素(如音长)同起决定作用才行。如该文所述的情况:把 ɐ 复制成 ɐ:的"实验字"拿来听辨,结果听为 ɐ 音字的占74%,听为 a:音字的仅占16%;相反,把 a:剪切成 ɐ 的"实验字"拿来听辨,结果"听成为 ɐ 音字的情况占绝对多数",对于这种听感,"元音的音质差异所起的作用很小"。引起绝大多数听辨者同样听感和判断的语音因素,当然都只能是一种;所谓"起的作用很小",实际上就是不起区别和确定音位的作用。暂不论调查方法和相应得出的结果是否有问题(这方面下文会谈到),两个相反的听辨,其过程和结果本身无疑都只与语音的一种因素相关联——为这种语音因素所引起、所决定。因此,石、刘文的基本结论——"音长之于长 a:、音质之于短 ɐ 各起很大作用",与"a:—ɐ 长短对立中兼有时长、音质两因素,缺一不可"这另一重要论点并不协调配合,而是彼此严重地不一致,甚至相互冲突。而后者,明显地与实际不符,难算确论;前者显示的自相矛盾则无从调和,而肯定了音质对区分元音长短音位起很大(决定)作用这个方面,也就等于否定了音长能起这样的作用。

所以会陷入二元论和悖论的窘境,主要由于对调查材料的处理方式上有问题。把长 a:"剪切"减短,然后作听辨调查,这减短了的 ɐ 还能不能体现出啊元音[a]发音的全过程就极为可疑。很可能原音在发音时舌面前部尚未运动到下门齿背安置好位置和作好节制口腔的态势之前就被剪切,切除了后段的、时长相应减短了的[a]是不到应有舌位的,音切断时舌面前部大概就处在和[ɐ]舌位极相近的位置。这可以解释,为什么听辨者觉得含从 a:剪切出的"ă"的字音是 ɐ 音字。而含增加了时长的长 ɐ:的字音,听辨者之所以不受音长因素的影响,仍听出是 ɐ 字音,是因为"复制"地增加 ɐ 元音时长并不会(也不可能)改变原音已形成的应有舌位,音质因素没有改变而照样起原来的确定 ɐ 音位的作用。所以,倘若不采用"剪切"及"复制"这种非自然的改变音长方法,而采用纯自然的言语方式,听辨的结果当会大不相同。

二

从广州话韵母系统的角度看,这个韵母系统中存在两个 a 的音位长短对立,是不合理的、不可能的。从历史音韵的角度看,也以确定广州话有 a 和 ɐ 的音质对立而无 a 的长短对立为合理。从广州话含 a、ɐ 的字音与粤方言区其他地方话相应字音的比较,从这一系列同源字音有大体一致的元音分化发展趋势来看,都可找到广州话 a 与 ɐ 音质上形成音位对立的理据。而从壮侗语大多也存在 a 与 ɐ 在音质上对立的情况来看,也能发现广州话 a、ɐ 音质上对立的一个很好的"背景"佐证。这些考察及相应的理论分析，笔者十多年前在撰写《广州话的长短元音问题》时已经做过，此处不必重复。

可是拙文当年提及的就语感方面做的调查，方法既一般化而很简单，分量也嫌单薄。这对论说的说服力不无影响。如今再谈广州话长短 a 问题，就想主要是补充一个新的、较周详的听辨调查的报告，以增强论据。

这次听辨调查，以五位在广州长大和受普通教育的非中文科系大学生作听辨者，以一男一女两位广州籍的、广州小学、中学学生出身的大学生做发音人。调查材料有一个对列字组，三个对列句组。对列的两个字，字音各在同样位置出现长 a 和短 ɐ，并且除了这长 a 与短 ɐ 不一样，其他音素及其位置都相同，声调也一致。对列的两个句子，各有一个处于同样位置的字不一样，其读音只在各含长 a、短 ɐ 上互有差异，而其余的字在形、音、义及句中位置等各方面都相同。每个句子让发音人用适中的和加快的两种速度或适中的、放慢的不同速度来说两遍。加快、放慢到的快、慢程度，不超出日常说话交际中可经常出现的范围，是听辨者完全习惯或接受毫无困难的。这就是说，把适中速度改为快速度或慢速度的发音，能够保证不失去自然性。人们日常说话总是有快有慢；不同的人说话，快慢习惯往往不一样；同一个人，因语境、事况、情绪等的不同而经常以不一样的速度说话。因此听辨调查中，发音人按照预定的要求把句子改说快、改说慢，仍是自然的，无损于调查结果的真确性。

下面须列述每个材料组的具体内容、调查的具体进行方式和调查的结果，对结果简作分析或说明。

a. 对列字组

(1)猜—楼　(2)饺—狗　(3)山—身　(4)惯—棍

(5)盲—盟　(6)麦—墨　(7)达—突　(8)甲—蛤

每对字发音之后,都向听辨者询问三点:A. 这对字在语音方面有无差异？B. 若对前问的回答是有差异,那么是什么差异？C. 这对字的意义是否相同？

五位听辨者在听了每对字音后对三个问点的回答是完全一致的:

A 问——都认为有差异

B 问——都认为差异是韵母互不相同

C 问——都回答"不同"

由于每对字的音只有韵母中同样位置上的长 a 与短 ɐ 的差异,其余完全一样,而听辨者全都认为两个字音的差别是彼此的韵母不同,就表明他们一致地敏锐感知到长 a 和短 ɐ 音质上的不同,而对两个元音的音长差异毫无反应。一般感知到两个韵母有区别,是它们的音质不一样,即在构成成分——决定于音质的音素上有所不同。诸听辨者实际上感觉到每对字音中惟有长 a 与短 ɐ 的音质差异,而他们同时又都感知到两字音各表达不同的意义。这就证实了长 a 短 ɐ 是在音质上起辨别意义的作用,它们是两个只在音质上形成音位对立的音质音位。

b. 对列句组[1]

(1a)佢唔想坐监。——(1b)* 佢唔想坐金。

(2a)走咗三日。——(2b)* 走咗森日。

(3a)斩亲手指啊？——(3b)* 枕亲手指啊？

(4a)你去街啊？——(4b)* 你去鸡啊？

(5a)细鹭仔唔乖也？——(5b)* 细鹭仔唔龟也？

左边句子中"监""三""斩""街""乖"等字带的长 a、右边句子中"金""森""枕""鸡""龟"等字带的短 ɐ，在两位发音人各以两种不同速度的发音中的音长数据，列出比较如下：

音长数	什么人发的音	元音 发音的 速	1a 监 a	1b 金 ɐ	2a 三 a	2b 森 ɐ	3a 斩 a	3b 枕 ɐ	4a 街 a	4b 鸡 ɐ	5a 乖 a	5b 龟 ɐ	平均值
音长数 (ms)	女音	中速	207.2	87.6	179.9	84.3	153.1	66.3	171.1	101.4	154.5	105.4	
		快速	155.3		84.3		66.3		109.2		96.6		102.3
		慢速		140.4		105.7		97.6		152.5		122.5	123.7
	男音	中速	141	69.7	118.8	57.8	87.1	52.2	233	91.8	127.9	80.9	
		快速	106.3		100.1		50.3		93.6		79.7		86.1
		慢速		149.1		153.3		98.7		180.9		167.8	150
	男女音	a 快速											94.2
		ɐ 慢速											136.8

据此可得出一简明的音长图：

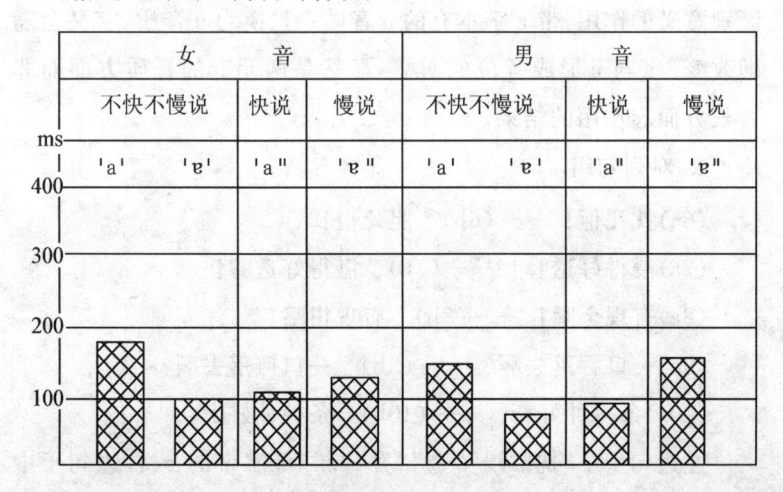

	女 音			男 音		
	不快不慢说	快说	慢说	不快不慢说	快说	慢说
ms	'a' 'ɐ'	'a' 'ɐ'	'a' 'ɐ'	'a' 'ɐ'	'a' 'ɐ'	'a' 'ɐ'

每对句子先左后右并都以两种速度发音之后，都询问两点：

A. 头一句话中速说和快速说,听出同样的意思来吗？B. 后一句话能否听出什么意思？

五位听辨者的回答,每次都完全一致：

A 问——听出一样的意思

B 问——不能；句子没有任何意思

右边各带短 ɐ 字句,即使放慢来说,使得短 ɐ 的音长数增大许多,以至明显超过长 a 在发音加快的情况下减短的音长数,所有听辨者也一样认为这些句子不表示任何意思。相反,左边各带长 a 字句,无论中速还是快速来说,长 a 的音长数即便降得很低,听辨者都立即听出表示的同一意思。这表明,a、ɐ 的音长与 a、ɐ 所在的字的意义无关,不是区别和决定音位的因素。而左边句子带 a 的字换了音质及意义都不一样的带 ɐ 字,就等于右边相对应的句子,不再表示任何意思,因为这带 ɐ 字与句内其他字在意义上不搭配,不能发生意义组合关联。可见得,a 与 ɐ 互不相同的音质起着区别意义的作用,带 a 字本有的 a 音质一旦换为 ɐ 音质,字义会随即改变。a 与 ɐ 形成音位的对立,显然是两元音的音质方面而非音长方面起作用的结果。

c. 对列句组(Ⅱ)

(6a)扰死佢！——(6b)*胆死佢！

(7a)浸得好透嘑！——(7b)*湛得好透嘑！

(8a)冇现金嗜！——(8b)*冇现柑嗜！

(9a)一口吞落去啊？——(9b)*一口摊落去啊？

(10a)条裤仲好新。——(10b)*条裤仲好山。

左边句子中"扰""浸""金""吞""新"等字带的 ɐ,右边句子中"胆""湛""柑""摊""山"等字带的 a,各在不同速度发音里的音长

广州话元音音位的两个问题   109

数据见下表：

什么人发的音 \ 元音发的音 \ 音速 \ 音长数(ms) \ 音度			6a 扰 ɐ	6b 胆 a	7a 浸 ɐ	7b 湛 a	8a 金 ɐ	8b 柑 a	9a 吞 ɐ	9b 摊 a	10a 新 ɐ	10b 山 a	平均值
	女音	中速	71.6	156.4	68	131.4	94	168.7	83	84.5	178.4	299.5	
		慢速	93.5		77		120.9		99.1		301		138.3
		快速		70.1		74.4		97.8		76.2		136.7	91
	男音	中速	86.2	223.3	75.1	162.6	80.2	165.7	75.1	114.1	110.1	196.3	
		慢速	105.8		106.2		121.2		96.5		249		135.7
		快速		98.5		84.2		108.8		65.3		154	85.3
	男女音	ɐ 慢速											137
		a 快速											88.2

据上述数据作出的音长图如下：

女音				男音			
不快不慢说		快说	慢说	不快不慢说		快说	慢说
'a'	'ɐ'	'a"	'ɐ"	'a'	'ɐ'	'a"	'ɐ"

每对句子各以两种速度发音之后,都询问两点:A.头一句话中速说和慢速说,听出同样的意思来吗? B.后一句话有什么意

思不?

全体听辨者每次作的回答,都完全一样:

A 问——听出同样的意思

B 问——没有任何意思

右边句子的带 a 字,即使因句子快速说而导致字音所含的 a 变短,以至其音长数还大大小于因慢说而变长的 ɐ,其意义也无任何变化,一样不能与句内其他字发生意义组合关联;故而句子快速说、中速说都听不出有什么意思。相反,左边句子无论中速说、慢速说,都有意思,这意思也不因说的速度不同而改变。之所以如此,是因为带 ɐ 字本可同句内其他字搭配,即其意义本来就可以同句内其他字义组合关联,这一点不会因字音发得慢所带动的 ɐ 元音变长而有任何改变。而与 b 组对列句一样,本组同一列两边相对的句子也仅仅在一个带 ɐ 字或带 a 字上有差异,其余在用字、音流、结构、意思等所有方面都是一致的,带 ɐ 字与带 a 字在读音差别上又仅仅是 ɐ/a 一个元音的不同;因此,左边句子不论其中带 ɐ 字的 ɐ 变得多长,意思不改,独在 ɐ 音质上变为 a 时原来的意思遭破坏而完全消失,整个句子因换上的带 a 字在意义上与原带 ɐ 字大不一样而不能表示出任何意思。这种类同于出现在 b 组对列句的情况便说明了,a 与 ɐ 音质上的差异是造成两者各为音位及两者音位对立的决定因素。

d. 对列句组(Ⅲ)

(11a)好收衫嚟!——(11b)好收心嚟!

(12a)你玩乜嘢啊?——(12b)你搵乜嘢啊!

(13a)就争佢一个人。——(13b)就憎佢一个人。

(14a)街尾好污糟。——(14b)鸡尾好污糟。

(15a)带埋佢添。——(15b)谛埋佢添。

左边句子中"衫""玩""争""街""带"等字带的 a、右边句子中"心""揾""憎""鸡""谛"等字带的 ɐ，各在不同速度发音里的音长数据如下：

什么人发的音	元音	音速度	11a 衫 a	11b 心 ɐ	12a 玩 a	12b 揾 ɐ	13a 争 a	13b 憎 ɐ	14a 街 a	14b 鸡 ɐ	15a 带 a	15b 谛 ɐ	平均值
音长数 (ms)	女音	中速	186.5	65	155.2	60	144.6	65.8	131.2	149.2	128.3	118	
		快速	102.7		104		104.2		68.2		48.6		85.5
		慢速		107		108.1		101.4		189.2		153.3	131.8
	男音	中速	156.1	82.7	103	63.7	151.1	67.6	149	132.3	170.2	142.8	
		快速	121.5		96.3		137.6		80.2		97.8		106.7
		慢速		133.8		98.5		83.9		164.1		116.1	119.3
	男女音	a 快速											96.1
		ɐ 慢速											125.6

音长数据相比较的具体图形表现：

女音			男音		
中速	快速	慢速	中速	快速	慢速
'a' 'ɐ'	'a' 'ɐ'	'a' 'ɐ'	'a' 'ɐ'	'a' 'ɐ'	'a' 'ɐ'

每对句子各以中速—快速、中速—慢速两次发音之后,询问两点:A. 头一句表示什么意思?说快了,意思不一样了吗?B. 后一句表示什么意思,说慢了,意思一样不?

全部听辨者的回答都是一致的:

11a、11b:

A 问——表示该收衣服了;说快了,意思一样

B 问——表示该把(涣散的)心神注意力集中收回来;说慢了,意思一样

12a、12b:

A 问——表示问对方在玩什么;说快了,意思一样

B 问——表示问对方在寻找什么东西;说慢了,意思一样

13a、13b:

A 问——只差他一个人;意思在说得快时一样

B 问——就讨厌他一个人;意思在说得慢时一样

14a、14b:

A 问——街道尾部很脏;说快了,意思不变

B 问——鸡尾部很脏;说慢了,意思不变

15a、15b:

A 问——把他也带上;说快了,意思不变

B 问——把他也讥讽上;说慢了,意思不变

每对句子,也是除了带 a/ɐ 的一个字有不同外,其余在用字、结构、音流及意思等各个方面都完全一致,带 a 字与带 ɐ 字字音上的不同也只是在 a 音与 ɐ 音的不同上。在音长方面,a 即使减短到比增长的 ɐ 短得多的程度,ɐ 即使在时长上变得明显地比 a 长,各自所在的字的意义也不会变(由各自所在的句子的意思没有变必

然推出），这为所有听辨者一致的"意思一样"或"意思不变"的回答所证实。剩下音质方面（每对句子相关对应字中的 a 和 ɐ 在音高和音重上没有差异），a 的音质换为 ɐ 的音质——即 a 这个特定元音音素换为另一特定元音音素 ɐ，则所在字的意义随之不同（由所在句子除所在字外其余部分的意义无变动而必然推出），这也被所有听辨者对前后两句意思差异情况的一致回答所证实。故而，a 和 ɐ 只是由它们音质方面的差异决定着彼此的音位对立。

几组字句听辨实验调查的结果，有力地证明了广州话元音长 a、短 ɐ 的长和短，不是音位对立的因素，而只是元音物理差别的一种表现，是元音音位差别中的伴随现象。

三

论定或描写广州话的元音音位系统，在弄清了音的长短与音位对立是否有关联的问题后，还须要解决好如何从音质方面确定一系列元音音位的问题。几十年来，不少研究者已就广州话有多少音质上不同的元音音位问题，提出了有某种根据的解决方案。尽管意见的分歧还相当大，讨论中还是形成了某些元音音位应确定下来的共识，比如 /a/、/ɐ/、/i/、/u/、/y/、/ɔ/、/ɛ/、/œ/ 这 8 个音位之存在，已普遍承认没有疑问。有不同的见解是自然的；各抒己见，展开讨论，有利于问题最终得到合理、圆满的解决。可是在讨论需要进一步展开的同时，也出现了不利于论讨深入的消极意见。有人认为，音位的归纳不会有惟一正确的答案。这是从赵元任（1934）《音位标音法的多能性》里引据来的看法。大家尊崇的语言学大师的所有见解，不会全都完美无疵；有的今天来看，也是可以讨论的。如果音位的归纳，不是只有一种结果是正确的，岂非语言存在那么一些音位或语言的音位系统面貌，都不是客观地一定的事实？须知所谓正确，就是完全如实地反映了事实。作为认识活动成功的标志，正确的结论理应只是一个。音位的归纳，正确的结果不是一个而是多个的话，大家在理论工作和实践应用中将适从哪一个呢？归纳者岂非都可以自命正确？还会为追求真理而谦虚、努力？笔者体会赵元任所谓"没有惟一正确的答案"的意思，它其实主要冲着音位的标音方式而言。正如赵元任本人所说："任何人的标音，只要本身一贯，能够在原在原定的范围里作清楚的解释，不自称惟一正确而排斥其他可能的处理，都不必严加反对。"⑤音位的标音方式如何，那是不同于音位归纳、确定的另一问题。确实，给确定了的音位如何标示，可以有不同的选择。严式标示行，宽式标式也行；不标出伴随因素（如粤语元音的长短）固然合理而省便，用附加符号标示出来似也有明豁的效果而并无不可。只要标示形式与被标音位的特质不冲突，有"清楚的解释"，在一定范围里已使用开的标音方式是"不必严加反对"的。惟一正确的标音方式确实不存在。

但是广州话元音音位归纳方案称得上真正完全正确的，理应只是一种。研究者们正是为确立这样一种方案而苦心探索和参与讨论。给这积极势头泼冷水，是不大好的；倒是宜于多阐发积极的道理，促使它继续发展下去。

想求得音位归纳完全正确的结果，使得大家的认识都统一到这个结果上来，关键在于要共同明确并遵循确定音位的合理原则。广州话元音音位归纳上的意见分歧，归根结底是对确定音位的原则认识不一所导致的。

伦敦物理主义派的音位观念，无视音位语言方面、社会方面的特质，无疑相当片面。美国结构主义学派提出，对立的两个音位必有相同的语音环境，同一音位的不同变体则各有不同的语音环境、各在声音上相近而不相互对立。这是音位理论的一大进步，有助于解决音位确定方面的一些实际问题。但它回避了音位与语言意义的联系方面，仍有形式主义的、片面性的缺点。以它作确定音位的原则，不仅在处理音位的自由变体时失效，就是用于鉴别独立的音位和音位的条件变体，也往往会得出不符合实际的论断。如单据以确定北京音系的元音音位，会把 i 与 ι、ι 综合为一个音位，把"梅""妹"等字音中的 e 与"德""格"等字音中的 ɤ、"灯""能""朋"等字音中的 ə 综合为一个音位，这会极不符合一般人的语感。前苏联谢尔巴在指出音位具有物质性（是声音综合体）的同时，强调音位的语言性、社会性，突出了音位辨别词义、词形的根本性能。他的音位观念准确反映了音位的实质，是最值得重视的。罗常培、王均《普通语音学纲要》用它作解释音位概念的依据，就并非偶然。它事实上已广为各地学者所接受。

因此，把"能够分辨语言意义"作为确定音位的第一原则，再以"对立的音位有相同的语音环境，同一音位的不同变体分配（分布）在不同语音环境而互相补充并音声相近"作为第二原则——服从于第一原则的、起补充作用的次原则，会比较合理完善。根据这统一配合起来的两个原则来行事，音位就有全面确定得准确的可能。如果再注重调查，采用声谱仪验测等科学方法，相信广州话元音音位确定中的某个元音能否自成音位或归属哪一音位的问题都可以解决圆满。

例如"公""冬"字音中的 ʊ，被一些人归到 /o/ 音位，这一类字的韵母被标为 oŋ。有的人认为这 ʊ 应是/u/音位的变体。究竟哪一种看法对呢？

　　首先,根据 o 与 ɔ 互换的测听,可以知道两者的音质差别和时长差别都不影响意义,两者又无相同的语音环境,所以它们不是两个对立的音位,而是同一音位的两个条件变体。ɔ 能独立出现,o 不能,因而这个音位的代表音品宜为 ɔ。这是四十多年前就已肯定下来的。⑥要判断 ʊ 的音位归属,就可以把 ʊ 与 o 或 ɔ 互换来检查。把"冬天"说成 toŋ⁵⁵ tʰin⁵⁵ 或 tɔŋ⁵⁵ tʰin⁵⁵,听者都以为说"当天";把"糕"说成 koʊ⁵⁵,听者以为说"菇";把"哥"说成 kʊ⁵⁵,听者以为说"姑"。再检查 ʊ 与 u 互换会有什么结果。无论把"收""欧""老""好"等字说成 seu⁵⁵、ɐu³⁵、lou³⁵、hou³⁵,还是把"胡""虎""股"等字说成 wu¹¹、fu³⁵、ku³⁵,都不影响听者对字原有意义的理解。很清楚,前一种检查的结果是能区别意义,后一种是不能。ʊ 的舌位虽约莫在 u 与 o 的中间,但音彩上靠近 u 色彩而不属 o 色彩,特别是与 ɔ 这个典型音品的差距更大、更明显。因此听感上,听者不能区别 ʊ 与 u,但是对 ʊ 与 o、特别是与 ɔ 的差别却是敏感的。ʊ 与 u 又没有相同的语音环境,而 ʊ 与 ɔ 却有处于同样语音环境的情形。这些事实说明了 ʊ 与 o、ɔ 有音位的对立,而与 u 只有"补充分配"的关系。可与普通话相应的 u、ʊ、o 三个元音作一比较。普通话"公""冬"字音中的 ʊ,是被确认为/u/音位变体(拼音字母的拼写中规定用字母 o 来标示,那是出于避免 ung 连写分辨不清),不属于/o/音位的。而带这个 ʊ 的"公""冬"等字的读音与广州话"公""冬"等字是基本一致的,带 u 的"都""姑"等字读音、带 o 的"波""摸"等字的读音,情况也是如此,如下面字音的音波图所示:

广州话元音音位的两个问题

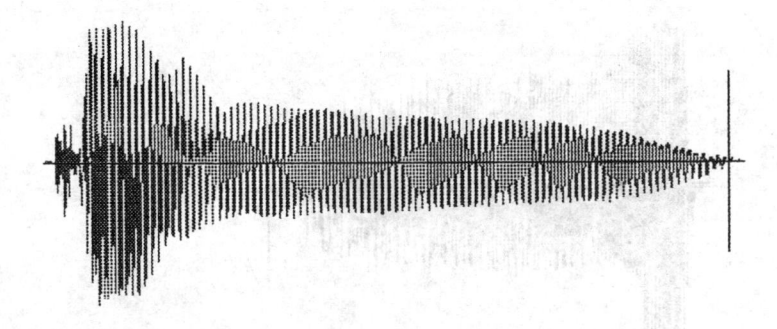

"公"的普通话音波

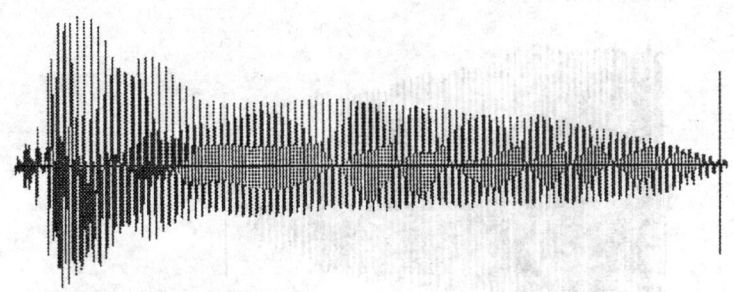

"公"的广州话音波

"都"的普通话音波

"都"的广州话音波

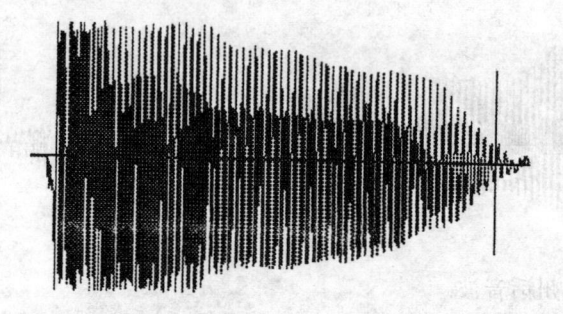

"波"的普通话音波

"波"的广州话音波

这等于说，ʊ、u、o 分别在普通话和广州话里有基本一致的语音环境。ʊ 在普通话里不与 o 归纳为一个音位，在广州话里就同样有理由不纳入/ɔ/音位。应该说，理由更充分些，因为 ʊ 音与 ɔ 音的差别更大于与 o 音的差别。

附 识

为撰写本文而作的听辨调查，是南开大学文学院博士生梁磊、硕士生梁芸协助进行的。在此，向他们表示谢意！

附 注

① 如施其生(1990)《广州方言元音音位再探讨》,《第二届国际粤方言研讨会论文集》；钟奇(1997)《广州话的长短音在其它方言中的对应》,《第五届国际粤方言研讨会论文集》；薛才德(2001)《汉语藏语同源字研究》,上海大学出版社。

② 石锋、刘艺(2001)《香港粤语长短元音的听辨实验》,《东方语言文化》创刊号。

③ 《第五届国际粤方言研讨会论文集》28 页，暨南大学出版社，1997。

④ 参见拙文《广州话的长短元音问题》,《语言研究论丛》第三辑，天津人民出版社，1987。

⑤ 赵元任(1934)《音位标音法的多能性》,原载《历史语言研究所集刊》第四本第四分，收进叶蜚声译《赵元任语言学论文选》,中国社会科学出版社，1985。

⑥ 袁家骅等(1960)《汉语方言概要》182—186 页，文字改革出版社。

参考文献

施其生　1990　《广州方言元音音位再探讨》,《第二届国际粤方言研讨会论文集》(詹伯慧主编),暨南大学出版社。
石　锋　刘　艺　2001　《香港粤语长短元音的听辨实验》,《东方语言文化》创刊号。
张振兴　张惠英　1997　《广州话音系的分析和处理》,《第五届国际粤方言研讨会论文集》(詹伯慧主编),暨南大学出版社。
钟　奇　1997　《广州话的长短音在其它方言中的对应——兼评粤语长短音非汉语底层说》,《第五届国际粤方言研讨会论文集》(詹伯慧主编),暨南大学出版社。
袁家骅等　1960　《汉语方言概要》,文字改革出版社。
赵元任　1934　《音位标音法的多能性》,原载《历史语言研究所集刊》第四本第四分,又见叶蜚声译《赵元任语言学论文选》,中国社会科学出版社,1985。
刘叔新　1987　《广州话的长短元音问题》,《语言研究论丛》第三辑,天津人民出版社。

(原载《第八届国际粤方言讨论会论文集》,
詹伯慧主编,中国社会科学出版社,2003)

介音 u 是广州话的语言事实

广州话有无 u 介音,是一个存在争议的问题。岑麒祥(1947)《广州话音系概述》、袁家骅等(1960)《汉语方言概要》、黄家教(1964)《广州话无介音说》以及高华年(1980)《广州方言研究》,都认为广州话不存在任何介音。其后李荣(1983)《关于方言研究的几个问题》和施其生(1991)《广州方言的介音》则提出广州话有 u 介音的看法。他们的论说似未能使持相反观点者折服。李新魁、黄家教等(1995)《广州方言研究》第二章第三节"广州话的介音问题"最后归结说,有无 u 介音这个问题"尚大有探讨的余地",但"本书仍依传统的做法,设 kw、kw^h、w、j 声母而不设介音"。黄家教(1996)《语言论集》将其前作《广州话无介音说》收入集中,无多大改变。

介音 u 存在与否,首先是相关的音节中实际上有无这样一个元音的问题。倘不存在此元音,或只有它的微弱痕迹,那么广州话无 u 介音说自然可以成立。倘明显存在这样一个后高圆唇元音,就要看理论上怎样把这元音纳入音位系统和音节结构才正确。考察广州话是否出现介音 u 的字(带意义的单音节),应与那些公认

---

* 此文实验语音学方面的调查,博士生刘艺与本人合作。由她负责操作仪器,制出图表。

无介音而其他声音成分完全一致的字一并作考察,而且在适宜的范围内还最好与相类的普通话的字作比较:

普通话	广州话	
a.瓜　a_1.挂	b.瓜　b_1.挂	c.家　c_1.架
d.娃	e.娃	
f.关	g.关	h.奸
	i.轰	j.更(三~)
	k.军	l.根
	m.群	n.勤

可以看出,广州话"瓜"与"家"、"挂"与"架"、"关"与"奸"、"轰"与"更"、"军"与"根",字音后部相同,前部的声母十分近似——至少一开始时在发音的动感和听感上都是完全一致的,声调又相同,彼此从整个字音的发音动感和听感上看是相近的,但还是有所不同。"群"与"勤"也是如此。无论问哪一位识字的广州人,他都会马上告诉你,表中 b 与 c、b_1 与 c_1、g 与 h、i 与 j、k 与 l、m 与 n,分别提出的字彼此读音明显不同。这说明是在字音的中间存在一种音质上的、而且是声带颤动的声音成分的差异;那就是受过一点语音训练的人便能具体指出来的"字音当中有无出现元音 u"的差异。用声谱仪给关—奸、轰—更、军—根、群—勤四对字做的声谱图,能充分证实这一点(见下页图):

很清楚,每对字的声谱图中,前头(左边小半)明显有别——后一字都有前字不显的自上沿直贯至下沿的浓重图迹,其右相当一部分宽度的图迹也与前一字的差异较大;而图的后头(右边大半)则大体一致。毫无疑问,图前头的较大差别是前字出现 u 元音而后字不出现的物理昭示;后头的大体一致(受前面语言环境不同及发音多少有出入等的影响,自然不能完全一致)则是韵腹韵尾相同的必然结果。

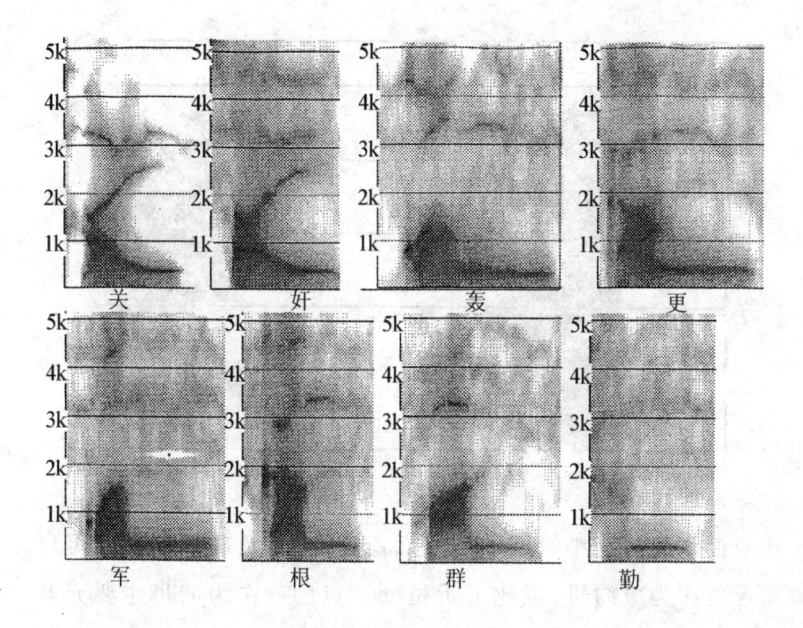

介音 u 是广州话的语言事实   123

关　奸　妄　更

军　根　群　勤

再以"瓜""娃"广州音与普通话音(北京音)作比较,它们显示出的声谱图是相当一致的:

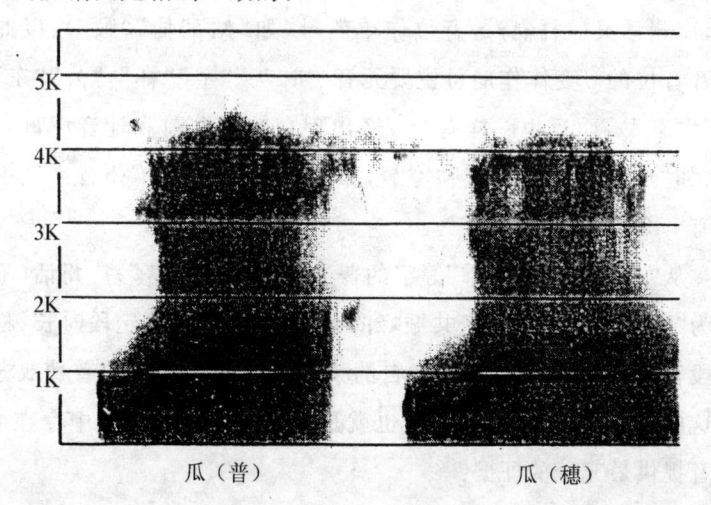

瓜(普)　瓜(穗)

娃（普）　　　　　娃（穗）

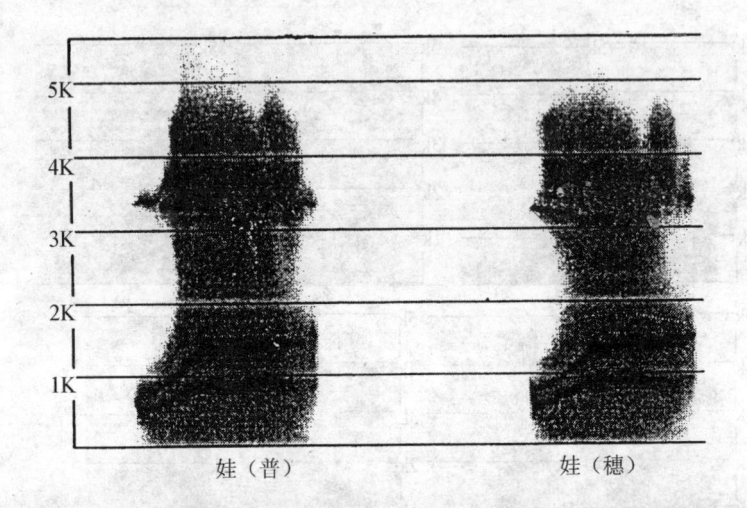

普通话语音系统中，公认有/u/元音音位，而且确认它不仅可以高舌位作为单韵母，以比 u 舌位低一点的 ʋ 作为韵母主要元音或韵尾出现，还可以 ʋ 这个变体形式充作介音出现在韵腹之前、辅音声母之后。那么，既然广州"瓜""娃"音与普通话的基本一致，广州话又一样有/u/音位作单韵母（如"姑""估""顾"）、以此元音音位的 ʋ 变体作韵母主要元音（如"灰""奎""杯"，"公""东""苏""糕"），而且也一样有个 ʋ 音出现在韵腹之前和辅音声母之后（如"瓜""挂""寡""诿""垮"），那就有力地说明，广州音系之中具有 u 介音。

从"瓜""挂""拐""乖"等字的普通话（下略为"普"）广州话（下略为"穗"）读音第一第二共振峰的起点音频、各至稳定段时长、稳定段音频及第一、二共振峰各自的频率变化率，可以看出普穗双方在这些字的韵母上差别甚微，也就是能给这些字的穗音中存在 u 介音提供最充分的证据：

普通话和广州话 u 介音比较表

例字	A 第一共振峰至稳定段时长 ms	B 第二共振峰至稳定段时长 ms	C 第一共振峰起点 HZ	D 第二共振峰起点 HZ	E 第一共振峰稳定段 HZ	F 第二共振峰稳定段 HZ	(E—C)/A 第一共振峰频率变化率	(F—D)/B 第二共振峰频率变化率
瓜(普)	173	160	391	869	1152	1434	4.4	3.5
瓜(穗)	157	167	434	717	956	1260	3.3	3.3
挂(普)	143	137	434	804	913	1326	3.3	3.8
挂(穗)	123	117	413	804	913	1304	4	3.3
拐(普)	193	200	391	782	1086	1413	3.6	3.2
拐(穗)	210	150	434	913	1152	1456	3.4	3.6
乖(普)	133	100	521	956	1021	1391	3.8	4.3
乖(穗)	160	130	434	978	956	1369	3.3	3
平均(普)	161	149					3.8	3.7
平均(穗)	163	141					3.5	3.3

第一共振峰频率变化率和第二共振峰频率变化率相比较,几乎全都不一致,无论普音还是穗音,从平均数来看显然都存在些微差异,而穗音平均数比普音的仅只小一点点,这是韵母含 u 元音——介音——的声学表现,而且是广州话同普通话一样地在这些字音里存在介音 u 的声学证明。

理论上,广州话"瓜""挂""拐""乖""关""轰""军""群"等字中的 u 元音该归入什么音位、该归到韵母还是声母里去,应依据三个原则来定:1.符合语言事实,不能乖离和歪曲实际情况;2.无论从语音共时系统还是历时发展方面都能作出合理的解释;3.使音系能作较简明的介绍或描写,利于教学。这里,头一个原则是最根本的,第二个原则也重要。末一原则属应用性要求,不是道理本身的决定因素,可尽量兼顾到;但它应服从于前两个原则,尤其须置于第一原则的基础之上。

处理和解决问题的这三个原则,在轻重地位上这样的摆法,相信没有谁会持异议。

那么,把广州话"瓜""挂""拐""乖""关""轰""军""群"等字中的u(通常实际表现为ʋ)元音归到/u/音位,而且一如普通话里相应字中的u那样,定位为韵母里的介音,就首先完全符合于上述第一、第二原则。

把u介音并入声母里去的处理方法,似是比附w声母的结果。不过,利用标写形式的一致,把半元音w由声带颤动带来的"声"去掉,使它仅标示"圆唇化",于是"瓜""关""诿""葵"等字的声母是kw-、kwʰ-。若w在这里还是个半元音——一种只有轻微摩擦的浊辅音,而且它确如标示的那样接着在k、kʰ之后出现,广州话就存在复辅音;若这个半元音w是与k、kʰ同时出现的,广州话便有两个浊塞音声母;而若这里的w仅是发k或kʰ音时双唇圆化的标记,则广州话舌面后清塞音声母除了k、kʰ之外,就还有分别与它们对立的kw、kwʰ。三种可能设定的情况,无一符合广州音的实际。广州话不可能有复辅音;确定"瓜""关""诿""葵"等字的广州音声母是复辅音,就如同认为这些字的普音声母是个复辅音一样谬误。古浊塞音发展到现代粤音已完全清化,是公认的事实,因而要把kw、kwʰ看成浊塞音声母也绝对违理。设定出的kw、kwʰ只好单看作圆唇化的清塞音声母了,这是否符合广州音实际呢?根本不符合。广州人发"瓜""关""诿""葵"等字音,绝非一开始就把双唇圆化而发个舌根塞音,再紧连上a或以ɐ为韵腹的韵母——这样念出的字音"很不像",听者会"听不懂"。事实上,

在类似下列成对对立的广州话字音中,对立的(有区别的)地方并不在声母上:

瓜 kua^{55} —— 家 ka^{55}

乖 kuai^{55} —— 佳 kai^{55}

关 kuan^{55} —— 奸 kan^{55}

轰 kuɐŋ^{55} —— 更 kɐŋ^{55}

军 kuɐn^{55} —— 根 kɐn^{55}

群 k^{h}uɐn^{11} —— 勤 k^{h}ɐn^{11}

上面举出的声谱图及实验语音学整理出的数据,已充分表明"瓜""乖""关"等字穗音和普音一样地有个介音 u。因而这个 u 从音位分析上说,是同其前边的 k(或 k^h)声母分开而单独起音位作用的。穗音"瓜"之别于"家","乖"之别于"佳","关"之别于"奸","轰"之别于"更","军"之别于"根","群"之别于"勤",差别所在的声音成分-u-无疑是个独立的元音音位,这依据一般都认可的音位定义——语言中最小的能辨义的声音单位,应可得出如是结论。

取消介音 u,把它并到舌根清塞音声母里去而被"圆唇化"所"化"掉,这种处理法不仅不符合语言实际,不符合确定和归纳音位的原则,而且也有违语音系统组织的条理性。第一,"估""枯""高、傲""歌、河"等字穗音中,舌根清辅音之后同样结合着圆唇元音,即这里辅音同样受到唇形圆化的影响,但它们却不处理为圆唇化辅音。这与单确定"瓜""夸""贵""葵"一类字的声母为 kw、kw^h,是相矛盾的。第二,穗音塞辅音声母中,本来 k 与 k^h、p 与 p^h、t 与 t^h,都整齐地只是在送气与否上有差别而形成对立。现在平地增添出一对特殊的圆唇化塞音声母 kw、kw^h,就打乱这种整齐、简单、统一的格局,使塞辅音彼此的对立关系变得很复杂而不统一。既然有 kw、kw^h，声母 k 就不但与 k^h 对立，而且在唇形圆化与否上与 kw 对立，另外还在送气与否、唇形如何两个维度上与 kw^h 对立；k^h 与相近声母的对立情况，也是如此杂沓。而 p、p^h 之旁，t、t^h 之旁，却分别没有圆唇化的 pw、pw^h——tw、tw^h 相配。第三，去掉 u 介音，增立 kw、kw^h 两声母，诚然可导致出现一种整齐的情况："瓜""挂""关""归""贵""葵""群"一类字有圆唇化的声母而不出现 u 介音，"蛙""华""哗"等字也一样是圆唇声母和不带任何介音。但是这种整齐是虚假的、表面的。实质上出现了不整齐："蛙"类字的声母 w 是包含有声带颤动的元音成分的；而"瓜"类字的声母 kw、kw^h 却不含任何声带颤动的元音成分（因为这里的 w 不用来代表半元音）。两类字的声音中，本来都在同样的位置存在一个松一点、短一点的 u 元音，如今在一类字里部分地、含糊地留在声母 w 之中，而在另一类字里则完全被挤出声母以及韵母之外。这岂能说"整齐"？

以普通话同类字音的处理情况来比较，就可以看出上述追求虚假整齐的做法并不适当。"瓜""夸""龟""亏""关""款""棍""困""光""框"等字和"蛙""威""弯""温""汪"等字普音中，都有 u 介音，在描写分析里不使这介音在无论"瓜"类字还是"蛙"类字中隐而不露；但是"蛙"类字的声母则被确定为零，即 u 介音之前没有任何声母的标记出现，尽管"瓜"类字在 u 介音前都出现舌根清塞音声母的标记(k 或 k^h)。这种不整齐，由于基本上是语音实际的反映，因而是合理的，得到大家认可。汉语拼音方案作出另一种安排：它规定"蛙"类字须标出一个 w 声母，同时把 u 介音隐去。这是出于书写印刷上音节界线须分明的考虑而作出的处理方式，在 u 介音不是一致地标出上看，也显得不整齐。可是这样的不整齐也同样合理稳妥,因为它似在更高的程度上如实反映语音状况。"蛙""威""弯""温""汪"等字和"牙""爷""油""摇"等字的普音,多数情况下开头是分别出现半元音 w 和 j 的,两个音在摩擦成分—消失时便显露出和游离出所含的元音成分——介音。汉语拼音方案径直把 w、j 作声母标记而同时省去介音的标示,自然更贴近于语音实际情况,而且还十分省便,并求得与"吴""五""雾""医""一""衣"等不带介音的字在拼写体制上的一致。可见普通话 u 介音的两种处理方式,都非单纯追求整齐,而是如何在反映语音实际的基础上求得整齐和省便来考虑问题。因而其结果都能做到科学、合理,尽管只求得一个方面的整齐并带来另一方面的不整齐。

从历史音韵看,广州话也没有弃失 u 介音的可能。中古合口字绝大多数,在广州话里仍然保留着合口韵,即在带介音时,介音为圆唇元音,在无介音时,韵腹为圆唇元音。后一种情形更多见,是主体部分,具体表现为:通摄合口一等、三等字全部,韵母念 uŋ、uk[①];梗摄合口见母字和个别匣母字,韵母念 ɔŋ、ɔk;总共只有几个的曾摄合口字,其中的"弘"字韵母念 uŋ,"国"字韵母 ɔk;宕摄合口字全部,韵母念 ɔŋ、ɔk;臻摄合口三等字的绝大部分,韵母念 œn、œt[②];臻摄合口一等字的大部分,韵母念 un、œn、yn、ut、œt;山摄合口三等非组外的全部字,韵母念 yn、yt、ut、œk;山摄合口一等字绝大部分,韵母念 un、yn、ut、yt;止摄合口三等精组、知组、照组、来母、日母字,韵母念 œy;蟹摄合口一等、三等字大多数,韵母念 ui、œy、iɛ;遇摄合口一等、三等字全部,韵母念 ou、u、œy、y、ɔ;假摄合口二等照组字,韵母念 ɔ;果摄合口一等字全部,韵母念 ɔ;果摄合口三等字全部,韵母念 œ。可见得在中古十一个摄的合口韵里,大部分字在广州话里都以韵腹为圆唇元音而仍属合口韵。余下相当一部分字尽管在广州话里有个展唇元音的韵腹,韵母发音开始阶段的唇形仍是圆的(带有被剥夺的圆唇介音 u 之故),仍保有其合口字的身份。原合口字真正被广州音改为开口的,只是蟹摄合口三等的"废肺吠"、止摄合口三等"非微味"等十余字、咸摄合口三等"凡范乏"等八个字、山摄合口二三等"顽刖刷藩晚袜"等十数字、臻摄合口一三等"奔喷分物"等二十余字、曾摄合口一三等的"或惑域"以及梗摄合口二三四等"横顷兄荣疫"等十数字,相对来说,属于微少的少数。与此相反,中古的开口字在广州话里倒有相当多的一部分转为合口——韵母发音开首时,唇形有趋圆的倾向。如效摄开口一等"褒袍刀涝好"等好几十个字,广州话都把韵母念为ou;臻摄开口三等真韵精组照组"津秦尽进晋信讯榛臻",韵母念œn;宕摄开口一等字全部(很多字),韵母念 ɔŋ、ɔk;宕摄开口三等字全部(很多字)——œŋ、œk;江摄开口二等字全部(极多;只"握"字例外),韵母念为 ɔŋ、œŋ、uŋ、ɔk、œk、uk。在广州话里,中古唇形趋圆的情形,实在比合口转为开口要多见得多。韵母合口化或韵母开首圆唇化,似成为广州话语音中古以来一种较强的发展趋势。即使考虑到同时存在一股较小的逆流,而不说圆唇化趋势或规律,也至少可以说,广州话语音中合口韵变为开口韵,并不成普遍性的趋势,合口韵弃失圆唇介音而开口化,更不是普遍规律。在这种情势背景下,假、蟹、止、山、臻五摄合口带圆唇介音 u 的"瓜侉跨华哗桦划蛙窪""乖怪蒯块拐挂卦桂鳜圭画怀槐淮惠慧携秽卫""归鬼贵韦讳威违伟纬苇畏慰谓胃蝟""幻滑猾挖开惯还环弯湾患宦刮""昆崑坤滚捆棍困骨窟均钧军君窘郡裙匀允尹雲云韵运屈掘倔",是没有理由都放弃圆唇介音的。尽管臻摄合口一三等晓组的"昏婚熏勋荤忽"以声母转为广州音 f 为条件而改念开口韵 en、et,"桔"字例外地失落了圆唇介音,山摄合口二等疑母、审母的"顽""闩栓刷"以声母非舌根塞音或双唇半元音之故而改念开口韵 an、at,蟹摄合口二等溪母的"快、筷"以声母转为广州音 f 为条件而改念开口韵 at,尽管有这样可以解释的少量开口化演变事实,原带圆唇介音的合口字所剩下的很大部分,却没有容许韵母变为开口韵的任何条件。这些合口字具舌根塞音声母 k、k^h 或双唇半元音声母 w,却恰是合口韵——包括韵母开首的圆唇介音——能保留其合口性质的条件。在广州话里是如此(——所有这些字整齐地保留圆唇介音 u);在普通话里,情形也基本如是(——所有这些字具舌根塞音或舌根擦音声母,或具由舌根塞音变来的舌面前塞擦音声母,或具实际带上双唇半元音或者舌面前半元音的"零声母",而保留着圆唇介音 u 或圆唇韵腹[y]、[u])。普通话凭着这样的条件,主要以 u 介音的形式把中古合口字的合口特点保留了下来;广州话有着同样的声母条件,当然没有理由不一样以 u 介音的形式保留下合口字的合口特点,没有任何理由要导致这些字的圆唇介音的消失。广州话之不存在普通话和许多北方方言所具有的 i 介音、y 介音,并非中古或近古时曾经存在过而后来消失掉,而是至少自中古以来一直未形成过这样的介音。普通话和许多北方话的 i、y 介音,是在声母 k、k^h、x 腭化的过程中随着形成的。广州话只是由于没有这种腭化条件而没有形成 i、y 介音,并非存在过 i、y 介音弱化消失的事实。显然,不能因广州话没有 i、y 介音而就据以论定广州话的 u 介音处于弱化消失的过程。

可见,不仅通过实验语音学的检查,可在声学的物理表现上充分证实广州话存在 u 介音的事实,而且通过音位归纳上和音系组织背景上的考察及历史音韵方面的分析,也从理论上说明否定广州话存在 u 介音之说并不正确。

附　注

① 本文用国际音标标示的,一般都是音位,不一定是音的绝对值。这两处的 u,就是音位/u/的代表形式,其实际的音都是 ʊ。

② 广州话 œn、œt 两韵母中,/œ/音位实际表现为 ø 音变体。

参考文献

贺宁基　1985　《北京话二合元音感知中的时间因素》,载《北京语音实验录》,北京大学出版社。

李新魁　黄家教等　1995　《广州方言研究》第二章第三节"广州话的介音问题",广东人民出版社。

(原载《方言》2000 年第 1 期)

广州话的形态词及其类别*

一

汉语共同语和各大方言都有若干依附于实词或短语结构的虚词。广州话也不例外。学界不少人受"暂拟汉语语法系统"的影响,把汉语所有这些虚词都统称为"助词",而且袭用其下分出的三个次类(语气助词、结构助词、时态助词)的称法。从理论上说,这是欠妥的。笔者20世纪80年代初曾撰文提出过批评意见。[①]之所以欠妥,概括来说,主要是所谓"结构助词"和语气词都是句法手段,表示的语法意义都带句法性质,而"时态助词"却是词法的——而且性质上相当于构形法的——手段,表示的语法意义带词法性质,因而这三类词概括不出同一词类的什么特殊的语法意义——一种词类应该具有的、不同于任何其他词类的内涵个性(词类意义范畴)。就是说,这样杂沓、笼统的"助词",没有自身独特的词类语法意义;要回答它是什么样的一种词类时,只能回答:在语法形式上有一定的特点(如黏附于实词或短语结构的词),在语法意义上却并无任何个性特点而只是"带有语法意义"的词。当然,这样的

---

* 本文为纪念马汉麟先生逝世20周年和《马氏文通》问世100周年而作,提交第6届国际粤方言研讨会。

回答就表明所说的对象不可能称其为一种词类。在语言的客观实际中,内分语气的、结构的、时态的三类的"助词"词类,其实是子虚乌有。

"助词"这一术语,宜按照马建忠在其《文通》中最早的用语,只用于指语气词。"结构助词"应换一个名称;②由于所指的"的""地""得"等一类句法虚词不是本文讨论的对象,有关问题可置而不论。这里须要着重提出来正名的,是"时态助词"。

首先,如果"的""地""得"等也称助词的话,就不该把像"了""着""过"之类的词法虚词也称作一种助词;其次给以"时态"的限定成分,也不恰当。尽管几年来,有的学者提出了现代汉语(普通话)有"时(tense)"的语法范畴,但是这一主张并没有充分的或真正合理的根据,并不能推翻历来由不少著名学者所断定并被学界普遍接受的"汉语不存在语法'时'"的定论。至少,汉语是否有"时"的语法范畴,还是个很有争议的问题,还需要深入探讨。因此径将"了""着""过"之类称为"时态"助词,未免名不副实。

普通话当中轻声的"了""着""过""来""去""起""起来""下去""过来""过去"等等,被公认为词,③而且都已虚化而起着相当于构形法形态的作用。因而,20世纪80年代初,笔者在论助词的文章里建议把这类单位称为"形态词"。④

广州话的形态词都是哪些词呢?这是研究广州话词法必须首先弄清楚的重要问题。形态词未能看出或确定,构形法性质的现象和相关的语法范畴便无从分析、论定。而词法的这个方面,比之于句法,"似乎更能显示汉语语法独具的特色"⑤,倘不能够入手分析它,或不能很好地去研究它,那会是汉语语法研究的严重缺陷。对于现代汉民族共同语来说是这样,对于作为汉语一大支方言标准样式的广州话来说,也是这样。

二

从已往学者们对广州话语法的许多研究来看,下面五个常被提到的虚词可以取得共识,都是形态词:

咗[tsɔ³⁵]:附在动词后,表示完成体。如"你食咗饭来""听朝买咗菜再揾你"。

紧[kɐn³⁵]:附在动词后,表示进行体。如"佢睇紧书嘛""你嘅仔做紧功课"。

过[kɔ³³]:附在动词后,表示历行体。如"我去过上海""等听日试过先决定买唔买"。

起嚟[hei³⁵ lɐi¹¹]:附在动词后,表示始行续行体。如"阿婆听咗呢句话笑起嚟""大家都企起嚟"。

起上嚟[hei³⁵ sœn¹³ lɐi¹¹]:出现的位置和语法功能与"起嚟"一致,不同之处只是"始行"方面的含义更为突出。如"佢忽然笑起上嚟"。

除此而外,还有不少虚词应归属形态词。其中,小部分单位在某些论著中已作为"体"的表现手段提了出来,⑥但是对单位的性质和语法意义论定得未尽准确;大部分单位则长期被学者们所忽略,原因可能是同一词形也表示实体性的活动概念意义,这概念意义把虚化的语法意义掩盖了起来。

下面先把这些被忽略的形态词逐一提出,说明其所以是形态词的理由。然后再讨论那些已有学者将其构形法作用肯定了下来的语素单位。

起$_2$[hei^{35}]

有作为动词,至少含四个活动或动态概念意义的"起";有只起语法作用,含"始行"意义的"起"。前者是起$_1$,后者才是形态词起$_2$。须从意义和功能形式两方面区别开二者。看下面在用例中的表现:

1. 你嘅大皮笈我拎唔起。(你的大皮箱我提不起。)
2. 佢举起咗 200 公斤嘅杠铃嘞!(他举起了 200 公斤的杠铃呢!)
3. 预备——起!
4. 两三岁时候嘅事,你重记得起咩?(两三岁时候的事,你还记得吗?)
5. 咁贵重嘅嘢我赔唔起。(那么贵的东西我赔不起。)
6. 提起呢件事,家姐会伤心㗎!(提起这件事,姐姐会伤心的!)
7. 做乜嘢问起呢单货啊?(干什么问起这批货物呢?)
8. 佢讲起三国,吖班细佬就乖乖坐喺社。(他讲起三国,那班孩子就乖乖地坐在那儿。)

例 3 的"起",单作谓语,意义是自足的,明显地是个表示"开始"义的动词。例 1、2、4、5 出现的"起",与例 3 的"起"同是动词——另一个动词,意义上没有联想的关系:例 1、2 的表示"升起,向上起来",例 4 的表示"(某种已消失的事象)重新出现",例 5 的表示"有能力实现"。很清楚,这些意义都是概念性的,因而相应的词"起"同例 3 中的"起"一样,充作句子成分(补语)。如果把例 3 的"起"标为起$_{1a}$,例 1、2、4、5 的"起"标为起$_{1b}$,那么起$_{1a}$和起$_{1b}$能分别进入动词的语法功能格局：

起$_{1a}$：V——+〜！

[S]〜！

起$_{1b}$：V+唔/得+〜(+O)(+M)

V+〜咗+O(+M)

例6、7、8中的"起"，在意义上和语法功能格局上，与起$_{1a}$、起$_{1b}$都迥然有别。这是"起$_2$"。其意义仅只表示所附动词带有一种特定的"体"(aspect)——该动词所指活动的开始情势，相当抽象、空灵，不体现什么概念。这一点，从把"起$_2$"抽出并不改变所在句子的基本意思，可以得到证实(而若抽出起$_{1a}$或起$_{1b}$，则相应句子的基本意思大变甚至不能成立)。相应地，"起$_2$"在句子中的功能格局是与"起$_{1a}$""起$_{1b}$"明显不同的——它不能单独成句，总是密切贴连在及物动词之后，在它与动词之间绝不能出现否定副词"唔"或句法虚词"得"，跟在它之后也绝不能有形态词(如"咗")或句法虚词，却必须有前面动词所要求带的宾语，这些都是它绝非句子成分(述语，补语，宾语，状语，定语)的形式证据：

起$_2$：Vt+〜+O

可知，起$_2$是个形态词。

落嚟$_2$[lɔk^2 lɐi^{11}]

与普通话相对应的词"下来"一样，"落嚟"是个趋向动词，但又可是个从动词虚化而来的虚词。如下例：

9. 佢喺楼上，一阵就落嚟。(他在楼上，一会儿就下来。)

10. 走落嚟呢杜做乜嘢啫！(走下来这里干什么！)

11. 你老豆仲未落嚟过香港㗎。(你爸爸还没有来过香港。)

12. 万米咁长距离,总算跑落嚟啦!(万米那么长距离,总算跑下来啦!)

13. 咪睇佢奀细,十几日嘅路程行落嚟添!(别看他瘦小,十几天的路程也走下来了呢!)

14. 好夜啦,仲想走啊?住落嚟喇!(很晚啦,还想走吗?住下来吧!)

15. 镇静啲,点样痛都要顶落嚟噃!(镇静一点儿,怎么痛都要挺下来!)

例9、10 的"落嚟"表示从高处往低处移动,例 11 的"落嚟"表示从北部地区往本地区移动,都是活动概念的意义。它们分别有动词的如下功能格局:

落嚟$_{1a}$:adv(t)＋～♯

V＋～/(V$_d$)＋O

落嚟$_{1b}$:adv＋～＋过＋N＋M

例 12 至例 15 的"落嚟",若从句子中抽出来,不像抽出落嚟$_{1a}$、落嚟$_{1b}$那样会严重影响或改变句子的基本意思,说明表现的不是概念性的意义,而只是词法的语法意义:例 12、13 的表示(所附动词指的)活动持续到完成,例 14、15 的表示(所附动词指的)动态成为确实的事实。它们的功能格局也大异于落嚟$_{1a}$、落嚟$_{1b}$的:

落嚟$_2$:V＋～＋M

可知落嚟$_2$ 是个不同于动词的形态词,表示两种"体"的不同语法意义。

落去$_2$[lɔk^{2}hœy^{33}]

与普通话的"下去"相对应,"落去"也既可是个趋向动词,又可是个由趋向动词衍变成的虚词。如下例:

16. 你落去陪人客倾一阵先。(你下去先陪客人聊一会儿。)

17. 跌落去会跌死你㗎。(摔下去会把你摔死的。)

18. 落去喇!等乜嘢啫?(下去吧,等什么呢?)

19. 咪话畀佢知,等佢估落去。(别告诉他让他知道,叫他猜下去。)

20. 做乜嘢唔讲啊?讲落去喇!(干什么不讲啊!讲下去吧!)

例16、17的"落去"表示(人)从高处往低处走动,例18的表示从高处往低处坠下,都明显的是一定活动的概念意义;它们又具有趋向动词一般能有的功能格局:

落去$_{1a}$:S+～/(Vd)+V+O(例16)

[S+]～+M♯(例17)

落去$_{1b}$:V+～/(Vd)+Aux+V+V(例18)

这两个"落去"无疑是同一个多义动词。而例19、20中的"落去"则不可能仍为动词。一来,其意义抽象、空灵,表示"(所附动词指的)活动的继续情势",并非概念性的、被句法所组合的实体意义;二来,其功能格局与落去$_{1a}$、落去$_{1b}$作为一个动词加合起来的所有功能格局的整体表现也大不一样(不可能具有落去$_{1a}$的两种功能格局)。

落去$_2$:V+～(+M)

因此,从意义作用和功能格局来看,落去$_2$是个合格的、表示续形体的形态词。

落$_2$[lɔk²]①

大体与普通话动词"下"相因应的动词"落",有实一点儿的本义和虚一点儿的转义,如"落紧雨""跌落床下""落楼"(意义较实),"写落几笔""食唔落饭""墨落得太浓"(意义稍虚)。这是落$_1$。意义进一步虚化到空灵地步,体会不出实体的概念,成了形态词落$_2$。它依附在动词后,表示(该动词所指的)活动已实行。如:

21. 煲落饭未?(煮下饭没有?)

22. 你煲落汤先,饭一阵间再煮。(你先做汤,饭一会儿再煮。)

23. 住落先,点样食饭慢慢想办法。(先住下,怎样做饭吃慢慢想办法。)

无疑,落$_2$ 表示的是已实行体。

嚟$_3$[lɐi^{11}]

与普通话动词"来"相对应的动词"嚟",很常用,用不着举列用例。这是嚟$_1$。须要看出与它同音的另两个词的存在。那就是虚词"嚟$_2$""嚟$_3$"。如下面句例中所出现的:

24. 你写几个毛笔字嚟睇下。(你写几个毛笔字来看一下。)

25. 揾边个嚟陪你啊?(找哪个来陪你啊?)

26. 咁样讲嚟,你唔怕人因呢件事怪你嘑!(那样说来,你不怕别人因为这件事怪你了!)

27. 几笔写嚟,成幅咁靓嘅字!(几笔写来,成一幅那么漂亮的字!)

28. 佢掉转头嚟望我一眼。(他掉转头来望我一眼。)

29. 伸出左手嚟!畀我睇睇掌纹。(伸出左手来!给我瞧瞧掌纹。)

30. 吤块石盖择实好晒晒,做乜嘢撬开嚟嗜?(那块石盖压住好好的,干什么撬开来呢?)

例 24、25 中的"嚟",表示其前面的短语是条件或方式,与其后 VP 所表示的目的相关联;兼有介词和连词的性质。这是句法虚词嚟₂。从例 26 至例 30,其中的"嚟"才是动词黏附成分——形态词嚟₃。它明显地没有任何实体概念性的意义,只是从词法上作用于所黏附的动词,既不可能充当补语或任何其他句子成分,也不是任何实词或句子成分组合起来的黏合剂。它所表示的是(动词所指的活动)"进行到当前"(例 26、27)或"朝着说话者或施动者的方向实现"⑧(例 28、29、30)。⑨这都相当空灵,是典型的词法领域的语法意义——前者是"体"范畴的至当前体,后者是趋向语法范畴的内现趋向。⑩笔者对于同"嚟₃"相当的、普通话中的形态词"来",曾在拙文《试论趋向范畴》(载《语法研究和探索》第 3 辑,北京大学出版社,1985)中论列过其区别于动词"来"的结构格局根据和意义根据。广州话的嚟₂、嚟₃性质上不同于嚟₁,道理是一样的。拙文《广州话的趋向范畴》(载《南开学报》哲学社会科学版,1991 年第 6 期)对嚟₃之区别于动词嚟₁和句法虚词嚟₂,也做过分析。⑪此处不必细论。须补充的是,嚟₃实际上区分为嚟₃ₐ和嚟₃ᵦ两个形态词。

去₂[hœy³³];过嚟₂[kuo³³lei¹¹];过去₂[kuo³³hœy³³]

能单作谓语或充作述语、补语的"去""过嚟"和"过去",都是很常用的多义趋向动词,用例不必举列。它们分别是去₁、过嚟₁、过去₁。须要把语音形式和它们完全一致的形态词去₂、过嚟₂、过去₂同它们区分开来,鉴别出来。可从观察用例出发:

31. 呢梳蕉加埋去,一共几多钱啊?(这把香蕉加进去,一共多少钱?)

32. 谂嚟谂去,谂唔出乜嘢法子。(想来想去,想不出什么办法。)

33. 佢踱嚟踱去,好似有乜嘢心事噃。(他走来走去,好像有什么心事。)

34. 再拧过嚟先紧嘅!(再拧过来才紧的!)

35. 你大佬转身过嚟嗌你好多声。(你哥哥转身过来喊你很多声。)

36. 拧过去嘅话,部机器就唔郁㗎嘞!(拧过去的话,那部机器就不动了。)

37. 你转身过去一阵,唔畀你睇到。(你转身过去一会儿,不让你看到。)

例 31、32、33 中的"去₂",没有概念性的意义,不是述语成分或补语;它只黏附在动词之后,表示"(动词所指的活动)朝背着说话者或施动者的方向实现",恰与嚟₃ᵦ的趋向义相反。可见它是个表现趋向语法范畴的虚词。例 34、35 中的"过嚟₂"和例 36、37 中的"过去₂",也同样没有实体概念意义,不是句子成分,分别表示彼此相反的语法意义:"从动作体原来的方向状态变为朝向说者的方向(而动作)"——"从动作体原来的方向状态变为背向说者的方向(而动作)"。简单一点说,过嚟₂ 表示内变状趋向,过去₂ 则表示外变状趋向。⑫它们之为表现趋向语法范畴的虚词,也是无可置疑的。

三

《汉语方言概要》论述到粤方言语法(以广州话语法为代表)的部分,提出了"翻""亲""住""开"四个用于动词后的成分都表示一定的语法意义,起词法的作用。这是正确的,对后来学者们研究广州话的语法很有启发。但是,把它们(以及"紧""咗""过""起嚟""起上嚟")看作"词尾"(指印欧语词末变化的 ending),未够恰当;对它们的语法意义的解释或举的实例也未尽妥当,这个方面特别需要提出来讨论。

"翻""亲""住""开",正如"咗""紧""过"等一样,是依附于动词或短语的形态词,并非词尾。这一点,道理在前面分析及普通话的"了""着""过""起来"等性质上与"咗""紧"等一致的单位时已表述过,毋庸赘言。

"翻[fan⁵⁵]"可以看出是由同音的动词"返"(广州音为[fan⁵⁵])虚化而来的。《概要》认为这个"翻""表示某种已经中断的动作、行为恢复进行,或是使某种事物回复原来的状态的'回复体'"。⑬后半截定性语"或是使……状态"不太准确,无法找到"翻"使某种事物回复原来状态的用例。比如作者举的"食翻我嘅饭""睇翻你嘅书""着翻件衫"等用例里,"翻"本身都不可能有使饭、书或衫回复原来状态的含义。无妨把上面的说明语稍加改进:"翻"表示动作行为恢复进行,并重又支配原来所支配对象的复行支配体。可举出与《概要》大体相同的实例来印证这个新的意义解释:

38. 你织翻你嘅兰衫喇!(你还是织你的毛衣吧!)

39. 佢嘅病好咗,食翻饭啦!(他的病好了,能吃饭啦!)

40. 我睇翻我嘅书。(我还是看回我的书。)

41. 外面好冷,着翻件大褛先得。(外面很冷,穿回那件大衣才成。)

但是,"翻"有时表示的不是"恢复进行",而是很微弱的"补上进行",对事物重又同样支配的意味则照旧。这时就表现出一种更空

灵的语法意义:动作补行支配体。如下面的用例:

42. 一世未试过蛇肉味,几大都食翻一次蛇肉㗎嘞!(一生都没尝过蛇肉味,怎么样也要吃一次蛇肉了!)

43. 成个月只系今日晏昼得闲,睇翻出戏好啲嘛!(差不多整个月来只是今天下午有空,还是看出戏好!)

44. 病好咗几日仲食得咁简单,要补翻身子先得㗎!(病好了几天还吃得那么简单,要补身体才行呀!)

当"翻"附于不及物动词或形容词,其后没有宾语,那就不再表现体的语法意义,而是表示"(活动或性质状态)朝向先前的状况(而出现)"⑭。这是属于趋向范畴的语法意义:返前趋向。⑮如下面的用例:

45. 你睇,条金鱼生翻啦!(你瞧,那条金鱼活过来了!)

46. 妹妹昏倒咗好耐先醒翻。(妹妹昏倒了很久才醒过来。)

47. 落咗成十日雨仔,球场又绿翻啦!(下了差不多十天小雨,球场又绿过来了!)

48. 啲衫都干翻啦!(那些衣服都干了!)

可以说,作为语法单位的"翻"是两个不同的形态词:一个可以定为"翻$_1$",含两种互有区别的体的意义;一个是"翻$_2$",含有一种趋向的意义。

"亲",《概要》把它列入体的表现单位系列里,很正确。但是似未发掘到它的真正的语法内涵。首先,"亲"若相当于普通话受动性的"着(zháo)"或"给……着(zháo)",含有"遭到,被触到"义而作动词的补语时,它就是一个特殊的(黏附性的)动词,不能误看作表示某种体的语法成分。例如"佢吓亲""我鹿亲啦""咪冷亲嘛"分别相当于普通话的"他吓着了""我给(开水)烫着了""别受冷啊";倘从这些话里把"亲"抽出,即等于把相应普通话说法中的"着""给……着""受"抽出,原话的意思会大大改变。可见得,这样的"亲"绝不是形态词。同样,"亲"若相反地相当于普通话施动性的"触及"而含有"到,触到"义时,也是动词,而且和"遭到,被触到"义的"亲"是同一个动词。例如:"唔小心撞亲佢嘅肩""我被蛇咬亲""只老鼠咬亲细佬哥嘅手"。

进一步,应看到"亲"还有另一种用法,那才显出它的类似于构形法形态的功能:

49. 佢最好咪开声,讲亲话总系得罪人。(他最好别出声,一讲话总是得罪人。)

50. 点使咁客气啊?嚟亲我呢杜都带咁多礼物嚟!(怎么要那样客气啊?每次来我这里都带那么多礼物来!)

51. 咪郁!郁亲就开枪喍。(别动!一动就开枪。)

52. 唔准细佬哥饮酒!边个饮亲都罚企。(不准小孩子喝酒!哪个喝了都罚站。)

例49、50中附随在动词后的"亲",隐晦地表示"(动作行为)每次发生"的意思,例51、52则隐约表示"(动作行为)假设发生或一旦发生",都不是实体概念性的意义,缺了它,语句的基本意思丝毫不受影响。可知它是词法范畴内的语法意义,含带着它的"亲"是个形态词。如把常用的形容词"亲"设定为"亲$_1$",动词"亲"定为"亲$_2$",那么形态词"亲"应是"亲$_3$"。"亲$_3$"表示两种体的语法意义:一是每行体(如例49、50),一是设行体(如例51、52)。

"住"除了是个多义动词(如"我住喺东山""拎住啲鱼""佢把口收唔住嘅"),又是个表示体的语法成分,《概要》指出了这一点,无

疑符合于语言事实,如下面的用例:

53. 吖位经理企住喺门口。(那位经理在门口站着。)
54. 台面放住一沓信笺。(桌面放着一沓信笺。)
55. 东墙有两幅国画挂住喺杜。(东墙那里有两幅国画挂着。)

这里的"住"没有概念意义,而只表示隐晦、空灵的"(所附动词指的动态)呈现并稳定地继续存在"的意思,大体相当于普通话"在门口站着""桌子上有沓信纸放着"等说法中的"着"("着"没有"住"的稳定意味)。简要说明其语法内涵的话,就是"稳定存现体"或"存续体"[16]。问题在于,虚化的"住"不仅不能看作词尾而应如实地看作形态词,而且它在另外一些场合(附随在表示视觉的动词后)里表现的语法意义并不属于体,而是一定的趋向。例如:

56. 你咪视住人嘑!(你别瞪住人!)
57. 做乜嘢一味睇住人嘅介指啊?(干什么老是看着人家的戒指啊?)
58. 佢望住我好耐。(他久久望着我。)
59. 校长嘅眼光逼住张老师。(校长的眼光逼着张老师。)

例中的"住"仅表示"(所附动词指的活动)稳定地朝向(宾语所指的)目标"。这是"目标稳定趋向"的语法意义,与"体"的内涵相去甚远。[17]因此,动词"住"、稳定存现体的"住"、目标稳定趋向的"住",是三个不同的词,可分别定作"住$_1$""住$_2$""住$_3$"。

"开"的语法作用,在《概要》里被看成与"紧"完全一样,同样表示进行体。这不大符合事实。试比较如下三对用例的扩展情况:

60. 食开吖啲药——食开吖啲药有一牌啦!
61. 食紧吖啲药——*食紧吖啲药有一牌啦!

　　　　　＊早就食紧吤啲药。

　　62. 睇开书——睇开《三国演义》就想睇完佢。

　　63. 睇紧书——＊睇紧《三国演义》就想睇完佢。

　　64. 打开牌——打开牌冇几耐之嘛！

　　65. 打紧牌——＊打紧牌冇几耐之嘛！

例61、63、65,扩展的说法是不通的。"紧"只表示活动在进行着的状貌,本身不带也不可能带活动的时间历程,因而硬给以时间历程的修饰或说明,就矛盾而不能相容。例60、62、64里同样的扩展说法,则完全站得住。可见得这里的"开"与"紧"的意义并不一致,语法作用并不完全相同。这样使用的"开",表示"(所附动词指的活动)已经开始进行并进行着",是开始完成正行体。它是从动词"开"(含"开始"义素的,如"此例一开")虚化而来的,所以还多少留有"开始"的意义成分。当然,它不仅在意义方面,而且特别是在动词格局上与一样可以跟在动词后的动词"开"区别了开来:

　　V 开1:

　　　　V＋～（＋M）　　　　打开　打开咗/嚟

　　　　V＋唔/得＋～　　　　打唔开　打得开

　　　　V＋～（＋M）＋N　　打开门！打开咗门

　　　　～＋M＋N　　　　　　开咗/紧门

　　　　N＋～＋M　　　　　　门开咗

　　M 开2:

　　　　V＋～＋N＋Aux(M)/(冇＋)TP

　　　　　　　　　　　　　　打开球啦

　　　　　　　　　　　　　　打开球几耐

　　　　　　　　　　　　　　打开球一阵

从现代广州话全部虚词来鉴别,能是形态词的,就是上述这些单位。目前有的学者在断定现代汉语具有语法的时制范畴时,把时间副词看作表现所修饰的动词的语法时制标记。[18] 按照这种观点,广州话的"先""就至""就要""就""即刻""头先""啱啱""正话"等等,就通通都成了形态词。当然这会十分离奇!副词基本上都具有体现概念的含义,在语句中是被语法所组合的单位(即充当着句子成分),所以应是实词。[19] 把时间副词看成构形法成分,看成语法范畴的表现手段,是不正确的。

四

把上述简单总结一下,广州话的形态词一共是 20 个,其中有 3 个还表示不止一种语法意义。根据语法意义、功能及其表现形式特点,这些形态词区分为两类:一类是体范畴的表现手段,可称为体词;另一类则是趋向范畴的表现手段,可名之为趋向词。两类各包含的成员及其语法意义,见下表:

相应语法范畴	形态词类别	形态词	语法意义
体范畴	体词	咗	完成体
		紧	进行体
		过	历行体
		起$_2$	始行体
		嚟$_{3a}$	至当前体
		起嚟	始行续行体
		起上嚟	始行续行体
		落嚟$_2$	①续行完成体 ②成实事体
		落去$_2$	续行体

续表

		落$_2$	已实行体
		翻$_1$	①恢复进行体
			②补上进行体
		亲$_3$	①每行体
			②设行体
		开$_2$	开始完成正行体
		住$_2$	稳定存现体
趋向范畴	趋向词	住$_3$	目标稳定趋向
		嚟$_{3b}$	内现趋向
		去$_2$	外现趋向
		过嚟$_2$	内变状趋向
		过去$_2$	外变状趋向
		翻$_2$	返前趋向

附 注

① 刘叔新《关于助词的性质和类别问题》,《南开学报》哲学社会科学版 1981 年第 3 期;又《论现代汉语助词的划分》,《天津社会科学》1982 年第 3 期。

② 详见拙著《语法学探微》55、58—59 页,南开大学出版社,1996。

③ 吕叔湘先生主编的《现代汉语八百词》(商务印书馆,1980)收了这些单位,是权威的意见,也充分反映了它们作为词已得到广泛认可的事实。

④ 形态词若译为英语,可以是 morphological word。

⑤ 拙著《语法学探微》"自序",2 页,南开大学出版社,1996。

⑥ 如袁家骅等著的《汉语方言概要》(文字改革出版社,1960)就提出了"翻""亲""住"也是表现某种体的词尾。"亲"还被研究者专文加以讨论。

⑦ 本文初稿未收此词。郑定欧教授提出意见,"落"也是广州话的虚词,宜收列。现从其见。

⑧ 三例中,"转""出""开"已是补语,当然不可能在邻近又有另一个补语"嚟"。那种认为现代汉语类同的结构 V＋C(＋O)＋来/去,是所谓"复合补语"(或一个复合的趋向动词)当中可插进个宾语的意见,有欠允当。林焘《现代汉语补足语里的轻声现象所反映出来的语法和语义问题》(《北京大学学报》1957年2期)已对此作了有力的批评。设想"嚟"在这里充作补语之外的其他句子成分,其可能性更是个零。

⑨ 参见拙著《语法学探微》133页,南开大学出版社,1996。

⑩ 同上。

⑪ 现在回过头去重新审查过去所论,觉得基本观点和方法还是站得住的。但是对于嚟$_3$(这里出现的)体内涵的解释不确,小部分句例也不适切,这要向读者深致歉意。

⑫ 参见拙著《语法学探微》136—137页。

⑬ 袁家骅等著《汉语方言概要》220页,文字改革出版社,1960。

⑭ 参考拙著《语法学探微》135页。

⑮ 《汉语方言概要》认为这样的"翻"是副词,"主要是修饰形容词,表示"再"的意思"(221页),副词词义体现概念,在句中应能充当句子成分;而这里的"翻"表现相当空灵、抽象的意思,这意思不像是概念那样被感知和把握,因而也很难把"翻"看成述谓成分后的补语。确定这样的"翻"为副词,似欠妥当。

⑯ "存续体"是张洪年《香港粤语语法的研究》提出的,见该书150页及以下,香港中文大学出版,1972。

⑰ 至于这个"住"区别于动词"住",拙文《广州话的趋向范畴》(1991)已用插入法检验过,此处不赘。

⑱ 张济卿《汉语并非没有时制语法范畴——谈时、体研究中的几个问题》,《语文研究》1996年第4期。

⑲ 只是历来所谓的语气副词,如"你而家先嚟,我都食咗饭啦"中的"都",应属语气词而非副词,性质上是句法虚词。

参考文献

袁家骅等　1960　《汉语方言概要》第九章粤方言,文字改革出版社。

张洪年　1972　《香港粤语语法的研究》,香港中文大学出版社。
刘叔新　1985　《试论趋向范畴》,中国语文丛书《语言研究和探索》(3),北京大学出版社。
──── 1991　《广州话的趋向范畴》,《南开学报》哲学社会科学版第6期。

(原载《纪念马汉麟先生论文集》,南开大学中国语言文学系古代汉语教研室编,南开大学出版社,1998)

广州话的趋向范畴

0.1 描述广州话的语法或动词的论著,一般都论到"体"(aspect)的范畴。广州话之具有体范畴,是无可置疑的,但是除了体范畴,动词还存在另一种语法范畴,尚未引起粤语研究者们的注意。这就是趋向范畴。

0.2 现代汉语普通话是存在趋向范畴的。笔者曾著文论证过普通话中趋向范畴的存在,并分析了它所包含的几种趋向语法意义及各自的表现形式。[①]普通话无论在词汇方面还是语法方面,都以北方话为基础方言,普通话的趋向范畴是来自北方话的;因而有一个不容忽视的事实:趋向范畴至少在相当一部分北方话中也同样存在。这就说明,作为汉语方言一个分支的广州话,具有趋向范畴不仅不是独特的,而且正是汉语较有普遍性的一个词法特点。

1.1 趋向范畴表现的是活动或动作行为在空间或时间上展开的趋向。这与"着重在事情所经过时间的长短,及是否开始或完成"[②],只表示事情或动作行为一定的发生存在状态的体范畴,是不一样的,不应混同。有的研究者把广州话某些趋向语法意义的成分归入体范畴的表示方式里去,恐怕未必恰当。

1.2 广州话表达趋向范畴的方式,与普通话一致,都是在动词后黏附一定的虚词。这样的虚词共有六个,各表示不同趋向的语法意义。下面逐一加以考察。

2.1 第一个最常出现的表趋向的虚词是"嚟"[lei¹¹]。"嚟"与普通话的"来"不仅同源,而且在含义和作用上大体一致。这个字眼有虚实之别。它作为实词,首先是个普通的多义动词,含有行动上的"来去"的"来"义、"(问题、事情等)发生"义或"(代替着)做某种活动"义,都充当述语或谓语,含第一种意义时还常用作补语。例如:

1. 你听日嚟喇!(你明天来吧!)
2. 咁远你点解行嚟啊?(这么远你为什么走来呢?)
3. 佢想搬嚟呢处住几个月。(他想搬来这里住几个月。)
4. 问题又嚟嘑。(问题又来了。)
5. 你透一阵先,等我嚟喇!(你歇一会儿,让我来吧!)

意义再引申开去,虚化了一点,又有"(到说者所在地)要做(某事)"的含义。这时的"嚟",意义仍体现着概念,仍然是实词——成为助动词,用在动词之前。例如:

6. 我搵唔到,你嚟搵喇!(我找不着,你来找吧!)
7. 大家嚟食先食得晒。(大家来吃才吃得完。)

"嚟"进一步虚化,含的词汇意义转化为语法意义,成了虚词。不过虚词"嚟"并非在任何情况下都表趋向。它含有三种不同的语法意义和作用:

虚词"嚟₁"用在动宾短语或介词结构与动词(或动词性短语)之间,表示前者为方式或态度,与后者的目的相关联,颇有介词的也兼有一点儿连词的性质。例如:

8. 佢将吓个故仔编成首歌嚟唱。(他把那个故事编成支歌来唱。)
9. 你用乜嘢法子嚟救佢呢?(你用什么办法来救他呢?)

这种用法的"嚟$_1$"是句法的虚词,作用上和普通话的"的""地""得"之类相近。

虚词"嚟$_2$"用在动词后,表示动作作为结果而发生并继续存在,这是一种体的特殊意义。例如:

  10. 一觉醒嚟,点知都九点嘑。(一觉醒来,哪知道都九点了。)

  11. 佢信笔写嚟,成篇大文章添!(他信笔写来,成了一篇大文章呢!)

因此,"嚟$_2$"虽属于词法上的动词黏附成分,却是体范畴的一种表现方式,与趋向范畴无关。

虚词"嚟$_3$"才属于趋向范畴的表示方式。它用在动词或动词性短语之后,表示"(活动或动态)朝着说话者或施动者的方向实现"。例如:

  12. 传嚟嘅好似系嗌救命声嗱。(传来的好像是喊救命的声音。)

  13. 呢件事讲嚟就话长嘑!(这件事说来就话长了!)

  14. 佢掉转头嚟睇一眼我。(他掉转头来看我一眼。)

  15. 伸出手嚟畀我打!(伸出手来给我打!)

  16. 佢将灯熄咗,然后又将佢拧开。(他把灯灭了,然后又把它拧开来。)

可以看出,"嚟$_3$"所表示的是比较空灵的语法意义,只标明动词(或动词性短语)所指的活动或动态在实现上处于朝向说话者或施动者的趋向。因此虚词"嚟$_3$"不是和动词发生句法组合的成分,不是补语,只是动词一定趋向的标记。可以把这种特定的趋向称为内现趋向。

2.2 第二个表趋向的虚词在意思上与"嚟₃"相反,就是"去"[hœy³³]。它用于动词后,表示"(活动或动态)朝背着说话者或施动者的方向而实现"。但是它不能独用,只有和"嚟"(指虚词"嚟₃",下同)同时使用——出现在"嚟"后面重复的动词之后,或者用在"(某些)动词+埋"之后,才能表现出这种"外现趋向"义。例如:

17. 着嚟着去都系呢件裇衫,唔驶换落嚟洗一下嘅咩?(穿来穿去都是这件衬衣,不用换下来洗一洗的吗?)

18. 佢谂嚟谂去,一啲法子都冇。(他想来想去,一点儿办法都没有。)

19. 连件旧衫搭埋去,当得几多钱啊?(连这件旧衣服搭上去,能当多少钱啊?)

20. 呢本书都加埋去,一共读咗几本啊?(这本书都加上去,一共读了多少本啊?)

并非用上"嚟"的动词,都可以重复后跟着用上趋向虚词"去"。比如不能有"*还嚟还去""*赔嚟赔去""*收嚟收去""*储嚟储去""*担心嚟担心去""*顾虑嚟顾虑去"等说法,但是"还嚟""赔嚟""收嚟""储嚟""担心嚟""顾虑嚟"却可出现于一定语句中。可见,趋向虚词"去"能黏附的动词比"嚟"要少;更重要的是,这个"去"不能离开"动词+嚟"或"动词+埋"而单独用于动词,"嚟"附于动词却不以其后有"去"出现为条件。这表明,趋向虚词"去"在作用上有很大的限制,同"嚟"虽相对立,却极不平衡。

趋向虚词"去"和动词"去"及助动词"去"须划分清楚。动词"去"表示两个意义:(一)从所在地到别处;(二)除掉。表现为(一)义时,用作谓语、述语或补语;表现为(二)义时也用作述语。例如:

21. 你去或者佢去,都得。 (你去或者他去,都行。)
22. 老豆去咗上海。 (爸爸去了上海。)
23. 瓶花拣去边处摆啊? (这瓶花拿去哪儿放啊?)
24. 呢种药系去热气嘅。 (这种药是去火的。)

助动词"去"出现在动词之前,表示"(离开说者所在地)要做(某事)"。例如:

25. 我讲唔好嘅,你去讲喇! (我说不好的,你去说吧!)
26. 佢哋去买嘢未翻嚟㗎。 (他们去买东西没回来。)

趋向虚词"去"还须与起句法作用的虚词"去"区别开来。句法虚词"去"出现在动宾短语或介词结构与动词(或动词性短语)之间,表示前者是方式和行动的前一步骤,与后者的后一步骤的行动相关联,意思和作用都同虚词"嚟$_1$"很相近。例如:

27. 拣桶水去淋花喇! (提桶水去浇花吧!)
28. 用乜嘢药去擦先啱啊? (用什么药去擦才对啊?)

2.3 第三个表趋向的虚词是"翻"[fan^{55}],几乎和"嚟"一样常用。它是从动词"翻"虚化来的。多义动词"翻"的一个表趋向性行动义"回",是虚词"翻"之所源。带这个意义的"翻",可以作述语和补语。例如:

29. 唔驶等我,我去好耐先翻嚟。 (不用等我,我去很久才回来的。)
30. 今年唔翻广州嚟! (今年不回广州来了!)
31. 快啲搬翻呢处住喇! (快点搬回这里住吧!)
32. 冇车嚟,行翻屋企喇! (没车来,走回家吧!)

"翻"作为虚词,只用在动词之后,但不成其为补语,因为只表

"(活动或动态)返向先前的样子(而出现)",是一种标示动词一定趋向的、空灵的语法意义。例如:

  33. 个细佬哥又醒翻喺。 (那个小孩儿又醒了。)

  34. 天好冷,着翻件大褛喇! (天很冷,穿上件大衣吧!)

  35. 佢嘅病好咗,食翻饭喺。 (他的病好了,能吃饭了。)

  36. 听日放假睇翻出戏先得。 (明天放假,可要看出戏才成。)

虚词"翻"所表示的趋向,可称为返前趋向。它出现在具体语句中时,普通话不能将其译出。因为普通话里没有这种特殊趋向。有的论著把"翻"列为体范畴的表示成分,③是否适切,似可商榷。无论如何,趋向的含义总难以同体的含义混而不分;把二者区分开是比较符合事实的,而且也较为明白清楚。

  2.4 第四个表趋向的虚词是"过嚟"[kuo^{33}lei^{11}],使用的铺盖面积较小,一般只能附在"转""翻""拧""扭"等几个有转向动作性的动词之后。它表示"从动作体原来的方向状态变为朝向说者的方向(而动作)"。例如:

  37. 伯爷婆转过嚟唔睬佢。 (老婆婆转过来不理睬他。)

  38. 翻过嚟睇系张红桃10。 (翻过来看是张红桃10。)

  39. 拧过嚟先得喺! (拧过来才成的!)

  40. 佢将头扭过嚟视一下我。 (他把脑袋扭过来瞪我一眼。)

这里,"过嚟"显然表示很虚的语法意义,并非动词的补语。这语法意义,简略来称说,是内变状趋向。在普通话里,有同虚词"过嚟"的对应单位"过来",它从动词"过来"虚化而来。与此相同,虚词"过嚟"也是从动词"过嚟"转化来的。使用范围广泛得多的动词"过嚟",含"从另一地点向说者或叙述对象所在移近"的意义,总是用作谓语、述语或补语,有时也可用作定语,这同作为动词趋向标记的虚词"过嚟"有质的区别,不能混为一谈。例如:

41. 喂,过嚟喇,有事讲畀你知。 (喂,过来呀,有事情跟你说,让你知道。)

42. 你先过嚟呢处至讲。 (你先过来这里再说。)

43. 佢哋唔搭车行过嚟㗎。 (他们不乘车,走过来的。)

44. 过嚟嘅车唔系巴士。 (过来的车不是公共汽车。)

2.5 意思、作用与"过嚟"恰恰相反的,是另一个虚词"过去" [kuo³³ hcey³³]。它起作用的铺盖面同样小,也只黏附在有转向动作性的动词"转""翻""拧""扭"等之后,但表示的趋向语法意义是"从动作体原来的方向状态变为背向说者的方向(而动作)"。例如:

45. 阿叔转过去唔睬我。 (大叔转过去不理睬我。)

46. 佢翻过嚟翻过去瞓唔着。 (他翻过来翻过去睡不着。)

47. 拧过去机器就唔郁㗎嘞! (拧过去机器就不动的了!)

48. 佢嘅头扭过去唔知睇乜嘢。 (他的脑袋扭过去不知道看什么。)

虚词"过去"所表示的趋向,可称为外变状趋向。这种语法意义,是从动词"过去"的"离开或经过说者或叙述对象所在地而移远"义虚化来的。动词"过去"在句子中总充作谓语、述语或补语,和黏附性的虚词"过去"也不能相混。例如：

49. 你过去,劝阿嫂咪嬲嘑! （你过去,劝嫂子别生气吧。）

50. 冇错,头先过去嘅系架的士。 （不错,刚才过去的是辆出租汽车。）

51. 行过去冇几远有间铺头。 （走过去没多远有间商店。）

52. 开过去吤架船唔系轮渡咩? （开过去的那只船不是轮渡吗?）

2.6 最后一个表趋向的虚词是"住"。关于"住",张洪年先生在其《香港粤语语法的研究》中作过精辟论述,指出"住"可是谓词,可是补语,又可是"体貌"(体)词尾或助词。④"住"能否算词尾(作者指的是 suffix;按说,"词尾"指 ending),置于句末表示"暂时先"意思的"住"看作助词(语气词)是否恰当,容可商榷;但是指出"住"的这几种不同质的现象,尤其提示"住"能作为体的一个标志而表示"存续体"⑤的意见,是符合事实的、正确的。不够的地方是,"住"对语法范畴所起的作用只指出表示一定的体,还不全面。"住"除了标志"存续体",在黏附于某些特定的动词的情况下,却是作为趋向范畴的表示成分而出现的。比如在下面的语句中,"住"很难说表示什么体的语法意义,而只能看作动词趋向范畴的某种趋向含义的表示成分：

53. 佢傻咗咁样望住我。 （他傻了似的朝我望。）

54. 睇住佢嘅衿章咁耐做乜嘢啫? （盯住他的胸章这么久干什么呢?）

55. 你咪视住人哋噃! （你别瞪住别人!）

56. 佢嘅眼死咁逼住我嘅眼光同埋举止。 (他的眼睛紧紧逼住我的眼光和举止。)

这里,"住"表示的意思只是:(行动)向着目标的趋向。行动是"住"前的动词指明的,目标由宾语所标示。很清楚,"住"的目标趋向意义与体范畴的内涵相去甚远;同"存续体"表示的"动作仍在进行中,停于一种存续静止的状态,而失去动作性"⑥,可说很不一致。"存续体"的"住"可以广泛地黏附于很多动词,而不论它前面的动词是什么,它都没有动作朝向对象的趋向含义。例如:

57. 佢今日着住件条纹嘅袖衫。 (他今天穿着件条纹的衬衣。)

58. 我戴住黑眼镜,你点认出嚟啫! (我戴着黑眼镜,你怎么认出来呢!)

59. 细佬写住嘢,点得闲同你倾㗎! (弟弟写着东西,怎么有工夫跟你聊呢!)

60. 你坐住先,唔驶咁急走嘅! (你先坐着,用不着那么急走的!)

至于"住"作为"谓词"(动词或形容词)而与趋向虚词"住"的区别,是比较清楚的。谓词"住"有两个表行为概念的较为具体而绝不空灵的含义:(一)居住,居留;(二)稳固。在前一含义下,用为谓语或述语;带后一含义则用为补语。例如:

61. 间屋咁远,你住咩? (这所房子那么远,你住吗?)

62. 我大佬住喺小北吤边。 (我哥哥住在小北那边。)

63. 揢住呢啲嘢,咪跌咗。 (拿住这些东西,别掉了。)

64. 唔该你睇住我嘅行李一阵。 (麻烦你看住一会儿我的行李。)

不过,作补语情况下的谓语"住",出现位置既和趋向虚词"住"一致,含义上也能够互相联系起来,似乎不易同趋向虚词"住"划分出界线。这是从表面来看问题。只要作深入一点的考察,仍然不难区别开两者。首先,意义上大不相同,一个实,体现一定状态的概念;一个虚,只体现动作朝向对象的目标趋向关系。其次,更为重要的是,用插入法来考察,谓词"住"可在其与动词之间插入动补式的"得"或否定词"唔",表明它是个补语;趋向虚词"住"绝不能在它与动词间插入"得"或"唔",说明它是黏附性的语法标记,绝非补语。例如:

挦住呢啲嘢→挦得住呢啲嘢、挦唔住呢啲嘢

守住阵地→守得住阵地、守唔住阵地

揸住呢条鱼→揸得住呢条鱼、揸唔住呢条鱼

望住我→﹡望得住我、﹡望唔住我

睇住佢嘅衿章→﹡睇得住佢嘅衿章、﹡睇唔住佢嘅衿章

逼住我嘅眼光→﹡逼得住我嘅眼光、﹡逼唔住我嘅眼光

趋向虚词"住"能黏附的动词只是很有限的几个,都是同视觉活动有关的。这表明目标趋向的普遍性程度也较低。

3.1 综合上述,广州话在动词中存在内现趋向、外现趋向、返前趋向、内变状趋向、外变状趋向、目标趋向等六种趋向语法意义,各由一个不同的黏附性虚词来表示。这些表趋向的虚词,彼此可在一定范围内交替互换。例如:

揾嚟————△揾去————揾翻

储嚟————————储翻

赔嚟————————赔翻

收嚟————————收翻

收埋嚟————收埋去

拧嚟------△拧去　　拧翻————拧过嚟————拧过去

转嚟------△转去　　转翻————转过嚟————转过去

睇嚟------△睇去　　睇翻————————————睇住

逼嚟------△逼去　　逼翻————————————逼住

（带△号的表示不能单独出现。）

可以看出，"嚟""翻"除了几乎处处可以互换，还能在某些动词之后同"过嚟""过去""住"或"去"交换（换为"去"是有条件的；反过来说，"去"除了在"埋"之后可与"嚟"互换，别的情况下不能换为其他趋向虚词）。"去"的替换普遍性则极低，它只同"嚟"替换，而且受到很大限制：许多能带"嚟"的动词，其后并不能带"去"；另一方面，它是不能独用的。"过嚟"和"过去"除了可以互换，只在很小一部分动词上能与"嚟""去""翻"交替。限制性也相当大的"住"就更限于只同"嚟""去""翻"在很小一部分动词上替换。六个趋向虚词彼此替换的表现及能力是不平衡的。这同它们用于动词的铺盖面的广狭差异大体一致。总的来看，这些趋向虚词互相交替的性能是不完全的，它们也不能全部用于大量动词。如把以零形式表示的普通趋向也包括进来一并考虑，这种不完全性的程度可略有所降低。

3.2 对内现趋向、外现趋向、返前趋向、内变状趋向、外变状趋向以及普通趋向加以综合和概括抽象，便可看出存在一个趋向范畴。广州话的趋向范畴，由于上述未能普遍铺盖于大量动词及交替表现的不完全性，应该说，是不够成熟的。但是它已基本具备语法范畴的要素。可能，它正处于初生阶段，日后会逐渐发展完全。

3.3 最后,想就这个语法范畴的表现手段所以是词法虚词的问题,略作讨论。

首先,"嚟""去""翻""过嚟""过去"和"住",都不可能是词缀(affix)。因为它们都不是动词中固定不变的部分;其语法意义不仅不改变所附动词的词义的丝毫,而且自身可以交替出现。其次,它们也不能是词尾(ending)。词尾在语音形式上应是与词干部分紧密融接起来的,即其间会出现"闭音联"。但是"嚟""去""翻"等都没有同所附动词发生语音上的融接,依样保持独立的音节缀联的形式,甚至音节的轻重都不改变;它们同所附的动词在语音上是各自分离的,只存在着"外开音联"。词尾作为词的一部分,与词干之间不能被别的成分分隔开;而"嚟""去""翻"等有时与动词之间却可以插进别的成分,有的还可出现在整个动词性短语之后。例如:

刐咗嚟	读埋嚟	搭埋去	收埋去
拧咗过嚟	死咗过去	省鬼翻佢	视鬼住佢
伸出手嚟	借啲钱嚟		

可见,要把"嚟""去""翻"等看作词尾,是有违于理的,至少也太牵强。

那么,它们只能是词。但既非实词,也非句法的虚词。它们之不是实词,一由表示的意义所显示,二由它们与动词间不能插入动补式的"得"或否定词"唔"所证明。后一方面,2.6节关于趋向虚词"住"与实词有别这一点上,已经谈到过。趋向虚词"嚟""去""翻""过嚟""过去"也和"住"一样,不能在它们同动词之间插进"得"或"唔";如果插进来,它们必然改变意义而成为实词和补语。

趋向虚词在语句中都不直接表明实词或句子成分之间的关联,即不直接作用于句法关系,而是依附于动词(或动词性短语)之后,表明动词处于什么样的语法(趋向)面貌来同别的实词发生关联的。因此它们不是句法的虚词,性质上只能归入词法范畴。传统习惯上,把词法的虚词和语气词及其他起句法作用的虚词(如普通话中的"的""得")统统都归为助词。这样的"助词"是太庞杂了,不可能成为独有个性的词类。[7]有的学者称词法的虚词为外部形态。[8]这个说法有缺点,会使虚词与词内的屈折形态在概念上相混淆。笔者多年前称之为形态词,[9]即一种具有相当于屈折形态构形法性质的词。

这样,可以得出明确的认识:广州话的趋向范畴是建立在形态词的交替变化的基础上的。其他语法范畴的情况也与此基本相同。这是汉语的语法范畴区别于印欧语的一个显著之处。

附 注

① 见拙文《试论趋向范畴》,刊于中国语文杂志社编《语法研究和探索》(三),北京大学出版社,1985。

② 王力《中国现代语法》311页,中华书局,1956。

③ 袁家骅《汉语方言概要》220—221页,文字改革出版社,1960。

④⑤⑥ 张洪年《香港粤语语法的研究》150—153页,香港中文大学出版,1972。

⑦ 参考拙文《关于助词的性质和类别问题》,载《南开学报》哲学社会科学版1981年第3期。

⑧ 高名凯《语法理论》75—76、83—85页,商务印书馆,1960。

⑨ 同注①。

参考文献

袁家骅等 1960 《汉语方言概要》,文字改革出版社。
张洪年 1972 《香港粤语语法的研究》,香港中文大学出版。
刘叔新 1985 《试论趋向范畴》,刊于中国语文杂志社编《语法研究和探索》
　　（三）,北京大学出版社。

（原载《南开学报》哲学社会科学版1991年第6期）

惠州话系属考

一

在东江流域首邑惠州市，主要流行着两种方言，一是客家话，一是和它相对的所谓本地话。这后一种方言通称为惠州话，是世代居住于本城的大多数居民所操用的母语。近四五十年以来，惠州话使用人数虽然不减，但是占惠州城人口总数的比例有日益下降的趋势。

惠州话虽然在惠州市外有几个可以看作地方变异的零星支派，如惠阳县的水口话、横沥话，但自身早已受到周围农村地带（郊区和惠阳县境）的客家话的包围，流行地区只局限于市内。而今天，就是在惠州市内，惠州话也逐渐失去其早先作为机关、学校通用语的地位，由当地的客家话取而代之（普通话虽基本上成为工作语言，还很少使用）。

《汉语方言概要》把粤方言分为粤海系、钦廉系、高雷系、四邑系、桂南系，[①]从分布的范围看，包括惠州在内的东江中、上游地带被排除在粤方言分布区之外，被看成客家方言的地区。这是有代表性的一般看法。《汉语方言概要》虽然没有提到惠州话，但指出惠州是客家先民第二次迁徙时最远到达的地点之一，广东东部（当包括东江中、上游地带）和北部又是第三次迁徙的到达地。[②]这似乎给惠州话同客家方言的系属联系提供了某种设想的背景。

近来,有学者论定惠州话是一种客家方言。③在语音方面,一位论者所举惠州话与客家话同、与粤语不同之处,实际上掺有适足表明同于粤语而异于客家话的重要事实(如有撮口呼);而所列举的惠州话和粤语相同而与客家话不同之处,却未免简略不全。④另一位论者所举惠州话具有的客家话语音基本特征共九个,⑤其实只有四个能够成立;其余几个"特征"或为粤语所同样具有,或惠与客并非一致,或很少语音特征的意义。⑥在词汇方面,一位论者所制的"词汇对照表"仅列举59个词语,数量太少,似不能像论者所说的据以"看出惠州和广州、梅县词汇异同的大致情况"⑦。问题还在于,即便就这59个词语来看,惠州话相同或相近于广州话(粤语的代表)而大异于梅县话(客家话代表)的,其实占了大多数;真正与梅近同而异于广的只占很小比例。另一论者列举的惠州话和广州话相同的词仅只13个,和实际的数量相距太远,据以得出的"各类词和客家方言相同的还是比较多"的结论,⑧未免有武断之嫌。

从这样的情况来看,把惠州话判断为一种客家方言,不能不令人感到缺乏足够的根据。这种判断一般难以为惠州本地人及许多客家人所接受,并不是偶然的。使用惠州话的人都否认所用母语的客家性质,在习惯观念上都把惠州话看作本地话,看作世世代代的乡土语言,同当地"外来的"客家话不仅绝不类同,而且对立。

不过,惠州话确实有一些地方接近于客家方言;而同时,它与邻近的粤方言又有颇多相近之处。反过来看,惠州话既与粤方言(如作为其代表的广州话)有一定距离,又同客家话存在明显的差距。至于渗入到惠州地区的福佬话(潮汕方言),惠州话是同它相距很远的。因此理论上说,惠州话的系属可以是下列三种可能情况之一:客家方言的一个分支;粤方言的一个分支;既不属客家方言,也不属粤方言,是同这两大方言平行的或介于其间的一种独立的方言。哪一种可能的情况符合客观现实,只有通过考察和研究,才能确定。

由于整个东江中、上游流域除惠州、惠阳之外,其他各县市博罗、惠东、河源、龙门、紫金、龙川、和平、连平等都在不同程度上保存着各自的"本地话",这些土语地理上比较靠近惠州的又同惠州话十分近似,隔得较远的也相当接近,而且它们和惠州话一样地都已分别陷入客家话的包围,处于孤立残存的境地。因而先研究东江中、上游流域土语群中使用人口最多(约6万左右)、最有代表性的惠州话,特别是首先弄清其系属,以作为研究和"抢救"这整个土语群的突破口,显然极有必要。

本文的任务,就在于就上面提出的三种可能情况肯定其中之一,并作出有充分根据的论证。

二

追溯粤方言和客家方言形成的历史,有助于惠州话系属的探考。关于这两大方言如何形成的史实,已有不少研究,基本上也已有了定论。

大抵秦始皇34—35年谪戍华夏人口五十万众守南越[9]之前,已有少数楚人移入岭南,他们带进去的楚方言逐渐发展出自己的特点,并同当地的民族语言(或部族语言)发生某种融合,成为粤方言准备萌发的胚芽。[10]尔后随着秦末大量华夏人谪戍移入岭南,中原汉语又加入同岭南民族语言的融合,⑪并且也同已有岭南特点的楚方言融合;经过两汉时期更多的中原汉人进入岭南,不断输入中原汉语的成分、特点,到了东汉末年,粤方言便"成为一支既受中原汉语强烈影响,又保留原来楚方言和当地越语的某些特点的独特的汉语方言"⑫。随后晋代、南朝、隋唐六百多年间,中原汉人入粤不断增多,中原文化和中原汉语对粤方言不断施加影响,粤方言发展到唐末五代时就逐渐趋于成熟。

客家话在现今广东境内的形成,比粤方言晚了许久。根据晚近一些学者的考证,客家先民从中原向南迁徙,最早开始于东晋。而从东晋至隋唐为止的第一期南迁,从并州、司州、豫州等地出发,抵达的地点远的(也就是最南处)只到江西中部。⑬唐末、五代至宋的第二期南迁,迁离最远的才第一次入粤境,抵达循州(今广东龙川一带)、惠州、诏州。⑭不过这些最先移居广东的客家先民,人数还很少。⑮要到宋末至明初的第三期迁徙,广东东部和北部才迁入大量的客民,"广东的客家大半是宋末到明初才兴盛起来的"⑯。无论如何,宋时客家居地的户口才分列"主""客","主客之名当起于宋"⑰;客家人形成汉族一个特殊支派,是宋代以后的事。⑱自然,随着客家先民成为有自己的风俗、习惯和特定活动地域的"客家人",他们使用的汉语才成为不同于其他汉语方言的"客家话"。广东境内客家方言的形成,当是宋代以后的事。

很清楚,当唐末客家先民最初少量迁徙到惠州来时,惠州已是早先南来的汉族人民开发已久的地方;当宋代以后惠州一带出现客家方言时,那里也早已存在着本地"主户"的汉族人所使用的另一种汉语方言。从明代嘉靖年间编的《惠州府志》可以知道,秦始皇三十三年时,南海郡下置博罗、龙川两县,博罗县治所在地为日后惠州境中的一个中心村镇。因为《惠州府志》标明这县治所在地是归善的梁化屯,⑲而"归善"指后来从博罗分出的一个县,正是近代和现代惠州、惠阳的前身,归善城即演变为后来的惠州城。据《惠州府志》所载,北宋真宗天禧四年开始定下"惠州"的郡名。在此之前,五代至宋初,该州郡称"祯",隋、唐两代大部分期间称"循",南朝陈时称"梁化",都以归善为所辖诸县中的首县,以归善城为郡治或州治所在地。梁朝从南海郡分出东江一带地方设梁化郡,也以归善境内的梁化屯为郡治所在地。而归善在陈朝之前原名欣乐,是早在东晋太和年间设定的县(从博罗县分出)。⑳可见,今惠州及其周围惠阳县境这片地方,至少在东晋前的秦汉时期就开始进行开发,那时便有南来的汉人居于境内从事开发的活动。梁朝分立梁化郡,对于东江一带开发得很早来说,是有力的证明。这个郡被赞为"壮哉一大郡","昔人谓汉之名部,越之沃野"㉑;它的成立,可以表明南朝中期东江流域的社会经济已取得一定程度的发展,须在该地区设郡的高级行政机构来进行管理,表明必然有文化较高的汉人移居了当地而进行长期开发,同先居于当地的民族进行了长期的融合。所谓"梁化",实际上就是东江一带南越民族汉化的反映。而归善城在陈朝时取代县属的梁化屯,成为梁化郡的郡治所在地,又说明它当时已是个繁荣城镇,在同郡诸县中居于领先的地位,社会经济的发展和汉化的程度必然都处于较高水平,也就是必定在早于陈朝之前很久,甚至在成为县级单位(东晋时)之前若干世代,就有南迁的汉族人民入居此地,长期进行开发。北宋英宗治平年间,惠州官员陈偁写了"惠阳(即当时的归善城)八景"的文句:

鹤峰晴照,雁塔斜晖;桃园日暖,荔浦风清;

丰湖渔唱,半径樵归;山寺岚烟,水帘飞瀑。②

如此优美而富丽多彩的景致,离不开林园草木和寺塔桥石等大量人工修饰,不是凭靠北宋之前千百年间南来的大量汉民的长期经营和文化影响,在那时岭南的县城里是不可能有的。

早于客家先民至少五六百年以上(东晋及东晋之前)就迁来惠州地区的汉族人民,当然绝不可能同日后(唐末及此以后)迁来的客籍人同一个派系,不能也把他们看作客家先民。他们在惠州地区世代定居下来,成了当地的主人,所用的语言也自然逐渐变成为本地话,他们的后裔到宋代都成了本地的"主户"。今天在惠州操"本地话"的居民,就大体而论,是他们以及南朝至唐代中叶从中原迁来的汉民(都早于客家先民来粤)所繁衍的子孙,应该没有疑问。

历史情况表明,现代惠州的本地话——惠州话和客家话出自早晚不同的南来汉人群体,形成于悬隔久远的不同历史时期。这一事实,是判断惠州话同客家话有无系属关联时应当加以考虑的。

但是,惠州话同当地客家话长期相互影响,特别是久已受到客家话的包围。处在这样的条件下,惠州话不是没有可能由于大量吸收客家话的成分而成为它的变种。因而历史情况还不能证明现代的惠州话不属于客家方言。另一方面,历史情况也不能说明惠州话是或不是粤方言的一个分支。

要弄清惠州话的系属,必须对惠州话及与它相关的几种方言的成分,作系统的观察和比较。

三

先看语音方面的情况。

现代惠州话的声调同客家方言声调的差异比较大。客家方言无论是可作为代表的梅县话还是广东其他各地的客家话，都只有六个调类，上声和去声不分阴阳。以梅县话和惠阳三栋(惠州市西南30里；前属惠州)、淡水(惠州市南90里；前属惠州)两地的客家话来看，调类、调值如下：

表　一

	梅县话	三栋客家话	淡水客家话
阴平	44 ˧˧	33 ˧˧	44 ˧˧
阳平	11 ˩˩	11 ˩˩	22 ˩˩
上声	31 ˧˩	31 ˧˩	31 ˧˩
去声	52 ˥˨(或 42 ˦˨)	53 ˥˧	53 ˥˧
阴入	21 ˨˩(或 11 ˩˩)	21 ˨˩	32 ˧˨
阳入	4 ˦(或 5 ˥)③	54 ˥˦(或 5 ˥)	54 ˥˦(或 5 ˥)

三地客家话不仅调类一致，而且调值大体相同，调型又完全一样。惠州话的声调却是另一种模式：

　　　　阴平 33 ˧˧　　阳平 11 ˩˩　　上声 35 ˧˥

　　　　阴去 13 ˩˧　　阳去 32 ˧˨　　阴入 5 ˥

　　　　阳入 2 ˨

这里不仅以去声分阴阳，有七个调类而别于客家方言(对于比较来说，这种差异有一定意义，但价值不算很高，因为粤方言中个别地方话也具有同客家方言一样的六个调类)，重要的是，上声、阴去的调型分别和客家的上声、去声完全相反,两个入声调值的高低又正同客家的相反。如果说,惠州话属于客家方言,那么在它周围各地客家话的声调十分近同之中,竟然有它这种殊异的声调格局,是难以解释的。

惠州话的声调却与邻近的、作为粤方言代表的广州话有许多重要的近同处。虽然广州话以上声也分阴阳及阴入分为两调而共有九个调类,但是阴上(35˦)的调值、调型和惠州话上声完全一致,阳上(13˧)相当一部分字(如"有、买、坐、抱、似、染、暖、厚、网、社"等)在惠州话里归入阴去,而惠州话阴去的调值、调型并非偶然地和广州话阳上完全一致;另外,广州话上阴入(5˥)、阳入(2˨)的调值、调型又分别和惠州话阴入、阳入相同,阳平(11˩)和惠州话没有出入,阴平(55˥)也互相接近。两个地理上靠近的汉语方言,调值、调型一致之处如此之多,只是在小部分调类的分合上有异,这对于探察两种方言的声调乃至整个音系是否由一个体系直接分化而来,提供了有价值的依据,至少是个重要的参考线索。

惠州话的声母体系和广州话一致的地方很多,但同时存在差异。主要差异之一,正是惠州话声母和客家话的重要相同之处:古全浊今读塞音、塞擦音声母的仄声字,都念送气清音。这早已被看作客家话的语音特点,对于判定惠州话是否属于客家系方言来说,无疑是个必须加以考虑的事实(不过,应当看到,这一语音特点并不必然是客家话的标志;在属于粤方言的吴川话和廉州话里,并、定、从、澄、床、群等母在仄声条件下也都念送气清音)。与广州话的其他主要差异处,却并不同时近同于客家话:在舌面中的部位除半元音声母 j- 外,还有鼻音声母 ɲ-(如"而、日、若、认、软"等字的声母)和清擦音 ɕ-(如"诗、扇、书、师、税"等字的声母)。ɲ- 与半元音 j-、舌根鼻音 ŋ-及舌尖鼻音 n-对立而并不互补，ɕ-与舌尖清擦音 s-及喉壁清擦音 h-对立而不互补，都是独立的音位和声母。广州话不存在 ɲ-和 ɕ-；惠州话 ɲ-声母字在广州话里多以 j 为声母，所有 ɕ-声母字在广州话里以 s 为声母。梅县话、三栋和淡水客家话，虽也有个 ɕ-和接近于 ɲ-的 ȵ-，却都不是独立的音位和声母，而且作为音位变体分别同 h-和 ŋ-互补，即都处于和惠州话的 ɕ-、ɲ-完全不同的音位体系格局之中。三地客家话的舌根音声母 k-、kʰ-、ŋ-和喉壁音声母 h-，在齐齿呼之前都分别发 c、cʰ、ȵ 和 ɕ 的音，形成独特的、成规律的四音位变异系列：

⎡k 贵，高　⎡kʰ 跪，葵　⎡ŋ 硬，傲　⎡h 河，含
⎣c 经，举　⎣cʰ 杰，穷　⎣ȵ 日，认　⎣ɕ 虚，胸

惠州话的 k-、kʰ-、ŋ-、h-并没有这样的变异，广州话亦如此，在这一点上惠、广表现一致。惠州话里出现在一部分日母字上的 ɲ-，与其余日母字的 j-声母相对立；在广州话里，所有日母字的声母都是 j-。惠州话的 ɕ-只见于部分审母字，和其余审母字的 s-声母对立；审母字在广州话里，其声母则一律是 s-。惠与广在有无 ɲ-、ɕ-的差异上，显示出了 j-及 s-分化与不分化的对应。惠州话声母，除了一套 k-、kʰ-、ŋ-、h-的情形与广州话同而与客家话异，以及 j、ɲ 和 s、ɕ 分别同广州话的 j 和 s 对应，还有两个地方显出和广州话一致、亲近而与客家话大相径庭。其一是溪母的果摄部分字（如"课、科"）、遇摄小部分字（如"库、袴、苦"）、蟹摄部分字（如"快、筷、恢、块、奎"）和山摄部分字（如"阔、款、宽"），惠、广同念 f 声母，各地粤语也都把声母念成轻唇音，而客家话却念 kʰ 母。其二，微母合口呼前，惠、广都念 m-，敷母、奉母绝大部分念轻唇音 f 或喉壁音 h（少数例外，"孵、捧、缚"惠、广都念重唇音，"吠"惠念重唇音），

见下表：

表 二

	无 舞 武 务 侮 闻 文 蚊	肥 辅 符 釜 费 缝 逢
惠州话	m- m- m- m- m- m- m- m-	f- f- h- f- f- f- f-
广州话	m- m- m- m- m- m- m- m-	f- f- f- f- f- f- f-
梅县、三栋、镇隆[24]、淡水客家话	v- v- w- m- v- v- v- m-	pʰ- p-* pʰ- p-* f- pʰ- pʰ-* (加 * 号处，三栋客家话为 f-)

在韵母方面，惠州话有一个与客家话近同而异于广州话的明显之处：中古侵韵与真韵的字（如"金、心、音""巾、民、人"），惠与客都分别读-im 和-in，而广读-ɐm、（有 j 声母时）-iɐm 与 ɐn、（有 j 声母时）-iɐn，相应的入声韵字（如"急、十""笔、实"）也是惠、客读-ip 和-it，而广读-ɐp 和-ɐt；咸摄开口三、四等韵的字（如"廉、剑、猎、业""甜、店、跌、协"），惠读-iɛm（"贬"例外）与-iɛp，客读相近的-iam 与-iap 或-iɛm 与-iɛp，而广读-im 与-ip；山摄三、四等开口、合口韵（元韵非系字除外）的字（如"篇、建、列、揭""泉、犬、雪、缺"），惠音有韵腹 ɛ，客音也有韵腹 ɛ 或相近的 a，而广音的韵腹为 i 和 y 而无介音。这个事实，涉及几个鼻尾、塞尾韵母的同异，是重要的。但是应看到，侵韵字读-im 并不只是客家话的现象；咸摄开口三、四等韵和山摄开口三、四等韵的字有韵腹 a 或 ɛ，也并非客家话独有的语音特征。粤方言四邑系大部分台山地区的话，同样把侵、辑韵字读成-im、-ip，把咸摄开口三、四等韵字读成-iam、-iap，钦廉系的合浦话也读这类开口韵字为-ɛm、-ap，高雷系的阳江话和四邑系台山获海、新昌等地的话把山摄开口三、四等韵字读成-ɛn、-ɛt。[25]

惠州部分古梗摄字的文读,除元音一律念成ə之外,韵尾和梅县话的文读一样,成为不同于白读的-n;而广州话相应的文读只是元音异于白读,韵尾仍是-ŋ。如"成",惠、梅白读-jaŋ,广白读-ɛŋ,惠文读-ən,梅文读-ɛn,广文读-ɪŋ;"姓",惠、梅白读-iaŋ,广白读-ɛŋ,惠文读-ən,梅文读-in,广白读-ɪŋ。但是三栋客家话一般不分文白,惠、梅、广分文白两读的古梗摄字几乎都读-ɪŋ,和广州文读完全一致。这似可暗示,惠、梅文读韵尾相同是语音互相影响所致。

曾摄三等大部分字、梗摄三、四等大部分字,惠州话不念-ŋ、-k尾,而念-n、-t尾(在主要元音为ə——如"冰、蒸、兵、力、色、绩"字——的情况下,或极个别地主要元音为i——如"觅"字——时)。这和客家话大体一致。但广州话没有把曾摄、梗摄字念-n、-t尾的。

惠州话韵母还有一个和广州话不同而与客家话一致之处:支、脂、之韵帮系、泥组、见系(疑母除外)和晓母字,微韵开口见系(疑母除外)、晓母字及微韵合口非系字,广读-ei,惠、客都读-i。不过,i不作为韵尾出现在e之后的这种音位组合特点,在粤语粤海系中山话和钦廉系中也同样存在。⑥

惠州话韵母和广州话一致而同时异于客家话的地方,也是不少的。主要有如下四种情形:

(一)"靴、茄、㖞("数说"义)"等字,惠、广都读-œ(惠音舌位略高些;"茄",广白读常为-ɛ)。不同仅是œ在惠州话中只作单韵母,不像广州话还同y结合为œy。在元音和单韵母系列里有œ,是粤方言(及闽北方言)的特征;客家话没有œ,"靴、茄"一般读-io。

(二)遇摄合口三等韵知系、章系、影系、日母、疑母字及晓母"吁"字,惠、广都读-y。惠读单韵母-y的字比广还多:遇摄合口三等韵中,广不读-y的泥组字("庐"字除外)、精系字、见系除疑母外的字及晓母字（"呼"除外），惠也读-y。各地粤方言较普遍地具有-y韵母或撮口呼，客家话（至少就广东东部的说）却没有y元音。惠州话读单韵母-y的字，梅县、三栋、淡水客家话都读-i或-ɿ或-u。"客家话韵母四呼不全，缺少撮口"，⑳这是它（及闽南方言）的一般特点之一，已是公认了的。惠州话的撮口呼，除单韵母-y外，和广州话一样，还见于其他韵母。在广州话里，这样的韵母是仙、狝、线、先、铣、霰等六韵字（如"全、软、恋、渊、犬、县"）和元、阮、愿三韵见系、影组、晓母字（如"元、宛、楦"）的-yn，薛、屑两韵字（如"绝、血"）和月韵见系、影组字（如"厥、越"）的-yt。在惠州话里，同样是这两大类字的韵母，分别为-yɛn、-yɛt；另外，还有阳、养、漾韵开口三等字（庄系的除外；如"娘、想、唱"）和江韵庄组字（如"窗、双"）的韵母-yɔŋ，药韵开口三等字（如"略、着"）的韵母-yɔk。

（三）惠州话的展唇前高元音及其形成的单韵母，同广州话完全一样，只有个舌面的i。客家话除了i，还有舌尖的ɿ或ʅ；梅县、三栋、淡水客家话都存在单韵母-i和-ɿ的音位对立。粤方言各系是一致不存在舌尖元音的。在这一点上，惠州话显然靠近粤方言而距客家话远。梅县、三栋、淡水客家话里，遇摄合口三等日母字、见系字（个别字"娱"等例外）、影组字（"芋"例外）、晓母字、大部分精系字、部分泥组字（如"女、吕、旅、泸"等）、小部分照系字（"刍、枢"等）的韵母，同蟹摄开口三、四等帮系字、泥组字、照系字、大部分端系字、大部分精系字、小部分见系字（如"继、髻、启、疑"等）及止摄开口三等字（精系的大部分字除外）的韵母合流，念i或ɿ。惠州话却是大不相同地把这两大类字的韵母分别演化为-y（"乳"例外地是-ui）和-ɛi、-i，与广州话分别演化为-y、-œy和-ɐi、-ei、-i相接近。

（四）咍、海、代三韵字，惠、广同读-oi（只"戴、态、乃、猜、孩"例外,同读-ai);泰韵泥母、精系、见母、匣母、影母字,惠、广亦同读-ɔi。这类字,客家话大体一半读-ai,一半读-ɔi。如:

表 三

	哈韵	海韵	代韵	泰韵泥母、精系、见母、匣母、影母
惠广	-ɔi -ɔi } 台、灾、才、埃…… 该、开……	-ɔi -ɔi } 宰、彩、在、凯…… 待、载、海……	-ɔi -ɔi } 耐、再、慨、代、赛、爱……	-ɔi -ɔi } 奈、蔡…… 盖、害、蔼……
客	-ai 台、灾、才、埃…… -ɔi 该、开	-ai 宰、彩、在、凯…… -ɔi 待、载、海	-ai 耐、再、慨…… -ɔi 代、赛、爱	-ai 奈、蔡…… -ɔi 盖、害、蔼……

单看韵母的音,惠州话51个韵母中和广州话相同的(包括-ɛ近同于广州话的-ei)有32个;和客家话相同的,略多一些,是36个。但是惠州话的单韵母和广州话的完全相同,都是-a、-ɛ、-ɔ、-œ、-i、-u、-y 7个,另外,又都四呼齐全,这是较有重要意义的。

通过上面声调、声母、韵母的观察,可以看到惠州话的语音既有近同于客家话的成分,又有近同于广州话的成分。两种方向的近同都是规则的现象。"如果有一条规则影响的词汇比另一条规则多,通常认为这条规则较为重要。"⑱声母方面,惠、客古全浊塞音、塞擦音在仄声下都读送气清音,这条相同的"规则"铺盖的词语面是比较广的;而惠、广 k-、kʰ-、ŋ-、h- 都无舌面中的音位变体,溪母部分字同念 f 声母,微母合口呼前都念 m-及敷母、奉母绝大多数情况下都念 f 或 h,j- 与 s- 在是否分别分化出 ɲ-、ç- 上的对应,这些相同或接近而因应的"规则"合起来有极广的词语铺盖面。韵母方面,上述惠、客四个一致或近同而因应的"规则",影响的词语量不平衡,首述的一个很多,次述的较小,第三、四个较多;而惠、广四个相同或基本相同的规则,除首述的一个影响的词语少,其余三个影响的词语都很多。

容易看出,惠、广声母、韵母方面合起来,相同、相近因应的规则比惠、客之间的要多,对词汇的影响面比惠、客间的大。重要的是,惠、广间这些规则现象,都不存在于客家话,而惠、客间较重要的规则现象却可在某些粤方言中见到。自然,前一类规则现象,对于惠—客与惠—广孰亲孰疏的鉴别来说,才具有充分可靠的作用,或者说,其价值比后一类规则现象要大。另外,声调方面,惠、广间还在调型、调值方面有很大的近同性。这个"规则"能覆盖绝大部分的词,是应该特别估计到的。

可见,惠州话的语音略向广州话倾斜,与广州语音近些,距客家话语音较远。在话语声音的语感上,尽管惠广之间同惠客之间有着差不多同样大的差距,但是惠州话与粤语四邑系的台山话却很相像。这一点也是值得注意的。

四

声音物质材料及其形式体制的近似,无疑是方言间有近亲关系的一个证据。但是要证明两种已知同属于汉语并在地域上相邻接的方言是否关系亲近,特别是当甲方言同时具有近同于乙、丙两方言的语音成分时,要证明甲与乙关系近而同丙疏远,只有语音方面的证据,是不够的。原因在于,地域上相邻接的亲属方言,有可能在语音方面相互强烈影响;另外更重要的是,语音材料并不能单独决定一种语言或方言的个性特质,不能单凭以决定语言、方言的亲疏关系。只有语言中最稳固的部分——结合着语音形式和语义的基本词语、语法成分及语法结构,才是语言、方言个性特质的决定因素,这两方面的情况才能给方言系属的论断提供充分的、最可靠的证据。

因此,须要从与广州话及广东东部客家话相关的角度来考察惠州话的基本词语、语法成分及语法结构。

汉语方言一般都具有的基本词语,如"天、地、人、牛、狗、手、想、坐、大、高"之类,除了读音可反映各方言语音体系上的不同特点之外,在词汇上检验方言间的亲疏程度的价值很低,宜于排除在观察和比较之外。须考察的是惠州话、广州话和广东东部客家话比较特殊的基本词语,看看彼此有多少音义一致或相近的对应。这里还要选择那些自古为汉语本身所具有的基本词语,以保证其一脉承传下来和历史悠久的性质。凡可以推测从古代南越民族语言吸收来的词语以及近代吸收的外来词,都应摒除,因为它们可能是不同方言历史上各自吸收的,不能说明是否同源分化的问题。

由于广州话特殊的基本词语一般有特别的字来记写,为方便于三种方言之间的词语比较和制表,就以广州话的特殊基本词语为出发点。比较、考察及其结果,可表现在下面一组表上。(说明:表中,客家话个别情况下某个词语项除列出的特有说法外,也存在和广州话、惠州话一致的说法,这是受粤方言影响的结果,不是本有的词语,不列入表内。反之,惠州话的个别词语项也有来自客家话的说法,同样摒除于本表之外。)

表 四（一）

动词或动词性短语	广州话	惠州话	梅县、三栋、淡水客家话
揞（掩） 用手覆盖；《集韵》乌感切㉘	ɐm³⁵	iam³⁵	盖
瞌（瞻、瞇） 眼倦欲睡；《集韵》渴合切	hɐp⁵	hiap⁵	/
瞓觉 睡觉	fɐn³³ kau³³	fun¹³ kau¹³	睡目
瞌眼瞓 困倦非躺着而入睡	hɐp⁵ ŋan¹³ fɐn³³	hiap⁵ ŋan¹³ fun¹³	啄目睡
揸（摣） 拿；《广韵》侧加切	tsa⁵⁵	tsa³³	拿
㤢（郁） 动；《集韵》乙六切	jʊk⁵	jək⁵	动
饮水	jɐm³⁵ sœi³⁵	jim³⁵ sui³⁵	食水
嗒 含着而品味出声（～住粒糖）；《广韵》含韵都合切，"舐嗒"㉙	tap²	tʰap²	/
𢆡 人体某部分碰撞着硬物；《广韵》洽韵侯夹切，"相著"㉚	hɐp⁵	hiap⁵	撞，碰
睺 伺机，盯住；《集韵》呼侯切	hɐu⁵⁵	hiau³³	/
䁰 窃视；《集韵》祖从切	tsɔŋ⁵⁵	tsɔŋ³³	偷看
闹 骂	nau²²	nau³²	骂
闹交 吵嘴	nau²² kau⁵⁵	nau³² kau³³	吵交
睬 理会，答理	tsʰɔi³⁵	tsʰɔi³⁵	理，搭
搔 理睬；《广韵》苏遭切	sou⁵⁵	su³³	/
闩 关上（～门，～窗）	san⁵⁵	san³³	tsʰat，关
焗（焗） 在密闭中以热气使熟或使热（盐～鸡，～腊肠）；《广韵》沃韵苦沃切，"热气"㉛	kʊk²	kʰək²	蒸
㨘（省） 以石等硬物或肥皂擦器物或手脚，使干净；《广韵》初两切	saŋ³⁵	saŋ³⁵	刮，擦
跶（迖） 跌下或滑倒地上；《篇海》他达切	tat⁴	tat⁵	跌

续表

剃须		tʰɐi³³ sou⁵⁵	tʰiɛ¹³ su³³	剃须 kuɛk
扰	大力击(～佢一拳);《集韵》都感切	tɐm³⁵, tɐp²	tiam³⁵, tiap²	
挼	用手搔、爬;《集韵》乌瓦切,"吴俗曰手爬物曰挼"	va³⁵	va³⁵	爪
𢯎	散开,使散开;《广韵》方味切	fɛ³³	fia¹³	/
黐	粘;《广韵》丑知切,"所以粘鸟"	tsʰi⁵⁵	tsʰi³³	黏
诛	数说;《广韵》陟输切	tsœ⁵⁵	tsœ³³	/
搋	揉(～粉);《广韵》丑皆切,"以拳加物"	tsʰai⁵⁵	tsʰai³³	团
睄	略看,扫视(～过一下);《集韵》所教切	sau³³	sau³²	/
瞇	闭(眼)(～埋眼);《集韵》密二切	mei⁵⁵	mi³³	合
敨(唞)	休息,小憩(～凉,～下脚);《集韵》他口切	tʰɐu³⁵	tʰiau³⁵	摺
游水	游泳	jɐu¹¹ sœy³⁵	jiu¹¹ sui³⁵	洗身 ɲi
挡(抽)	搀着提(～起佢唻);《集韵》初尤切	tsʰɐu⁵⁵	tsʰiau³³	扶
撒	用手晃(物)(～匀樽药水);《集韵》鱼到切	ŋou¹¹	ŋau¹¹	tsʊk,摇
穮高	较快长高;穮,《集韵》卑遥切,"稻苗秀出者"	piu⁵⁵ kou⁵⁵	piɛu³³ kau³³	/
撑	捅;《集韵》睹狠切	tœy³⁵	ty³⁵ / tui³⁵	/
鹐(担)	(动物)口衔住(猫～老鼠);《广韵》竹咸切	tam⁵⁵	tam³³	含
笮	纳(～鞋底);《广韵》作绀切	tsam³³	tsam¹³	做
刐	扎,刺伤(～亲手);《集韵》组感切	tsʰam³³	tsʰam¹³	tsʰiʊk
恁(谂)	想,思索;《集韵》尼心切	nɐm³⁵	niam³⁵	想
作	以不正当手段占夺(～一间屋)	tsɔk⁴	tsɔk⁵	/

续表

字	释义			
糁	洒（粉状物）；《广韵》桑感切	sɐm³⁵	siam³⁵	洒
簕	盖（～被，用块布～住）；《集韵》古禫切	kʰɐm³⁵	kʰiam³⁵	盖
撏	（向袋中）探（～下衫袋）；《广韵》馀针切	jɐm¹¹/ŋɐm¹¹	jim¹¹/ŋiam¹¹	/
儆	戒备，提防（～住扒手）；《广韵》渠敬切	kɛŋ²²	kʰiaŋ³²	/
挃	提，揪（出来）（～佢出嚟；《广韵》千定切	tsʰɪŋ³³	tsʰən³³	揪
呐	用手敛到一起，聚起（～埋不够一毫子）；《广韵》奴答切	lap⁴	lap⁵	/
返学	上学	fan⁵⁵ hɔk²	fan³³ hɔk²	上课
返工	上工，上班	fan⁵⁵ kʊŋ⁵⁵	fan³³ kaŋ³³	上工，上班
耷	垂下（～低头）；《广韵》都搚切	tɐp⁵	tiap⁵	lai
趌	一只脚跳着走（～两步，～～下）；《广韵》巨乙切	kɐt²	kʰiɛt²	跳
濈	（水）喷射，滋，溅；《广韵》子结切	tsit⁵	tsit⁵	射
趙(拍)	并排；合伙（～埋行；～档）；《集韵》匹陌切	pʰak⁴	pʰak⁵	/
槊	使带圈缩小（～紧裤头带）；《广韵》所角切	sɔk⁴	sɔk⁵	/
挷(畀)	给；《集韵》必至切	pei³⁵	pi³⁵	pun
睚(呃)	欺骗，诈骗；《广韵》尼戹切	ŋak⁵	ŋak⁵	tsʰɔt
烿(炕)	烘；《集韵》丘弓切	hɔŋ³³	hɔŋ¹³	炕
摋(嘥)	糟蹋，浪费（～晒件衫）；《集韵》山佳切	sai⁵⁵	sai³³	浪费
詆	取笑，嘲笑；《集韵》丁计切	tɐi³³	tie¹³	笑
饩	偎（畜、禽类）（～鸡，～猪）；《广韵》许既切	hei³³	hi¹³	ciʊŋ

续表

爆皵	皮肤干裂（皵，皮肤干裂而起的硬皮；《广韵》丑格切）	pau³³ tsʰak⁴	pau¹³ tsʰak⁵	/
冲凉	洗澡	tsʰʊŋ⁵⁵ lœŋ¹¹	tsʰəŋ³³ liəŋ¹¹	siɛsən
打跟斗		ta³⁵ kɐn⁵⁵ tou³⁵	ta³⁵ kiɛn³³ tɐu³⁵	打筋斗；打翻叉
闻	嗅（～到香味）	mɐn¹¹	mɔn¹¹	pʰi
睇	看（～书，～病）	tʰɐi³⁵	tʰiɛ³⁵	看
起身	起床	hei³⁵ sɐn⁵⁵	hi³⁵ sin³³	hɔŋ 床
梳辫		sɔ⁵⁵ pin⁵⁵	sɔ³³ piɛn³³	梳毛辫
嘬嘴	接吻	tsyt⁴ tsœy³⁵	tsyɛt⁵ tsui³⁵	尌嘴
打息肛	打嗝儿	ta¹³ sɪk⁵ ɪk⁵⁵	ta¹³ sət⁵ ət⁵	打 ɛt tʊk
打饱撑	打饱嗝儿	ta¹³ pau³⁵ tsʰaŋ³³	ta¹³ pau³⁵ tsʰaŋ³³	打 ɛt tʊk
睇唔起	瞧不起	tʰɐi³⁵ m¹¹ hei³⁵	tʰɐi³⁵ m¹¹ hi³⁵	看不起
爬船	划船	pʰa¹¹ syn¹¹	pʰa¹¹ syɛn¹¹	划船
落船	下船（上岸）	lɔk² syn¹¹	lɔk² syɛn¹¹	下船
欣(恨)	渴望（～生个仔，好～食荔枝）;《广韵》胡感切	hɐn²²	han³²	/
訽	骗（财物）（佢～人一笔钱）;《广韵》九峻切	kuɐn³⁵	kun³⁵	骗
搴	揭，掀（～开被）	kʰin³⁵	kʰiɛn³⁵	掀
磳	充塞使胀；吃（贬义）；《广韵》徐更切	tsaŋ²²	tsʰaŋ²²	撑
洗米	淘米	sɐi³⁵ mɐi³⁵	siɛ³⁵ miɛ³⁵	淘沙
擦牙	刷牙	tsʰat⁴ ŋa¹¹	tsʰat⁵ ŋa¹¹	刷牙
饮酒		jɐm³⁵ tsɐu³⁵	jim³⁵ tsiu³⁵	食酒
索油	揩油	sɔk⁴ jɐu¹¹	sɔk⁵ jiu¹¹	/
争嘴	互不相让地言语冲撞，拌嘴	tsaŋ⁵⁵ tsœy³⁵	tsaŋ³³ tsui³⁵	撑嘴，争话
倾计	聊天	kʰɪŋ⁵⁵ kɐi³⁵	kʰən³³ kiɛ³⁵	讲牙蛇，经讲
发颠	发疯	fat⁴ tin⁵⁵	fat⁵ tiɛn³³	pɔt 颠
怕丑	害羞	pʰa³³ tsɐu³⁵	pʰa¹³ tsʰiu³⁵	怕羞

续表

		广州话	惠州话	
撞板	不顺利,遇到大障碍或挫折	tsɔŋ²² pan³⁵	tsʰɔŋ³² pan³⁵	/
飞发	理发	fei⁵⁵ fat⁴	vi³³ fat⁵	剃头,剪发
败火	祛火	pai²² fɔ³⁵	pʰai³² fɔ³⁵	下火
起屋	盖房子	hei³⁵ ʊk⁵	hi³⁵ ək⁵	做屋
理	管(你唔好~咁多)	lei¹³	li¹³	管
捹	拿,取(~件衫畀我)	lɔ³⁵	lɔ³⁵	拿
宸口	漱口	lɔŋ³³ hɐu³⁵	lɔŋ¹³ hiau³⁵	汤嘴
刣	杀,剖开(~猪,~鸡)	tʰɔŋ⁵⁵	tʰɔŋ³³	tsɿ

表 四(二)

形容词或形容词性短语		广州话	惠州话	梅县、三栋、淡水客家话
硬颈	倔强,不肯屈服	ŋaŋ²² kɛŋ³⁵	ŋaŋ³² kiɛŋ³⁵	颈硬
揸颈	受压制而无法按自己的意志去办	tsa⁵⁵ kɛŋ³⁵	tsa³³ kiɛŋ³⁵	/
癫沸	神经(沸,《玉篇》芳未切,"多言也")	tin⁵⁵ fɐi³³	tien³³ fɐi¹³	/
娡(翳)	愁;《广韵》於避切	ŋɐi³³/ɐi³³	ŋei¹³/ɛi¹³	愁
闭翳	愁,忧愁	pɐi³³ ɐi³³	pei¹³ ɛi¹³	愁
翳气	心中憋气	ŋɐi³³ hei³³	ŋei¹³ hi¹³	/
眼热	眼红	ŋan¹³ jit²	ŋan¹³ jiet²	眼红
戆居	傻,发呆	ŋɔŋ²² kœy⁵⁵	ŋɔŋ³² ky³³	发戆
大嘥	很浪费	tai²² sai⁵⁵	tʰai³² sai³³	/

续表

装假筍　装样子	tsɔŋ⁵⁵ ka³⁵ kɐu³⁵	tsɔŋ³³ ka³⁵ kiau³⁵	做样 ȵi
胺腻　（食猪肉食到～）	nɐu²²	niau³²	腻
炥（焗）　闷热天风（房间入边太～）；《广韵》沃韵苦沃切，"热气"③	kʊk²	kʰəŋ²¹	闷
抵　便宜	tɐi³⁵	tie³⁵	便 ȵin
霉　（食物煮得久而）极软和松、烂（猪肉炆到～）	mui¹¹	mɔi¹¹	烂
嘮气　（劳气）说话多，絮叨，嘮，《集韵》郎刀切	lou¹¹ hei³³	lau¹¹ hi¹³	/
唡嘈　急躁多言；唡，《广韵》鲁刀切，嘈，《广韵》咋劳切	lou¹¹ tsʰou¹¹	lau¹¹ tsʰau¹¹	/
穮青　突出；穮，《集韵》卑遥切，"稻苗秀出者"	piu⁵⁵ tsʰɛŋ⁵⁵	piɛu³³ tsʰiaŋ³³	/
鬠鬠瘦瘦　（个子）又瘦又高	liu⁵⁵ liu⁵⁵ sɐu³³ sɐu³³	liɛu³³ liɛu³³ siau¹³ siau¹³	/
鬠细　瘦小	liu⁵⁵ sɐi³³	liɛu³³ siɛ¹³	/
幼细　细致	jɐu³³ sɐi³³	jiu¹³ siɛ³³	细
奀细　瘦而个子又小	ŋɐn⁵⁵ sɐi³³	ŋiɛn³³ siɛ¹³	/
淡定　镇定从容，不露情绪	tam²² tɪŋ²²	tʰam³² tʰən³²	/
黄黅黅　形容黄而暗，不好看；黅，《广韵》巨金切	wɔŋ¹¹ kʰɐm¹¹ kʰɐm¹¹	wɔŋ¹¹ kʰiam¹¹ kʰiam¹¹	/
黑墨墨　形容很黑	hɐk⁵ mɐk² mɐk²	hiak⁵ miak² miak²	/

续表

词	释义			
口花花	说话说得多而轻佻	hɐu³⁵ fa⁵⁵ fa⁵⁵	hiau³⁵ fa³³ fa³³	嘴花
口趌趌	口吃,说话不顺畅	hɐu³⁵ kɐt² kɐt²	hiau³⁵ kiɛt² kiɛt²	/
滑漦漦	形容很滑;漦,《集韵》栈山切	vat² san¹¹ san¹¹	vat² san¹¹ san¹¹	滑溜溜
湿泅泅	形容湿貌;泅,《广韵》尼立切	sɐp⁵ nɐp² nɐp²	sip⁵ niap² niap²	/
朒朒乱	(立立乱)形容很纷乱的样子;朒,《集韵》狼狄切	lɐp² lɐp² lyn²²	lap² lap² lyɛn³²	/
䎽	粘(䎽~~);《集韵》眤恰切	nɐp²	n̢iap²	/
瞞盯	急躁貌;瞞,《集韵》母梗切,盯,《集韵》张梗切	mɐŋ³⁵ tsɐŋ³⁵	miaŋ³⁵ tsiaŋ³⁵	/
懞	糊涂不明事理	mʊŋ³⁵	məŋ³⁵	/
兰惺	炫耀,自以为了不起	lan³⁵ sɪŋ³⁵	lan³⁵ sən³⁵	/
𤆵(烳)	焦,糊;《集韵》尼容切	nʊŋ⁵⁵	nəŋ³³	lat
趌口趌脷	形容说话不顺畅,口吃	kɐt² hɐu³⁵ kɐt² lei²²	kiɛt² hiau³⁵ kiɛt² li³²	/
譅气(雾气)	话说得多而费劲儿,譅,《玉篇》色入切	sap⁴ hei³³	sap⁵ hi¹³	/
譖醉	说来说去总说某事	tsʰɐm³³ tsœy³³	tsʰim¹³ tsui¹³	/
譖气	总说某事不怕听的人烦	tsʰɐm³³ hei³³	tsʰim¹³ hi¹³	/
蒕臭	鱼、肉类腐臭;蒕,《广韵》於袁切	yn⁵⁵ tsʰɐu³³	yɛn³³ tsʰiu¹³	/

续表

抵死　该死		tɐi³⁵ sei³⁵	tiɛ³⁵ si³⁵	该死
畐(逼)　拥挤；《广韵》芳逼切		pɪk⁵	pət⁵	kit
胑(益)　形容油脂因存放过久而变质或头发过腻所生的异味		jɪk⁵	jət⁵	/
惏諐(论尽)　做事有点儿糊涂而很不利落或带点儿失常；麻烦、别扭；惏、諐，《字汇补》乃困切、徒困切		lœn²² tsœn²²	lun³² tsun³²	/
乜(歪)　不正，斜；《集韵》母也切		mɛ³⁵	mia³⁵	歪、斜
麻苶　形容眼有些矇眬；《唐音癸籖》引李涉诗句"趁愁得醉眼～"		ma¹¹ tsʰa¹¹	ma¹¹ tsʰa¹¹	矇
颐頧(欧兜)　形容额突、鼻颧中陷的怪样子；发愣；颐頧，《集韵》乌侯切、当侯切		ŋɐu²² tɐu²²	ŋiau³² tiau³²	岩头
媠(嫷)　体态娇柔；娇气或要别人关护、宠爱的样子；《集韵》都果切		tiɛ³⁵	tia³⁵	/
唔使欷(唔驶恨)　用不着渴望；转表示不像话、次		m¹¹ sɐi³⁵ hɐn²²	m¹¹ siɛ³⁵ han³²	/
颠颠废废　又疯又傻，神神经经而行为愚笨		tin⁵⁵ tin⁵⁵ fɐi³³ fɐi³³	tiɛn³³ tiɛn³³ fiɛ¹³ fiɛ¹³	/
悭　省俭		han⁵⁵	han³³	/
嘈堪巴闭　闹得不得了而让人讨厌		tsʰou¹¹ hɐm⁵⁵ pa⁵⁵ pɐi³³	tsʰau¹¹ hiam³³ pa³³ piɛ¹³	/

续表

词	释义	惠州话	对照	备注
滞	因过食而不消化(食～刺)	tsɐi²²	tsʰiɛ³²	/
唔忿气	不甘心	m¹¹ fɐn²² hei³³	m¹¹ fun³² hi¹³	/
丢假	丢脸	tiu⁵⁵ ka³⁵	tiu³³ ka³⁵	冇面皮，丢面ȵi
稳阵	可靠	wuɐn³⁵ tsɐn²²	wun³⁵ tsʰin³²	稳当,可靠
精	尖,会打算	tsɛŋ⁵⁵	tsiaŋ³³	tsin
精乖	精警乖巧	tsɛŋ⁵⁵ kuai⁵⁵	tsiaŋ³³ kai³³	/
滋油	慢条斯理(贬义)	tsi⁵⁵ jɐu¹¹	tsi³³ jiu¹¹	/
是但	随便	si²² tan²²	si³² tʰan³²	随便
齐整	整齐	tsʰɐi¹¹ tsɪŋ³⁵	tsʰiɛ¹¹ tsən³⁵	整齐
得意	可爱,好玩(只狗仔真～)	tɐk⁵ ji³³	tiak⁵ ji¹³	/
跷	奇巧(唔～唔成小说)	kʰiu³⁵	kʰiɛu³⁵	lap 在
阴功	出现不该有的可悲情状	jɐm⁵⁵ kʊŋ⁵⁵	jim³³ kəŋ³³	/
侷促	地方窄小使人不舒展	kʊk² tsʰʊk⁵	kʰək² tsʰək⁵	狭
岩巉	高低参差,不平(条山路太～)	ŋam¹¹ tsʰam¹¹	ŋam¹¹ tsʰam¹¹	/
屈质	地方窄小而差劣	wuɐt⁵ tsɐt⁵	wut⁵ tsit⁵	wut
架势	了不起,得意	ka³³ sɐi³³	ka¹³ siɛ¹³	/
丑死鬼	太丢脸	tsʰɐu³⁵ sei³⁵ kuɐi³⁵	tsʰiu³⁵ si³⁵ kui³⁵	羞死鬼
交关	太看得要紧(贬义)	kau⁵⁵ kuan⁵⁵	kau³³ kan³³	/
肉紧	喜爱得难禁	jʊk² kɐn³⁵	jək² kin³⁵	/
肉赤	因用掉或别人拿走而惋惜	jʊk² tsʰɛk⁴	jək² tsʰiak⁵	心痛
咸湿	行为或思想好色情的	ham¹¹ sɐp⁵	ham¹¹ sip⁵	/

续表

乌糟　肮脏	wu⁵⁵ tsou⁵⁵	wu³³ tsu³³	mɐi
密实　严实	mɐt² sɐt²	mit² sit²	严
埋　近(行～去睇)	mɐi¹¹	mɔi¹¹	近

表 四(三)

名词或 名词性短语		广州话	惠州话	梅县、三栋、 淡水客家话
转	头部的旋儿	tsyn²²	tsʰyɛn³²	毛转
辫		pin⁵⁵	piɛn³³	毛辫 ȵi, 毛辫仔
髻		kɐi³³	kiɛ¹³	髻牯
眼毛	睫毛	ŋan¹³ mou¹¹	ŋan¹³ mau¹¹	目睡毛
眼珠		ŋan¹³ tsy⁵⁵	ŋan¹³ tsy³³	眼珠仁
眼白	眼珠除瞳 孔之外看 到的部分	ŋan¹³ pak²	ŋan¹³ pʰak²	白眼仁
耳仔　耳朵		ji¹³ tsɐi³⁵	ji¹³ tsiɛ³⁵	耳公
脷		lei²²	li³²	舌嫲
下爬　下巴		ha²² pʰa¹¹	ha³² pʰa¹¹	下 ȵam
须　胡子		sou⁵⁵	su³³	胡须，须牯
胡鬎须　络腮胡子		wu¹¹ lim¹¹ sou⁵⁵	wu¹¹ liɛm¹¹ su³³	连腮胡
龅牙	向外长出 的牙；龅， 《集韵》蒲 交切	pau²² ŋa¹¹	pʰau³² ŋa¹¹	龅牙齿
潲牙	向外倾斜 的成排门 牙	sau²² ŋa¹¹	sau²² ŋa¹¹	潲牙齿

续表

背脊	背部	pui³³ tsɛk⁴	pɔi¹³ tsiak⁵	背囊
腰身	腰部	jiu⁵⁵ sɐn³⁵	jiɛu³³ sin³³	腰
下肚	下腹	ha²² tʰou³⁵	ha³² tʰu³⁵	下肚头
膝头哥	膝盖	sɐt⁵ tʰɐu¹¹ kɔ⁵⁵	sit⁵ tʰiau¹¹ kɔ³³	膝头
脚囊	腿肚子	kœk⁴ nɔŋ¹³	kyɔk⁵ nɔŋ¹³	脚囊肚
斗鸡眼	斗眼	tɐu³³ kɐi⁵⁵ ŋan¹³	tiau¹³ kiɛ³³ ŋan¹³	倒白眼
瘤公	因伤而在体上隆起的圆硬块	lɐu¹¹ kʊŋ⁵⁵	liu¹¹ kəŋ³³	瘤
大颈泡	甲状腺肿大病	tai²² kɛŋ³⁵ pʰau⁵⁵	tʰai³² kiaŋ³⁵ pʰau³³	大颈
膔	皮肤上起的中有液体的包；《集韵》匹角切	pʰɔk⁵	pʰɔk⁵	泡
癞	疥疮	lai³³	lai¹³	癞哥
口水	唾沫	hɐu³⁵ sœy³⁵	hiau³⁵ sui³⁵	kʰəu lan, kʰəu lan səi
豆皮	麻脸	tɐu²² pʰi¹¹	tʰiau³² pʰi¹¹	斑面
膁虾仔	婴儿	sou⁵⁵ ha⁵⁵ tsɐi³⁵	su³³ ha³³ tsiɛ³⁵	细鬼
细蚊仔	小孩子	sɐi³³ mɐn⁵⁵ tsɐi³⁵	siɛ³³ mun³³ tisɛ³⁵	细鬼
细佬哥	小孩子	sɐi³³ lou³⁵ kɔ⁵⁵	siɛ¹³ lau³⁵ kɔ³³	细鬼
细佬仔	小男孩	sɐi³³ lou²² tsɐi³⁵	siɛ¹³ lau³⁵ tsiɛ³⁵	细哥
细佬女	小女孩	sɐi³³ lou²² nœy³⁵	siɛ¹³ lau³⁵ ɲy³⁵	细妹,娇妹
老坑公	老头子（贬义）	lou³⁵ haŋ⁵⁵ kʊŋ³⁵	lau³⁵ haŋ³³ kəŋ³³	/
伯爷公	老头儿	pak⁴ jiɛ⁵⁵ kʊŋ⁵⁵	pak⁵ jia³³ kəŋ³³	老伯

续表

伯爷婆	老太婆	pak⁴ jiɛ⁵⁵ pʰɔ¹¹	pak⁵ jia³³ pʰɔ¹¹	老伯婆
老豆	父亲	lou¹³ tɐu²²	lau³⁵ tʰiau³²	阿爸
老母	母亲(旁称)	lou¹³ mou⁵⁵	lau³⁵ mu¹³ , a³³ nai¹³	阿 mɛ
啊妈	妈妈(面称)	a³³ ma⁵⁵	a³³ ma³³	阿 mɛ, 阿 mi
家公	公公	ka⁵⁵ kʊŋ⁵⁵	ka³³ kɐŋ³³	阿爸
仔𡟥	母子(两~)	tsɐi³⁵ na³⁵	tsiɛ³⁵ na¹³	子 ɔi
仔	儿子	tsɐi³⁵	tsiɛ³⁵	lai 哩
女	儿子	nœy³⁵	ɲy³⁵	妹哩
孙	孙子	syn⁵⁵	syɛn³³	孙 ȵi, 孙仔
婆婆	外祖母	pʰɔ¹¹ pʰɔ³⁵	pʰɔ¹¹ pʰɔ³⁵	外阿婆
倩人婆	岳母	tsʰɪŋ⁵⁵ jɐn¹¹ pʰɔ¹¹	tsʰən³³ jin¹¹ pʰɔ¹¹	丈 mei ɔi, 丈人婆
倩人佬	岳父	tsʰɪŋ⁵⁵ jɐn¹¹ lou³⁵	tsʰən³³ jin¹¹ lɐu³⁵	丈 min 佬, 丈人佬
姑爷	女婿	ku⁵⁵ jiɛ¹¹	ku³³ jia¹¹	婿郎
阿妗	舅母	a³³ kʰɐm¹³	a³³ kʰim¹³	舅 ɛmɛ, 舅娘
阿婶	婶母	a³³ sɐm¹³	a³³ sim¹³	叔 mɛ
后生仔	小伙子	hou²² saŋ⁵⁵ tsɐi³⁵	hieu³² saŋ³³ tsiɛ³⁵	后生 ȵi, 青年仔
女仔	姑娘	nœy³⁵ tsɐi³⁵	ɲy³⁵ tsiɛ³⁵	细妹, 娇妹仔
婆妈	女佣人,保姆	pʰɔ¹¹ ma⁵⁵	pʰɔ¹¹ ma³³	保 mɛ
妹仔	婢女	mui²² tsɐi³⁵	mɔi³² tsiɛ³⁵	使婢
事头	老板	si²² tʰɐu³⁵	siɛ³² tʰiau¹¹	店主
事头婆	老板娘	si²² tʰɐu³⁵ pʰɔ¹¹	siɛ³² tʰiau¹¹ pʰɔ¹¹	店主婆

续表

生意佬	做买卖的	saŋ⁵⁵ ji³³ lou³⁵	saŋ³³ ji¹³ lau³⁵	生理佬
伙夫	炊事员	fɔ³⁵ fu⁵⁵	fɔ³⁵ fu³³	伙头
乡下佬	农民	hœŋ⁵⁵ ha²² lou³⁵	hyɔŋ³² ha³² lau³⁵	耕田佬,耕田人
乞姨	乞丐	hɐt⁵ ji⁵⁵	hat⁵ ji³³	讨食的
贼仔	小偷	tsʰak² tsɐi³⁵	tsʰak² tsiɛ³⁵	贼牯,贼嫲;窃佬
填房	继妻	tʰin¹¹ fɔŋ¹¹	tʰiɛn¹¹ fɔŋ¹¹	后来嫲
番头婆	再婚女人	fam⁵⁵ tʰɐu¹¹ pʰɔ¹¹	fan³³ tʰiau¹¹ pʰɔ¹¹	后来嫲
老姑娘	老处女	lou³⁵ ku³⁵ nœŋ¹¹	lau³⁵ ku³³ nyɔŋ¹¹	老姑婆,姑婆佬
师姑	尼姑	si⁵⁵ ku⁵⁵	çi³³ ku³³	尼姑
侍仔	堂倌	si²² tsɐi³⁵	si³² tsiɛ³⁵	伙记
肥佬	胖的男子	fei¹¹ lou³⁵	fi¹¹ lau³⁵	/
肥婆	胖的已婚女子	fei¹¹ pʰɔ¹¹/³⁵	fi¹¹ pʰɔ¹¹	/
肥仔	胖的男小孩或小伙子	fei¹¹ tsɐi³⁵	fi¹¹ tsiɛ³⁵	lɛp仔
瘦佬	瘦的男子	sɐu³³ lou³⁵	siau¹³ lau³⁵	瘦鬼,瘦人
跛佬	跛足男人	pɐi⁵⁵ lou³⁵	piɛ³³ lau³⁵	cʰiɔ脚
阿跛	跛足的人	a³³ pɐi⁵⁵	a³³ piɛ³³	cʰiɔ脚
盲公	瞎眼的男子	maŋ¹¹ kʊŋ⁵⁵	maŋ¹¹ kɐŋ³³	瞎眼牯
盲婆	瞎眼的妇人	maŋ¹¹ pʰɔ³⁵	maŋ¹¹ pʰɔ¹¹	瞎眼嫲,瞎婆婆
盲仔	瞎眼的男小孩或小伙子	maŋ¹¹ tsɐi³⁵	maŋ¹¹ tsiɛ³⁵	/
聋仔	聋的男小孩或小伙子	lʊŋ¹¹ tsɐi³⁵	lɐŋ¹¹ tsiɛ³⁵	聋鬼

续表

哑仔	哑的男小孩或小伙子	a³⁵ tsɐi³⁵	a³⁵ tsiɛ³⁵	哑巴
哑子	哑的姑娘或女小孩	a³⁵ nœy³⁵	a³⁵ ɲy³⁵	哑巴
豆皮佬	麻脸的男子	tɐu²² pʰei¹¹ lou³⁵	tʰiau³² pʰi¹¹ lau³⁵	斑面牯,斑面子
豆皮婆	麻脸的妇人	tɐu²² pʰei¹¹ pʰɔ¹¹	tiau³² pʰi¹¹ pʰɔ¹¹	斑面嬷
大头颗	头很大的人;颗,《广韵》居筊切	tai²² tʰɐu¹¹ kuen⁵⁵	tʰai³² tʰiau¹¹ kəŋ³³	大头角
戏仔	戏曲演员	hei³³ tsɐi³⁵	hi¹³ tsiɛ³⁵	戏子,展巾
飞发佬	男理发师	fei⁵⁵ fat⁴ lou³⁵	vi³³ fat⁵ lau³⁵	剃头佬
泥水佬	泥水匠	nɐi¹¹ sœy³⁵ lou³⁵	ȵiɛ¹¹ sui³⁵ lau³⁵	泥水师傅
大穤禾(大泡禾)	不实在的人;穤,《广韵》披交切	tai²² pʰau⁵⁵ vɔ¹¹	tʰai³² pau³³ vɔ¹¹	大泡鬼
檐蛇	壁虎	jim¹¹ siɛ¹¹	jiɛm¹¹ sia¹¹	壁蛇
百足	蜈蚣	pak⁴ tsʊk⁵	pak⁵ tsək⁵	蜈蚣虫
黄蚖	蚯蚓	wɔŋ¹¹ hyn³⁵	wɔŋ¹¹ hyɛn³⁵	蚖公
田鸡	青蛙	tʰin¹¹ kɐi⁵⁵	tʰiɛn¹¹ kiɛ³³	蛤蟆
鸡𤢺	母鸡	kɐi⁵⁵ na³⁵	kiɛ³³ ma³⁵	鸡嬷
骗鸡	阉割了的鸡	sin³³ kɐi⁵⁵	siɛn¹³ kiɛ³³	ciak 鸡
鸡公仔	小公鸡	kɐi⁵⁵ kʊŋ⁵⁵ tsɐi³⁵	kiɛ³³ kəŋ³³ tsiɛ³⁵	/

续表

鸭嬷	母鸭	ap⁴ na³⁵	ap⁵ na³⁵	鸭嬷
鹅嬷	母鹅	ŋɔ¹¹ na³⁵	ŋɔ¹¹ na³⁵	鹅嬷
牛公	公牛	ŋɐu¹¹ kʊŋ⁵⁵	ŋiau¹¹ kəŋ³³	牛牯
牛嬷	母牛	ŋɐu¹¹ na³⁵	ŋiau¹¹ n³⁵	牛嬷
狗公	公狗	kɐu³⁵ kʊŋ⁵⁵	kiau³⁵ kəŋ³³	狗牯
狗嬷	母狗	kɐu³⁵ na³⁵	kiau³⁵ na³³	狗嬷
颠狗	疯狗	tin⁵⁵ kɐu³⁵	tiɛn³³ kiau³⁵	狂狗
猫公	公猫	mau⁵⁵ kʊŋ⁵⁵	mau³³ kəŋ³³	猫牯
猫嬷	母猫	mau⁵⁵ na³⁵	mau³³ na³⁵	猫嬷
猪公	公猪	tsy⁵⁵ kʊŋ⁵⁵	tsy³³ kəŋ³³	猪牯
猪嬷	母猪	tsy⁵⁵ na³⁵	tsy³³ na³⁵	猪嬷
雀	鸟	tsœk⁴ᐟ³⁵	tsyɔk⁵	鸟,鸟子
蟹	螃蟹	hai¹³	hai¹³	老蟹
蟛蜞	一种小蟹	pʰɐŋ¹¹ kʰei³⁵	pʰaŋ¹¹ kʰi³⁵	细老蟹
蚬	河蚌	hin³⁵	hiɛn³⁵	sɿ ham 蚌
蜞蚼	蚂蟥	kʰei¹¹ mam¹³	kʰi¹¹ nam¹³	湖蜞
蠄蟧	蜘蛛	kʰɐm¹¹ lou¹¹	kʰiam¹¹ lau¹¹	lia kʰia 百爪
蚊		mɐn⁵⁵	mum³³	蚊 ȵi,蚊子
木虱	臭虫	mʊk² sɐt⁵	mək² siɛt⁵	干 pi
虱嬷	虱子	sɐt⁵ na³⁵	siɛt⁵ na³⁵	虱嬷
塘䁖	蜻蜓	tʰɔŋ¹¹ mei⁵⁵	tʰɔŋ¹¹ mi³³	jieŋ 䁖
趄窒	蟑螂	kɐt² tsɐt²	kʰi¹¹ tsʰat²	黄杈

续表

鱼腮　鳔	ɥy¹¹ pʰɔk⁵	ɥy¹¹ pʰɔk³	鱼泡,鱼鳔
脆脏(扶翅)　家禽的内脏肝、肫等；脆、脏，《广韵》房脂切、处脂切	fu¹¹ tsʰi³³	fu¹¹ tsʰi¹³	/
鲩鱼　草鱼	wan¹³ ɥy¹¹	wan¹³ ɲy¹¹	草鲩
铺头　商店	pʰou³³ tʰɐu³⁵	pʰu¹³ tʰiau¹¹	店
铺面　商店的门面、外部	pʰou³³ min²²/³⁵	pʰu¹³ miɛn³²	店头
房　房间	fɒŋ¹¹/³⁵	fɒŋ¹¹	房 tu,间 tu
屋梁　房梁	ʋk⁵ lœy¹¹	ək⁵ lyɒŋ¹¹	金字架
猪栏　猪圈	tsy⁵⁵ lan⁵⁵	tsy³³ lsn³³	猪厨,tsu lan
家俬铺　家具店	ka⁵⁵ si⁵⁵ pʰou³³	ka³³ si¹¹ pʰu¹³	家俬店
洗身房　浴室	sɐi³⁵ sɐn⁵⁵ fɒŋ¹¹/³⁵	siɛ³⁵ sin³³ fɒŋ¹¹	洗身寮
艇仔　小艇	tʰɛŋ¹³ tsɐi³⁵	tʰiɛŋ¹³ tsiɛ³⁵	细船
㽈盅　一种装食品的、圆口有盖的陶器	hɐm²² tsʊŋ⁵⁵	hiam³² tsɐŋ³³	/
罂　盛酒、油、酱油等的瓶子	aŋ⁵⁵	aŋ³³	罂 ȵi,罂哥
滚水壶　热水瓶	kuɐn³⁵ sui³⁵ wu¹¹	kun³⁵ sui³⁵ wu¹¹	水电壶,水壶
酒樽　酒瓶	tsɐu³⁵ tsœn⁵⁵	tsiu³⁵ tsun³³	酒罂
火水灯　煤油灯	fɔ³⁵ sœy³⁵ tɐŋ³⁵	fɔ³⁵ sui³⁵ tiaŋ³³	洋油灯
碗公　大碗	wun³⁵ kʊŋ⁵⁵	wuan³⁵ kəŋ³³	钵头,碗公
壳　勺儿	hɔk⁴	hɔk⁵	勺嫲

续表

炙手炉	烧炭暖手的炉子	tsɛk⁴ sɐu³⁵ lou¹¹	tsiak⁵ siu³⁵ lu¹¹	细炉
衫柜	装衣服的大柜	sam⁵⁵ kuɐi²²	sam³³ kʰui³²	高橱
柏	桌子	tʰɔi¹¹/³⁵	tʰɔi¹¹	桌
方柏		fɔŋ⁵⁵ tʰɔi³⁵	fɔŋ³³ tʰɔi¹¹	四方桌
柏布		tʰɔi¹¹/³⁵ pou³³	tʰɔi¹¹ pu¹³	桌布
柜桶	抽屉	kuɐi²² tʰʊŋ³⁵	kʰui³² tʰəŋ³⁵	拖箱,拖格
椅	椅子	ji³⁵	ji³⁵	凭凳,靠椅
凳仔	小板凳	tɐŋ¹³ tsɐi³⁵	tiaŋ¹³ tsiɛ³⁵	细凳
筲箕	洗菜竹器,能漏水	sau⁵⁵ kei⁵⁵	sau³³ ki³³	插箕
箧	存放衣物、书等,有盖而可提的箱子	kip⁵	kiɛp⁵	箱
皮箧	皮箱	pʰei¹¹ kip⁵	pʰi¹¹ kiɛp⁵	皮箱
碗柜		wun³⁵ kuɐi²²	wuan³⁵ kʰui³²	碗栈
地拖	墩布	tei²² tʰɔ⁵⁵	tʰi³² tʰɔ³³	拖把
绳	绳子	siŋ¹¹/³⁵	sən¹¹	索带,索嫲
铲	锹,铲子	tsʰan³⁵	tsʰan³⁵	番铲
垃圾箧⑧	簸箕	lap² sap⁴ tsʰaŋ³⁵	lap² sap⁵ tsʰaŋ³⁵	簥箕
毡	毯子	tsin⁵⁵	tsiɛn³³	毡子
顶针		tɪŋ³⁵ tsɐm⁵⁵	tən³⁵ tsim³³	针顶
药煲	药锅	jœk³ pou³³	ɥyɔk² pau³³	药罂

续表

棉纳　棉袄	min¹¹ nap²	miɛn¹¹ nap²	棉袄
大褛　大衣	tai²² lɐu⁵⁵	tʰai³² liau³³	大衣
雨褛　雨衣	ɥy¹³ lɐu⁵⁵	ɥy¹³ liau³³	雨衣,水衣
口水肩　小儿用的涎巾	hɐu³⁵ sœy³⁵ kin⁵⁵	hiau³⁵ sui³⁵ kiɛn³³	围巾
颈巾　围巾	kɛŋ³⁵ kɐn⁵⁵	kiaŋ³⁵ kin³³	围巾
手杖　拐棍	sɐu³⁵ tsœŋ²²	siu³⁵ tsʰyɔŋ³²	拐棍
遮　雨伞	tsiɛ⁵⁵	tsia³³	伞
丝瓜	si⁵⁵ kua⁵⁵	si³³ ka	簾瓜
矮瓜　茄子	ɐi³⁵ kua⁵⁵	ai³⁵ ka³³	茄子
薇豆　豇豆	mei¹¹ tɐu²²	mi¹¹ tʰiau³²	江西豆
生菜　一种能生吃的菜	saŋ⁵⁵ tsʰɔi³³	saŋ³³ tsʰɔi¹³	mak 子
椰菜　洋白菜	jiɛ¹¹ tsʰɔi³³	jia¹¹ tsʰɔi¹³	苞菜,洋白菜
荷兰豆　一种嫩豆荚	hɔ¹¹ lan⁵⁵ tɐu²²/³⁵	hɔ¹¹ lan³³ tʰiau³²	江南豆,siɛt 头
荷兰薯　土豆	hɔ¹¹ lan⁵⁵ sy³⁵/¹¹	hɔ¹¹ lan³³ sy¹¹	马铃薯
薯仔　土豆	sy¹¹ tsɐi³⁵	sy¹¹ tsiɛ³⁵	马铃薯
生果　水果	saŋ⁵⁵ kɔ³⁵	saŋ³³ kɔ³⁵	水果
碌柚　柚子	lʊk⁵ jɐu³⁵	lək⁵ jiu³⁵	柚子,碌子
梳麻柚　柚子	sɔ⁵⁵ ma¹¹ jɐu³⁵	sɔ³³ ma¹¹ jiu³⁵	柚子,碌子
橙　橙子	tsʰaŋ³⁵	tsʰaŋ³⁵	橙子
李　李子	lei³⁵	li³⁵	李子,李仔
柑　柑子	kam⁵⁵	kam³³	柑子
稗　稗子	pɐi²²	pʰiɛ³²	稗子

皮蛋	松花	pʰei¹¹ tan²²/³⁵	pʰi¹¹ tan³²	松花蛋
腐乳	酱豆腐	fu²² ɥy¹³	fu³² ɥy¹³	豆腐霉,豆腐乳
豆干	豆腐干	tɐu²² kɔn⁵⁵	tʰiau³² kɔn³³	豆腐片
甜竹	加糖制的腐竹,较厚	tʰim¹¹ tsʊk⁵	tʰiɛm³³ tsək⁵	/
油炸桧	油条	jɐu¹¹ tsa³³ kuɐi³⁵	jiu¹¹ tsa¹³ kuɐi³⁵	油条
生抽	一种浅色酱油	saŋ⁵⁵ tsʰɐu⁵⁵	saŋ³³ tsʰiu³³	/
熟抽	深色的酱油	sʊk² tsʰɐu⁵⁵	sək² tsʰiu³³	/
老抽	深色的酱油	lou³⁵ tsʰɐu⁵⁵	lau³⁵ tsʰiu³³	/
蔴油	香油	ma¹¹ jɐu¹¹	ma¹¹ jiu¹¹	油蔴油
豆粉	团粉	tɐu²² fɐn³⁵	tʰiau³² hun³⁵	lin 粉
生粉	团粉	saŋ⁵⁵ fɐn³⁵	saŋ³³ hun³⁵	lin 粉
银耳	白木耳	ŋɐn¹¹ ji³⁵	ŋiɛn¹¹ ji³⁵	鸡肉花,白木耳
猪腰	猪肾	tsy⁵⁵ jiu⁵⁵	tsy³³ jiau³³	猪石,猪腰 wei
猪红	猪血	tsy⁵⁵ hʊŋ¹¹	tsy³³ həŋ¹¹	猪血
鸡红	鸡血	kɐi⁵⁵ hʊŋ¹¹	kie³³ həŋ¹¹	鸡血
咸蛋	醃的鸭蛋	ham¹¹ tan³⁵	ham¹¹ tʰan³²	咸春
萝卜糕	一种咸味的糕	lɔ¹¹ pak² kou⁵⁵	lɔ¹¹ pʰak² kau³³	萝卜粄
芝麻糊	一种糊状甜品	tsi⁵⁵ ma¹¹ wu³⁵/¹¹	tsi³³ ma¹¹ hu¹¹	麻糊,油麻羹
绿豆沙	甜的绿豆粥	lʊk² tɐu²² sa⁵⁵	lək² tʰiau³² sa³³	/
红豆沙	甜的小豆粥	hʊŋ¹¹ tɐu²² sa⁵⁵	həŋ¹¹ tʰiau³² sa³³	/

续表

糖冬瓜	糖渍成的冬瓜条	tʰɔŋ¹¹ tʊŋ⁵⁵ kua⁵⁵	tʰɔŋ¹¹ təŋ³³ ka³³	冬瓜条
粽	粽子	tsʊŋ³⁵	tsəŋ³⁵	粽子
裹蒸粽	有绿豆和肉馅的大粽子	kɔ³⁵ tsɪŋ⁵⁵ tsʊŋ³⁵	kɔ³⁵ tsən³³ tsəŋ³⁵	裹粽里
油角	甜馅炸饺子	jɐu¹¹ kɔk⁴	jiu¹¹ kɔk⁵	角里,角仔
烂饭	过软的饭	lan²² fan²²	lan³² fan³²	粥饭
冷饭	前餐剩饭	laŋ¹³ fan²²	laŋ¹³ fan³²	jin饭,剩饭
白滚水	白开水	pak² kuɐn³⁵ sœy³⁵	pʰak² kun¹³ sui³⁵	沸水,白开水
凉滚水	凉开水	lœŋ¹¹ kuɐn³⁵ sœy³⁵	lyoŋ¹¹ kun¹³ sui³⁵	凉沸水,凉开水
毫子	一元的十分之一	hou¹¹ tsi³⁵	hau¹¹ tsu³⁵	角
蚊	元	mɐn⁵⁵	man³³	元,块
除	气味	tsʰœy¹¹	tʰsy¹¹	味道
窿	孔,小洞	lʊŋ⁵⁵	ləŋ³³	细眼,细孔,窿孔
样	样子	jœŋ³⁵ᐟ²²	ɥyɔŋ³²	样子
坑渠	沟渠	haŋ⁵⁵ kʰœy¹¹	haŋ³³ kʰy¹¹	沟 lat
沙田	沙地	sa⁵⁵ tʰin¹¹	sa³³ tʰiɛn¹¹	tsʰia
乡下	农村	hœŋ⁵⁵ ha²²ᐟ³⁵	hyɔŋ³³ ha³²	农村,围村
八月十五	中秋节	pat⁴ ɥyt² sɐp² ŋ¹³	pat⁵ ɥyɛt² sip² ŋ³⁵	八月半
嘢东西		jiɛ¹³	hai¹¹ ɲia¹³	东西

表 四(四)

时间词	广州话	惠州话	梅县、三栋、淡水客家话
今朝　今天	kɐm55 tsiu55	kim33 tsiau33	今奔日
今日　今日	kɐm55 jɐt2	kim33 jit5	今奔日
琴日　昨天	khem55 jɐt2	khim11 jit5	旧奔日
朝头早　早上	tsiu55 thɐu11 tsou35	tsiɛu33 thiau11 tsau35	朝晨
晏昼　下午	an33 tsɐu33	an13 tsiu13	下昼
夜晚黑　晚上	jiɛ22 man13 hɐk5	jia32 man13 hiak5	暗 pu
晚黑　晚上	man13 hɐk5	man13 hiak5	暗 pu
日头　白天	jɐt2 thɐu35	jit5 thiau35	白天
听朝　明天	thŋ55 tsiu55	thən33 tsiɛu11	晨朝
听日　明天	thŋ55 jɐt2	thən33 jit5	天光日
第二年　明年,下一年	tɐi22 ji22 nin11	thie32 ji32 niɛn11	明年
旧时　往日,过去较久前	kɐu22 si11/35	khiu32 si11	以前
旧阵时　过去较久前	kɐu22 tsɐn22 si11/35	khiu32 tshin32 si11	以前
而家　现在	ji11 ka55	ȵi11 ka33,斤阵	今下

续表

呢牌　近来	ni^{55}p^{h}ai$^{11/35}$	ni^{33}pai^{11}	近来
近呢牌　近来	kɐn^{22}ni^{55}p^{h}ai$^{11/35}$	k^{h}in^{32}ni^{33}p^{h}ai^{11}，ni^{33}ha^{32}si^{11}	近来
吤阵　那时	kɔ$^{13/35}$tsɐn^{22}	kɔi^{13}ts^{h}in^{32}	个下 wei
吤阵时　那时候	kɔ^{13}tsɐn^{22}si$^{11/35}$	kɔi^{13}ts^{h}in^{32}si^{11}	/

表　四(五)

副词	广州话	惠州话	梅县、三栋、淡水客家话
几鬼　相当大程度地	kei^{35}kuɐi^{35}	ki^{35}kui^{35}	an
几　很；多么（～好吗？我～想去）	kei^{35}	ki^{35}	an
几大　无论怎么样	kei^{35}tai$^{11/35}$	ki^{35}t^{h}ai^{32}	ȵiɔŋ ȵi
正话　刚刚	tsıŋ^{33}va^{22}	tsiaŋ^{13}va^{32}	刚刚
就至　刚	tsɐu^{22}tsi^{33}	ts^{h}iu^{32}tsi^{13}	就
即刻　立即	tsık^{5}k^{h}ɐk^5	tsək^{5}kiak^5	马上
直情　简直	tsık^{2}ts^{h}ıŋ^{11}	ts^{h}ət^{2}ts^{h}ən^{11}	简直
确系　的确	k^{h}ɔk^{4}hɐi^{22}	k^{h}ɔk^{5}hai^{32}	真正系
卒之　终于	tsœt^{5}tsi^{55}	tsut^{5}ti^{33}	总算
至　最	tsi^{33}	tsi^{13}	最

续表

		广州话	惠州话	梅县、三栋、淡水客家话
正	才	tsɛŋ³³	tsiaŋ¹³	才
梗	一定	kɐŋ³⁵	kiaŋ³⁵	一定
梗系	当然	kɐŋ³⁵ hɐi²²	kiaŋ³⁵ hai³²	当然
唔通	难道	m̩¹¹ tʊŋ⁵⁵	m̩¹¹ tɐŋ³³	/
横掂	反正	vaŋ¹¹ tim²²	vaŋ¹¹ tʰiɛm³²	反正
晒	通通完,都(食~,用~)	sai³³	sai¹³	通通,都
埋	再加上;整个儿完(戴~手套,食~碗饭)	mɐi¹¹	mɔi¹¹	/

表 四(六)

代词	广州话	惠州话	梅县、三栋、淡水客家话
一啲 一些	jɐt⁵ tit⁵	jit⁵ tit⁵	/
乜嘢 什么	mɐt⁵ jiɛ¹³	mut⁵ ɲia¹³, a³³ ɲia¹³	mat kɛ(ci)
咁 这么	kɐm¹³	kɐŋ¹³	an
咁 那样	kɐm³⁵	kɐŋ³⁵	an jiɔŋ
咁样 这样,那样	kɐm³⁵ jœŋ³⁵	kɐŋ³⁵ ɥyɔŋ³⁵	an jiɔŋ
呢 这	ni⁵⁵	ni³³	cʰi, ci
呢杜 这里	ni⁵⁵ tou²²	ni³³ tat³²	cin kɛ ji
吤杜 那里	kɔ³³ tou²²	kɔi¹³ tat³²	kat ti, kɛ ji

表 四(七)

量词		广州话	惠州话	梅县、三栋、淡水客家话
臬(旧)	块,团(一～饭);《广韵》其九切	kɐu²²	kʰiu³²	团,块
挏(抽)	串,兜(一大～鱼);《广韵》楚鸠切	tsʰou⁵⁵	tsʰiau³³	串
磟	指粗圆条形物的单位(一～棍);《广韵》屋韵卢谷切;"磟碡,又名六逐"⑳	lʊk⁵	lək⁵	条
梳	蕉类水果(未一根根扯开时)的单位(买～香蕉)	sɔ⁵⁵	sɔ³³	把
羹	汤、油、药等液体的单位,相当于勺	kɐŋ⁵⁵	kaŋ³³	调羹
鎗	饭锅,借指饭、粥的单位(一～粥);《广韵》庚韵楚庚切,"鼎类"㉑	tsʰaŋ⁵⁵	tsʰaŋ³³	锅

上列表中特殊的基本词语共 423 个。在惠州话和广州话里,它们含义一致,语音形式近似或相同,充分表明了历史来源上的同一。这些特殊的基本词语,已占了惠州话、广州话常用词语中相当大的比例数,成为两种话的基本词汇特色的主要体现部分;它们包括的类别又很广,除了大多数是动、形、名性的单位(分别为 91、75、208 个)之外,还有时间词、副词、代词和量词(分别为 18、17、8、6 个)。如此数量和性质的特殊基本词语的近同,对两个一般邻近的(非互相融合的,非一方包围另一方的)方言来说,不可能由搬借所造成。

在惠州话基本词汇中如此重要的一大组成部分上,梅县、三栋、淡水客家话同它相应的词语没有材料构成的近似和同源关系。

而梅县、三栋、淡水客家话另有不少特殊基本词语,是同惠州话、广州话大异其趣的:后两者,绝大多数的情形下都只有同于或近于普通话的说法:

表　五

梅县、三栋、淡水客家话	惠州话	广州话
后嫡(həu ɔi)	后母	后母
续婆(sɔk pʰɔ)	后母	后母
子嫂(tsu sau)	妯娌	妯娌
脑勾背(lau kiu pɔi)	头背后	头背后
巴掌心(pa tsɔŋ sim)	手心	手心
背囊骨(pɔi lɔŋ kut)	脊骨	脊骨
鼻浓(pi nuŋ)	鼻涕	鼻涕
洋介嬷(jiɔŋ kai ma)	猩猩	猩猩
盲骚鼠(maŋ sau tsʰu)	田鼠	田鼠
吵钟(tsʰau tsuŋ)	闹钟	闹钟
镰子(liam tsu)	镰刀	镰刀
刀嬷(tau ma)	菜刀	菜刀
火砖(fɔ tsɔn)	砖,火砖	砖
棚上(pʰaŋ sɔŋ)	楼上	楼上
斗方(teu faŋ)	庭院,斗方	庭院
埲(pɔk)	堤,埲	堤
灶下(tsau ha)	厨房	厨房
火搅(fɔ kau)	磨房	磨房
辟婆(pʰit pʰɔ),飞鼠(fui tsʰu),盲蚤鼠(maŋ tsau tsʰu)	盲蚤鼠,蝙蝠,飞鼠	蝙蝠
禾逼(vɔ pık)	禾花雀	禾雀

续表

卜鸠(pʰuk kɛu)	斑鸠	斑鸠
豹虎哥(pau fu kɔ)	螳螂	螳螂
脚鱼(kiɔk m)	水鱼	甲鱼
鲤嬷(li ma)	鲤鱼	鲤鱼
风柜(fʊŋ kʰui)	风车	风车
番钉(fan taŋ)	十字锄,鹤嘴锄	十字锄,鹤嘴锄
眠床(min tsʰaŋ)	床	床
茶桌(tsʰa tsɔk)	茶几	茶几
茶柏(tsʰa tʰɔi)	茶几	茶几
家生(ka saŋ)(家用杂器)	/	/
阿麻绞(a ma kiau)	麻花	麻花
便菜饭(piɛn tsʰɔi fan)	便饭	便饭
梳毛(sɿ mau)	梳头	梳头
莳禾(sɿ vɔ)	插禾	插禾
踏米(tap mi)	舂米	舂米
零利(laŋ li)	干净	干净

这种情形,扩大了惠、客特殊基本词语的差异量,也更充分地表明了惠、广基本词语极大的共同性。

正如语音方面惠州话有与客家方言相同的成分那样,特殊的基本词语中也有一部分是两种方言一致或相近的,不过其中绝大多数同时也和广州话的相同或相近,而且相近的程度往往高一些,如"好彩、人客、佢、真系、窦"等等。三种方言都一致的这类特殊基本词语,不能说明三种方言彼此孰亲孰疏的问题。但是它们在数量上远不如仅只惠、广同而与客异的那部分特殊基本词语(460

个)多。惠州话里对一种基本事物对象的称法只与客家话近同而异于广州话的,数量更少。它们是"鸡春(鸡蛋)、鸭春(鸭蛋)、鹅春(鹅蛋)、大笼粄(一种糯米粉制的甜年糕)、沙糕粄(一种米粉糕)、面粄(汗垢)、包粟(玉米)、阿公(祖父)、姐公(外祖父)、姐婆(外祖母)、阿舅(舅父)、丈人佬(岳父)、丈人婆(岳母)、阿姊、老妹(妹妹)、外甥(外孙)、鼻公(鼻子)、面钵(脸)、番钉(镐)、碗公(汤碗)、镬头(锅)、$p^h\mathrm{ɔn}^{13}$(厚)、沙施(得意而炫耀)、孩(挑)、撩(玩儿)、狂(惊怕)、$k^h\mathrm{iɛu}^{11}$低(蹲下)、挆(搔)、vit^5(扔)、生春(下蛋)、样般(怎么)"等,约30个左右,比起惠、广称法相近而异于客的词语来,数量是微小的。惠州话还存在以两个分别同于客、广的流行说法来指同一对象的情形。这样的词语也比较少,有"头拿—头壳(脑袋)、额门—额头、头毛—头发、垃圾下—胳lak^5底(腋下)、完身—全身、阿哥—大佬(哥哥)、老弟—细佬(弟弟)、角菜—菠菜、马荠—马蹄(荸荠)、鸡兰—鸡项(未下蛋的母鸡)、床单—床布、角—毫子(一元钱的十分之一)、坐—堤、火砖—砖、飞鼠—蝙蝠、尖—逼(挤)、寻—揾(找)、掌牛—睇牛(放牛)、食茶—饮茶(喝茶)、乌—黑、还—重(尚还)"等20余对。前头的单位近同于客,后头的则与广同。若把这当中与客近同的一并算入惠州话特殊基本词语中只同于客而异于广的部分,那么这部分在成员的多寡上仍很难与同于广而异于客的那一大部分相比匹,两者甚至悬殊到难以相提并论。

五

惠州话的词缀和广州话的相当一致。前缀都普遍用"阿"而较少用"老";后缀都普遍用"仔""佬""婆",又有"女""妹""公""乸"。

这些词缀在两种话里意义色彩一致,用来构成的词也差不多完全一样,仅只字音一般略有差异。如:

仔(惠州 tsie^{35},广州 tsɐi^{35}):狗仔、刀仔、櫈仔(以上表小),衰仔、傻仔、孤寒仔(以上表示对年轻男性的轻蔑),女仔、公仔、烟仔、歌仔(以上只是名词标志)

佬(惠州 lau^{35},广州 lou^{35}):猪肉佬、泥水佬、算命佬(以上表示从事某种职业的男子),衰佬、傻佬、外江佬(以上表示对男子的轻蔑)

婆(惠州 pʰɔ^{11},广州 pʰɔ$^{11/35}$):烟仔婆、洗衫婆、事头婆(以上表示某种职业身份的女子),衰婆、肥婆、八卦婆(以上表示对女子的轻蔑)

女(惠州 ŋy^{35},广州 nœy^{35}):精女、乖女、肥女、傻女、衰女

妹(惠州 mɔi^{33},广州 mui^{55}):靓妹、傻妹、上海妹、香港妹

公(惠州 kəŋ^{33},广州 kuŋ^{55}):鸡公、狗公、老虎公、伯爷公、盲公、雷公

乸(惠州 na^{35},广州 na^{35}):鸡乸、鸭乸、狗乸、牛乸、老虎乸、木瓜乸

还有后缀"头(惠州 tʰiau^{11},广州 tʰou^{11})""子(惠州 tsu^{35},广州 tsi^{35})",但都没有能产性,只出现在很少几个词上,如"罐头、石头、砖头、事头(广州此词的"头"变高升调)""筷子、狮子、波子(玻璃球)"。

客家方言前缀除"阿"用得普遍外,"老"也用得较多,如"老妹、老弟、老蟹、老板、老爸、老张、老陈"等,这同惠州话、广州话有别。后缀,梅县客家话很少用"仔""佬""婆";三栋、淡水客家话用"仔""佬"也远不如惠州话、广州话普遍,"婆"则更是零星地出现。三地客家话都没有惠州、广州的"女""妹""乸";雌性动物名词用"嫲"表

示,雄性四足动物名词用"牯"而不用"公",雄性二足动物名词才用"公",和惠州话、广州话迥异。如"狗牯、狗嫲、牛牯、牛嫲、猫牯、猫嫲、鸭公、鸭嫲"。"嫲"在三地客家话里,还能用于一般不区分其性别的低等动物的名词和非生物名词,如"鲤嫲(鲤鱼)、虱嫲(虱子)、舌嫲(舌头)、勺嫲(瓢)"。在后缀方面,客家话大大不同于惠州话、广州话的地方,还在于像一般北方话那样有"儿"和能产性很强的"子"。这在梅县客家话里是 i、ȵi 和 mi、ŋi、pi、ci、ti、wei 等(如盖 i、碗 ȵi、柑 mi、缸 ŋi、鸭 pi、桌 ci、钵 ti、帽 wei);在三栋、淡水客家话里是 li(轻声)和 tsu(包 li、妹 li、橙 tsu、鸟 tsu、镰 tsu、毡 tsu)。

不仅构词法体系,构形法体系也表明惠州话和广州话的极相近似而和客家方言的距离较远。惠州话有着和广州话大体一致的体范畴——有同样类别和语法意义内涵的"体",而且这些体的构形法成分又在语音形式上和广州话十分接近;而无论体的类别还是体的构形法成分,都和客家话大不一样(只有小部分一致):

表 六

	惠州话	广州话	梅县客家话	三栋、淡水客家话
进行体	紧 kin^{35}(食~饭)	紧 kɐn^{35}(食~饭)	tɛn^{31}(食~饭)	tɛn(食~饭)
完成体	1. 抱 pʰau^{33}(做~件衫) 2. 动词末后声调升高↗(食↗饭就来)	1. 咗 tsɔ^{35}(做~件衫) 2. 动词末后声调升高↗(食↗饭就嚟)	e^{31}(做~件衫) /	hɔi(做~件衫) /
曾行体	过 kɔ^{13}(当~教员)	过^{33}(当~教员)	过^{52}(当~教员)	过 kɔ(当~教员)

续表

开始体	1. 起来 hi³⁵ lɵi¹¹（笑～） 2. 起上来 hi³⁵ syoŋ¹³ lɵi¹¹（笑～；食起炒粉上来）	1. 起嚟 hei³⁵ lɐi（笑～） 2. 起上嚟 hei³⁵ sœŋ¹³ lɐi（笑～；食起炒粉上嚟）	起来 çi³¹ lɵi¹¹（笑～） /	起来 çi lɵi（笑～） /
续行体	落去 lɔ³² hy¹³（由佢笑～）	落去 lɔ²² hœy³³（由佢笑～）	下去 ha⁵² çi⁵²（读～）	下去 ha çi（读～）
回复体	翻 fan³³（着～件衫；睇～出戏）	翻 fan⁵⁵（着～件衫；睇～出戏）	/	/
完成续存体	亲 tsʰin³³（唔好冷～；我畀佢吓～）	亲 tsʰɐn⁵⁵（唔好冷～；我畀佢吓～）	/	/

除了完成体的"抱"和"咗"在声音材料上完全不同这个例外，惠州话和广州话的整个体范畴就没有多少差异，它们来自同一个范畴体系是无可置疑的。惠州话单音形容词的级变化，其级别和表示方式也和广州话的一致：

表 七

	原级	比较级	略微级（弱于原级）
惠州话	白 pʰak² 热 jiɛt²	白↑白 pʰak⁵pʰak² 热↑热 jiɛt⁵jiɛt²	白白↑哋 pʰak²pʰak⁵ti³⁵ 热热↑哋 jiɛt²jiɛt⁵ti³⁵
广州话	白 pak² 热 jit²	白↑白 pak⁵pak² 热↑热 jit⁵jit²	白白↑哋 pak²pak⁵tei³⁵ 热热↑哋 jit²jit⁵tei³⁵

广东客家话没有这种重读而变调的级变化方式。

句法方面,汉语方言一般共有的成分和结构不论,惠州话有些特殊的成分和结构与广州话一致或大同小异,而它们在梅县客家话或三栋、淡水客家话里却没有相近的形式:

表 八

	惠州话	广州话	梅县、三栋、淡水客家话
连词	1. 同霉 $t^h\text{əŋ}^{11}$ mɔi(我～你去睇戏) 2. 唔通 $\underset{1}{m}^{11}$ $t^h\text{əŋ}^{33}$(～佢唔来?——难道他不来?)	1. 同埋 $t^h\text{ʊŋ}^{11}$ mɐi^{11}(我～你去睇戏) 2. 唔通 $\underset{1}{m}^{11}$ $t^h\text{ʊŋ}^{55}$(～佢唔嚟?——难道他不来?)	/ /
介词	畀 pi^{35}(我～佢打伤)	畀 pei^{35}(我～佢打伤)	分 pun,pɔn(厓～佢打伤)
语气词	1. 嘑 lə^{33}(唔想去咪唔去～!——不想去就别去吧!) 2. 喇 lə^{32}(唔好玩～!——别玩儿了!) 3. 之嘛 tsi^{33} ma^{33}(借来睇一阵～!——借来看一会儿罢了!)	1. 嘑 lə^{55}(唔想去咪唔去～!——不想去就别去吧!) 2. 喇 lə$^{22/33}$(唔好玩～!——别玩儿了!) 3. 之嘛 tsi^{55} ma^{33}(借来睇一阵～!——借来看一会儿罢了!)	/ / /

惠州话还有个特殊的比较结构,和广州话一致而同客家方言殊异:

惠州话、广州话:{我高过佢 / 佢细过你两岁} 甲+性状词+过+乙(+补语)

梅县、三栋、淡水客家话：$\left.\begin{array}{l}\text{厓比佢过高}\\\text{佢比你过细两岁}\end{array}\right\}\left\{\begin{array}{l}\text{甲}+\text{比}+\text{乙}+\text{过}\\+\text{性状语}(+\text{补语})\end{array}\right.$

梅县、三栋、淡水客家话的补语"倒"特殊地置于宾语之后；惠州话不存在这种语序特别的结构，相应的用"到"的格式同广州话以及北方方言一致：

$\left.\begin{array}{l}\text{梅县客家话：买得 an 多东西倒}\\\qquad\qquad\text{看得 c}^\text{h}\text{i 场大戏倒}\\\text{三栋、淡水客家话：买得 an 多东西倒}\\\qquad\qquad\text{看得 nia 场大戏倒}\end{array}\right\}$ 动+得+定+宾+倒

$\left.\begin{array}{l}\text{惠州话：买到 kəŋ 多嘢(jia)}\\\qquad\text{睇得到呢出大戏}\\\text{广州话：买到咁(kɐm)多嘢(jiɛ)}\\\qquad\text{睇得到呢出大戏}\end{array}\right\}$ 动(+得)+到+定+宾

可以看出，在语法成分和语法结构方面，惠州话十分近似于乃至一致于广州话，而同梅县、三栋、淡水客家话相去较远。在语言、方言中，词法和句法都是十分牢固的基础，一般不可能成体系地一套套大量搬借。因此，惠州话和广州话词法、句法的成分及结构的贴近，又提供了惠州话属于粤方言的证据。

六

将上面语音、基本词语和语法的考察结果综合起来看，会得出一个结论：惠州话同广州话接近而与客家话疏远，它是一种粤方言可以没有疑问。大量特殊基本词语、大量语法成分和语法结构同广州话的一致和近似，不仅否定了惠州话属于客家话的可能，而且

也排除了把惠州话看作一种不属粤方言和客家话的独立方言的可能性。

惠州话虽然同广州话有近亲关系,在地缘上也同珠江三角洲的粤海系相邻近,却并不属于这个以广州话为重要代表的粤海系。在声调、声母、韵母及某些词语和语法成分上,惠州话和粤海系的各种地方话(包括东江下游的增城话、东莞话)都有明显的差异,语感上具有不同类型的声音格调。惠州话说者不大容易同粤海系各地方话说者进行口头交际(正如四邑系台山话说者同粤海系东莞话说者交谈有一定困难一样);粤海系各地方话说者之间却很容易交谈。至于四邑系、高雷系、钦廉系和桂南系,同惠州话之间的差别也都不少。惠州话自然也不属于这些粤方言的支系。

从社会心理、语感及方言体系之间的接近程度来看,惠州话和东江中、上游流域的博罗(本地)话、惠阳水口、横沥等地的本地话、惠东本地话、河源话、龙门平陵话、紫金古竹话、龙川陀城话和老隆话、和平林寨话、连平忠信话等更亲近些。惠州话在地缘上和这一系列地点方言本是连成一片的,只是宋元以来,日益为势力扩展的客家方言分隔开,并分别被客家方言所包围。可是这些土语的说者意识到他们各自说的话相互靠近,彼此有强烈的语言上、地域上的亲缘感。由于惠州历来是东江流域的政治、文化、经济的中心,惠州话更成为这一带土语说者比较熟悉的方言。一个惠州话说者到了博罗、惠东、横沥、河源、平陵、古竹、陀城、忠信、林寨等地,和操当地土语的人谈起话来,会被认作同乡而受到接待。从语感上说,惠州话同邻近的水口本地话、横沥本地话、惠东本地话都十分近似,差别微小;同博罗(本地)话、河源话、平陵话、古竹话及忠信话也相当近似,用惠州话同这些地方话说者交谈是没有什么障碍的。陀城话、老隆话、林寨话同惠州话之间的差异感较明显些,但同时也有近同感;⓪一方用惠州话,另一方用另三种话的任一种来交谈,仍大体可以进行,困难并不很大。但是陀城话、老隆话、林寨话同河源话、忠信话之间,则又比较近似。大抵东江中上游流域的土语,地理上离惠州话越近,与惠州话近似的程度越高,离得远则受客家话影响的因素增多,同惠州话拉开了距离。尽管存在着彼此近似程度不等的情形,东江中、上游流域各地土语共同具有很多重要的特点,足以说明它们形成一个支系,彼此具有近亲关系。对这种同属一系的近亲关系作详细的考察、论证,超出了本文的任务,也为篇幅所不容许。这里只须概括地提出东江中、上游流域土语群的共同重要特点。

它们归纳起来,有如下十三项:(一)声调一般分阴平、阳平、上声、阴去、阳去、阴入、阳入七类(老隆、陀城及忠信分六类,去声不分阴阳)。(二)除阴平都为中平调、阳平大多为低平调(只老隆、陀城、忠信为高降调)外,上声都是高升调,阴入是高促调,而阳入大多是低促调(只老隆、陀城为半高促调,平陵为中促调)。(三)微母字(如"闻、蚊、纹、文、无、巫、吻、问、物、武、雾、舞"等)都念 m 声母。(四)古全浊塞音、塞擦音母仄声字,都念送气清塞音、塞擦音声母。(五)有舌面鼻音声母 ɲ 或 n-,都与声母 j-对立,因应于广州的 j-。(六)都有撮口呼。(七)一般有 œ 韵母;没有 œ 韵母的,相应韵母为撮口呼 yɔ 或特殊的 iɛu。(八)有 ia 韵母(全部或部分麻韵三等字)和 iaŋ 韵母(部分梗摄三、四等字)。(九)展唇前高元音、大多只有 i,没有舌尖的 ʅ(只陀城、老隆、忠信有)。(十)有相当多一致的特殊基本词语,其中大部分也存在于广州话而不见于客家话(如"瞰、郁、饮水、𢛴、睇、懵、论尽、日头、大佬、脷、芝麻糊、即刻"等等），很小一部分也存在于客家话而不见于广州话（如"撩、鼻公、姐婆、大龙本、鸭春、镬头"等）。（十一）"我"都音 ŋoi，从主要元音看，发音近于广州话的 ŋɔ。（十二）有广泛使用的词缀"阿、仔、佬、婆、公、嫲"，一般少用"子"；都有体的助词"紧、抱、过、起上来、落去、翻"等（老隆、陀城很少用"紧、抱、翻"）。（十三）都有句法虚词"唔通（或唔时）、畀、嚟、嘞"等和同样的特殊比较结构。

这些共同特点大部分和广州话一致或近似地因应，有小部分和客家方言一致或近似，另外也含有纯属东江中、上游流域本地话自身的独特成分（如声调的类别与调值，"我"音 ŋoi，有表示完成体的"抱"等等）。这三方面综合起来，构成东江中、上游流域土语群的共同特色，表明这群土语是粤方言内部的一列特别的近亲方言，它们成为和粤海系、四邑系、高雷系等平行的一系，是可以确定的。

如果仿例给这一支系确定一个由代表地点名（惠州、河源）缩并而成的名称，那么惠州话的系属便可概括为一句话：属于粤方言的惠河系。

对于惠河系，笔者曾多次到有关方言点，作了较广泛而详细的调查；须再以更多时间，专题另作深入的研究，具体加以描写。这里只能提出个简略的概念。但是本文对于惠河系重要代表者——惠州话的介绍分析，已可透露此系面貌的端倪。

附 识

本文关于惠州话的语音、词语、语法事实，由先后向惠州中老年教师孙树浓、江敬文、吴绍基三同志调查而得；关于三栋客家话的特殊词语、大部分采自南开大学中文系教师周荐同志和研究生国怀林君的调查记录；梅县客家话的特殊词语，主要为同系本科生李发金君（梅县人）所提供。谨一并向他们致谢。文稿修定后，承公畹先生审阅并面提意见,在此也谨致谢意。

附 注

① 袁家骅等《汉语方言概要》177页,文字改革出版社,1960。

② 同上书,147页。

③ 黄雪贞《惠州话的归属》,载《方言》1987年第4期;刘若云《惠州方言志》,广东科技出版社,1990。

④ 黄雪贞《惠州话的归属》。

⑤ 刘若云《惠州方言志》3—4页。

⑥ 有声母v,元音除y(应还有个œ)外都是正则的,这两个特征也见于粤语;有4个鼻音声母,这在惠、客之间并无音位对立上的一致(详见正文后面的分析);有7个声调,去分阴阳,与客家声调一般为6个及去不分阴阳也并非一致;"知"字声母与客同念t,仅是极个别的字音现象,可能由彼此影响所致,难说语音特征的意义有多大。

⑦ 同注④。

⑧ 刘若云《惠州方言志》219页。

⑨ 《史记·秦始皇本纪》及《集解》。

⑩ 李新魁《论广州方言形成的历史过程》(《广州研究》1983年第1期)指出粤方言具有楚方言遗留的成分,从而论证了粤方言最早渊源于楚方言同岭南地区民族语言的融合。

⑪ 朱俊明《古越族起源及其与其他民族的融合》(收进百越民族史研究会主编《百越民族史论集》,中国社会科学出版社,1982)指出,"越人到此(按指岭南)后,与他们(指岭南土著民族)融合形成了"南越",秦末大量华夏人口来此,"参加了这一融合"。

⑫ 李新魁《论广州方言形成的历史过程》。

⑬ 见罗香林《客家研究导论》第二章,又见袁家骅等《汉语方言概要》147页。

⑭ 同上注。

⑮ 见《汉语方言概要》146页。

⑯ 同上注。

⑰ 罗翔云《客方言·自序》,《语言历史研究所周刊》第 8 集,85、86、87 期合刊,1929。

⑱ 同注⑮。

⑲ 天一阁藏嘉靖刻本《惠州府志》卷之二,沿革表,上海古籍书店 1961 年影印。

⑳ 参见《惠州府志》的沿革表。

㉑《惠州府志》卷之五,地理。

㉒ 见《惠州府志》卷之五所载。

㉓ 梅县客家话的调值,根据《汉语方言概要》150 页。

㉔ 镇隆位于惠州西南四十五里,旧为惠州所辖市镇,今属惠阳县。

㉕ 参见《汉语方言概要》205—207 页。

㉖ 参见《汉语方言概要》206 页。

㉗《汉语方言概要》151 页。

㉘ 郑锦全《汉语方言亲疏关系的计量研究》,《中国语文》1988 年第 2 期,87 页。

㉙ 本表及以下各表中,加圆黑点的字是一般使用的字体或俗体字;加圆圈的字,根据白宛如《广州话本字考》(《方言》1980 年第 3 期)和罗正平《广州方言词汇探源》(《中国语文》1960 年第 3 期)的考证,可以肯定是广州话(同时也是惠州话)相应的词的本字。

㉚ "嗒"字中古反切所示的音和注释的义,与广州话、惠州话相应词的音、义很接近,显然能看出是相应词的本字。

㉛ "眏"字,情况同注㉚。

㉜ "焙"字,情况同注㉚。

㉝ 同㉚。

㉞ 笏,《广韵》荡韵,他朗切,"说文曰:'六竹篇也'"。音、义和"垃圾 $ts^ha\eta^{35}$"的中心词素皆近,似为其本字。

㉟㊱ 情况同㉚。

㊲ 应该指出,陀城话、老隆话在语感上也近同于客家话。从许多语言事实看,它们处于惠州话、河源话、古竹话等本地话与客家话之间的中介地位。

参考文献

朱俊明　1982　《古越族起源及与其他民族的融合》,收进百越民族史研究会编《百越民族史论集》,中国社会科学出版社。
明代嘉靖刻本《惠州府志》,天一阁藏,上海古籍书店 1961 年影印。
袁家骅　1960　《汉语方言概要》,文字改革出版社。
白宛如　1980　《广州话本字考》,《方言》第 3 期。
罗正平　1960　《广州方言词汇探源》,《中国语文》第 3 期。

(本文在中国语言学会第 4 届年会上报告过。
发表于《语言学论辑》(1),天津人民出版社,1993)

〔附录〕李新魁《广东的方言·第六章·第二节　粤、客难分的惠州话》

　　流行于东江流域惠州市的惠州话,是一种归属未定的方言。在惠州市周围,既有粤方言的流行,又有不少地方使用客家话。流行于惠州市内、当地人称之为"本地话"的惠州方言,到底是属于粤方言,还是归于客家话,学术界有不同的看法。熊正辉《广东方言的分区》一文(载《方言》1987 年第 3 期)把惠州话归属于客家话区,把它分作一个独立的"惠州片",与"粤台片""粤中片"和"粤北片"并列。黄雪贞的《客家话的分布与内部异同》(载《方言》1987 年第 2 期)也是作这样的区分。詹伯慧、张日昇主编的《珠江三角洲方言综述》(广东人民出版社 1990 年出版)在提及惠州话时说:"惠州市基本上通行客家方言。惠州市内的客家别具一格,不同于粤东及省内其他地方的客家话,是一种长期受粤方言影响,带有些粤语特点的客家话。"(第 4 页)他们也是把惠州市划入客家方言区的范围。刘若云的《惠州方言志》也抱着相同的看法。但是,刘叔新在《惠州话系属考》一文(刊于《语言学论辑》(一),天津人民出版社出版)中则认为惠州话应划归粤方言。总之,这个问题目前也未得到共同一致的结论。

下面，我们简单地介绍惠州话的有关情况。

声母方面，惠州话把中古微母字无、武、舞、侮、文、闻等字念为[m]，这与广州话相同，而与梅州市的念为[v]（梅州有少数的字念为[m]）不同。中古的轻唇音字，在梅州话中，有一些念为[p]组，保存"古无轻唇音"的残迹，如肥、辅、釜、符、缝等字有许多客方言点念为重唇音，惠州话念为[f]，与广州话相同。惠州话不存在梅州话[k]组声母在齐齿呼韵母之前读为[c]（舌面中音）的现象，刘叔新认为这是它与广州话相近而与客家话不同的一种表现。中古的溪母字客家话念为[k']，基本上不念为[f]，惠州话把课、科、苦、裤、快、块、奎、宽、款等念为[f]，近于广州话。中古的全浊音声母字，惠州话全读为送气清音，这与客家话相同。

在韵母方面，一些主元音为[i]的韵母，在广州话中读为[ɐ]，如巾、人、金、心、急、笔等，但惠州话读为[i-]，与客家话相同，而不同于广州话。一些以[a]或[ɛ]为主元音的字，在广州话中读为[i-]如篇、建、剑、廉、甜、店、业、跌、列、揭等惠州话念为[a]（或[ɛ]），不与广州话一样念为[i-]。

中古梗摄字的文读音，惠州话念为[-n]尾，如"成""姓"等字，这与广州话不同，梅州话将这些字也都念为[-n]。曾摄字冰、兵、蒸及其相应的入声韵字色、力、绩等也都念为[-n][-t]韵，这一点与客家话相同。

止摄的三等韵支、脂、之、微等韵字，广州话读为[ei]，惠州话则读为[i]，这也与客家话相同。不过，粤语区也有许多方言（如中山）也是这样的。应该指出，粤方言的[i]韵字之所以念为[ei]，是在较为晚近的时期由[i]变来的，这，我们称之为韵尾的"繁衍化"，即：

i>ei

惠州话中，同样也没有 y>θy 的变化。惠州有[y]韵母，客家话没有。[y]可以用为介音，有[yɐn][yɐt]（古代的仙、先、元及相对的入声韵念此音），也有[yɔŋ][yɔk]韵母（古阳韵和江韵的庄组字及其相对的入声韵字念为此音）。

惠州话中，没有像梅州话那样的[ɿ]韵母。这些韵字念入[i]，这一点，与广州话相同。

中古的哈、泰韵字（除戴、态、乃、猜、孩等字外）台、才、在、彩、耐、再、奈、蔡、盖等念为[ɔi]，这一点，惠州话也与广州话相同。客家话这两韵念[ɔi]的字较少。

据刘叔新先生说:"现代惠州话的声调同客家方言声调的差异比较大。客家方言无论是可作为代表的梅州话还是广东其他各地的客家话,都只有六个调类,上声和去声不分阴阳。……惠州话的声调却是另一种模式……这里不仅以去声分阴阳,有七个调类而别于客家方言……重要的是,上声、阴去的调型分别和客家的上声、去声完全相反,两个入声调值的高低又正同客家的相反。如果说,惠州话属于客家方言,那么在它周围各地客家话的声调十分近同之中,竟然有它这种殊异的声调格局,是难以解释的。惠州话的声调却与邻近的、作为粤方言代表的广州话有许多重要的近同处。"

刘文又指出:"通过上面声调、声母、韵母的观察,可以看到惠州话的语音既有近同于客家话的成分,又有近同于广州话的成分。两种方向的近同都是规则的现象。"他认为惠州话与广州话相近之处更多,因此,他说:"惠州话的语音略向广州话倾斜,与广州音近些,距客家话语音较远,在话语声音的语感上,尽管惠广之间同惠客之间有着差不多同样大的差距,但是惠州话与粤语四邑系的台山话却很相像。这一点也是值得注意的。"

刘叔新除了从语音上论证惠州话略近于广州话之外,还从它与广州话及客家话那些较为特殊的基本词语 423 个的比较中得出结论说:"在惠州话和广州话里,它们含义一致,语音形式近似或相同,充分表明了历史来源上的同一。这些特殊的基本词语,已占了惠州话、广州话常用词语中相当大的比例数,成为两种话的基本词汇特色的主要体现部分;它们包括的类别又很广,除了大多数是动、形、名性的单位之外,还有时间词、副词、代词和量词。如此数量和性质的特殊基本词语的近同,对两个一般邻近的(非互相融合的,非一方包围另一方的)方言来说,不可能由搬借所造成。"当然,惠州话中也有一部分的词语与客家话相同,但刘氏认为这相对来说比较少。

刘文进一步从惠州话所用的词缀及句法结构等方面与粤、客方言作了比较,得出结论说:"惠州话的词缀和广州话的相当一致","不仅构词法体系,构形法体系也表明惠州话和广州话的极相近而和客家方言的距离较远。惠州话有着和广州话大体一致的体范畴——有同样类别和语法意义内涵的'体',而且这些体的构形法成分又在语音形式上和广州话十分接近;而无论体的类别还是体的构形法成分,都和客家话大不一样(只有小部分一致)。"

刘叔新最后下结论说:"惠州话同广州话接近而与客家话疏远,它是一种粤方言可以没有疑问。大量特殊基本词语、大量语法成分和语法结构同广州话的一致和近似,不仅否定了惠州话属于客家话的可能,而且也排除了把惠州话看作一种不属粤方言和客家话的独立方言的可能性。"

　　刘叔新先生的结论虽未能说是绝对正确,但大体上是可信的。惠州话的归属问题,当然还可以进一步研究,但目前看来,已经出现了较有说服力的说法。我们对这个问题现在仍持谨慎态度,但有些资料似乎有助于刘氏的说法,不妨引证如下。明人王士性在《广志绎》一书中说:"潮州为闽越地。自秦始皇属南海郡、遂隶广至今。以形胜风俗所宜,则隶闽为是。……潮在南支之外,又水自入海,不流广,且既在广界山之外,而与汀、漳平壤相接,又无山川之限,其俗之繁华既与漳同,而其语言又与漳、泉二郡通,盖惠作广音而潮作闽音,故曰潮隶闽为是。"这里,王氏拿潮汕话来与"惠"(即指原来的惠州府)音比较,认为惠州的方言"作广音",这个广音显然是指流传较为广泛的粤方言,不会是指客家话,因为福建的汀、漳之间也有大量的客家居民存在,他们讲的也是客音,"广音"应该是指与"闽音"有较大差距的粤方言语音,不会是指福建与广东共有的客家音。从王氏的话来看,惠州一带在明代大概还是使用特点比较明显的粤方言而不是客家话。《广东通志·舆地略(十)》也说:"省会(指广州)音柔而直,歌声清婉可听,而东、新各邑,平韵多作去声;韶南、连州地连楚豫,言语大略相通,其声重以急。惠之近广者,其音轻以柔,唯齐与灰、庚与阳四韵音同莫辨。兴宁、长乐(指五华)音近于韶。"这里所说的韶南、连州所用的方言,显系客家话,所以兴宁、五华一带的语音与之相近。而惠州之音则近于省城之音,其声较为轻柔,与客家话之"重以急"不同。由清人的这段叙述可知,当时的惠州话可能也是接近于省城话,也就是比较接近于粤方言。

(选自李新魁《广东的方言》530—535页,广东人民出版社,1994)

汉语方言区语文教育的
方言干扰问题

一

新中国成立以来,教育事业有了很大的发展。语文教育一如其他学科的教育一样,从内容的扩展、深化和普及面的扩大来看,都取得很大进展。但是,语文教育的成效并不令人满意,大、中学生以及社会上一般知识分子的语文水平普遍比以前有所下降。原因是多方面的。政治的、文化的及一般教育制度的制约因素,可暂不讨论,这里能够论定而且须要提出来深省的一个原因,是方言的干扰。

由于汉族人民散布在国土的广阔地域,而且越来有越多人从富庶的东部、南部沿海地带和中原地区转到北部和西北部地区进行开发,又由于汉语历史上形成了复杂的方言分歧,中国大部分地方都是汉语方言区。其中包括除首都北京以外的几乎所有大、中城市。[①]由于北京话的语音就是汉民族共同语——普通话的标准音,因此除了少量比较土的词语以外,北京话大体上是同普通话相吻合的。当然,离北京市区较远的几个郊区县的土话,就没有北京话的这种天然优越的地位。

在如此广阔的方言区里,语文教育在各种程度上遇到教育对象方言习惯的障碍,自然产生了特定的困难和问题。所谓语文教育,主要是要让学习者正确掌握、运用祖国的语言文字,②在汉语方言区来说,是要正确掌握、运用汉民族共同语和汉字。而学生从小讲的是父母或年长者教给的方言;出了学校,回到家里,走到社会上,讲的、听的也大多是方言。这样,语文教育是在两个语种互相矛盾、互相作用的背景下进行的。一方面,根深蒂固的本地方言习惯,对普通话的学习和使用,顽强地抗拒、排斥;另一方面,在学生学习语文和学着使用普通话时,本地方言习惯又以种种方式输进学生在口头和书写上对普通话的运用之中,给它按上本地方言特点的明显烙印,使它芜杂不纯,很不完善。这两方面,都是汉语方言对民族共同语语文教育的干扰。

一般在实行双重语言制或流行多种语文的地区,进行其中任何一种对学习者来说并非母语的语言的教育,都会不同程度地受到其他语言的干扰。汉语方言区虽然一般并没有严格意义的双重或多重语言制(某些居住着少数民族的地区例外),但是本地方言和普通话的并立和互相作用,在某种程度上,尤其是在普通话得到推行的城镇里,也可以说是一种"双语"现象,只不过这里的"语言"不指某种民族语言,而指一定的语言符号系统罢了。汉语方言区的语文教育受到当地方言的干扰,乃是规律的、必然发生的现象。不过,普通话同每个地方的汉语方言之间,存在着特殊的关系,其关联的特点与一般并用于同一地区的两种(民族)语言的关系有别。首先,在每个地方,汉语方言比普通话常用和活跃,地位牢固得多。对于地方上的绝大多数居民来说,当地方言是母语或所谓"母方言"③,是社会习惯的一个重要部分,它必然对要学习、掌握另一个语种起巨大的影响。其次,普通话是在北方方言基础上形成的，与北方方言及其他汉语方言存在亲近程度不等的同源关系，彼此在许多材料成分上相接近。这给方言区的学生和一般本地人以母方言代替普通话，或有意无意把普通话的说法说成母方言的或相似于母方言的说法，提供了条件。再次，普通话同汉语方言之间存在汉字的特殊纽带。汉字的超方言性质，虽然可以使方言区的学生和其他本地人在不掌握普通话读音的情况下大体学懂普通话的书面语，从而有利于民族共同语的统一，但是同时也强化了方言的牢固地位，使方言区学生意识不到学习普通话的必要性，也使他们习惯于以方言语音来读汉文，从而大大增加了方言干扰的渠道和机会。最后，又应该说，普通话对汉语方言起着主导作用。普通话用于书面文字、广播、电视、电影、隆重集会上的演说和其他重大的交际场合，居于较高的、权威性的地位，它以全民族标准语言模式的身份而使地方上的方言服从于它。汉语方言对语文教育的干扰不能不存在某种限度和一定的范围。所有这些关联的特殊性，就使得汉语方言对于语文教育的干扰具有一些特点，和一般双语或多语区语文教育所受到的语言干扰有所不同。这些特点，概括来说，表现为三个方面：一，干扰十分容易产生，因而是极为普遍地、几乎自然而然地出现的。这使它具有顽强性和持久性，形成一种不易对付的社会性的抗力。不过它也遇到大力推广使用民族共同语的一定抑制。二，干扰的渠道多。除了方言习惯直接在普通话的说和写上起作用的渠道之外，还有汉字读音和书刊阅读的以及社会观念影响的（如认为在家乡中说普通话而不操本乡话，是打官腔，和乡人不亲近或脱离群众）渠道。三，干扰有多种多样的表现方式，分别为外部的和内部的两大类型。"外"和"内"，是从普通话语文的教和学的自身角度来说的。关于这一点，容下文再作具体阐述。

二

汉语方言区内依方言的不同而形成的各个地域或地方,语文教育所受到的方言干扰会千差万别,至少也不尽相同。目前,要把每个地方的特殊干扰都确定下来,还做不到。但是大片区域共同表现的基本情况,可以看得出来。而为了现阶段方言区的语文教育能够逐步制定有针对性的克服干扰的措施,明确不同区域基本干扰情况的不同所在,是必要的。

整个汉语方言区,就流行的方言同普通话的接近、亲近程度来看,可分为两大区域。华北、东北、西北、西南除西藏、桂南、桂东之外的部分,江淮地区和山东,都流行着官话——北方方言。这一大片区域,传统上称之为官话区或北方方言区。东南浙、赣、湘、闽、粤、台、海南诸省及苏南地区,流行的是同普通话距离较远的吴方言、赣方言、湘方言、闽北方言、闽南方言、客家方言和粤方言,传统上把这片东南区域称为南方方言区。南、北两大方言区,语文教育的方言干扰情况,有较大的差异。

北方方言区的语文教育,一般而论,学生的语言障碍较小,因为他们的母方言同课本和教学所用的语言差别较小。北方方言和普通话的差别,大多只在声调上比较显著,而除去山西一部分、江淮地区一部分及河南北部个别的县之外,整个北方方言区的方言声调和普通话一样,都没有入声,差别只在舒声的调值及部分调类上。因此北方方言区的学生要学会普通话,一般没有什么困难,尤其是在学习和掌握书面语上更少词语、语法差别的障碍,在从家乡话转到普通话来的换码过程中几乎只是转换语音形式的局部成分。他们能够不费多大力气就熟练流畅地说普通话,在口头上带家乡话的口音一般不重,有的甚至很轻;书面运用上很少会出现家乡话的特殊词语、语法痕迹。这就是说,家乡话对于普通话语文本身的掌握所施加的干扰比较小,影响到所学习、掌握的语文内部的程度比较轻微。例如,天津的学生说普通话时,会说得几乎像北京人说的那样纯正;远离北京的武汉、南京、沈阳、成都等地的学生,讲起普通话来一般口音也不重。这些北方方言区城市的学生写成的书面文字,很容易或往往很自然地符合共同语的规范。但是,北方方言同普通话的相当接近,却给北方方言区的语文教育以较严重的外部干扰。表现为学生走出了课堂,一般就把普通话置于一边,只使用家乡话。于是,语文课中所获得的语言知识,特别是字和词的正音、文学语言中许多非来自家乡话口语的词语、句式及其使用方式等,难以得到巩固。之所以离开了课堂就使用母方言,很重要的一个原因,在于周围的人们都听得懂,不论在说普通话的环境,还是北京话的或其他北方方言的环境,自己说的母方言都可以被交际的对方所接受。没有交际困难的压力,一般就不想改变自小使用母方言的习惯,何况一改腔还可能招讨厌或被嘲笑。

就整个北方方言区语文教育的总体来说,方言给予的外部干扰是比较突出的。学生在学期间,平时不说普通话,离校进入社会工作后就依样不爱说甚至更加疏远普通话;如果不是从事语文或人文科学的工作,他们离校后的语文知识素养就还有可能日益降低。可以看出,方言的外部干扰所产生的不良影响相当大。它不仅削弱语文教育的效果,而且也成了普通话不易在北方方言区较快推广的一个基本原因。

　　南方方言区的语文教育,受到方言的内部干扰比较突出。一般而论,在受过几年语文教育之后,这个区域的高小学生和中学生不仅能大体上说普通话,而且在须用的时候,在与操北方方言或普通话的人交际的场合,都自觉地说普通话。在北方方言区的城镇里,从南方方言区来的学生和学生出身的人,如果用母方言同当地周围的人说话,必然会让对方听不懂,因而他们都开腔说普通话,虽然说得并不纯正和流畅。可见,必须操用或有必要学会普通话的压力,使南方方言的外部干扰没有北方方言那么严重。但是相对之下,内部干扰的不良影响却比较大,比较明显。表现在,南方方言区学生说的普通话一般带有浓厚的口音,无论在口头上还是书面上都有方言词语的输入或印迹,有的甚至掺上方言的语法结构。

　　普通话在各地说者的使用中,特别在口头使用上,很自然地会受到各自母方言习惯的强烈影响,掺进母方言的不少成分,尤其是语音的成分。这样,形成了普通话的种种地域性变异,④就是形形式式的"蓝青官话"。⑤而南方方言区的"蓝青官话"带有的方言影响相当重,方言印迹很多、很显著,与普通话规范的差距比北方方言区的蓝青官话大得多。湖南、福建、广东、海南等省区及江西中南部、浙江南部等地的学生,所说的普通话一般相当差劲;教他们语文课的本地老师们,情形也好不了多少。这样的蓝青官话,实在只能勉强地列进普通话的范围(或者说,处于普通话范围的边缘);从用语习惯转变的角度来看,像有的学者说的,只是一种"过渡话"。⑥而对于普通话口头上掌握的水平如此之低,会大大影响书面语的学习;书面语的教学不能在口语教学良好效果的基础上进行,也无法事半功倍地取得成效。⑦因此,同普通话标准相去甚远的蓝青官话的产生和存在,表明了南方方言直接地严重干扰普通话语文的教和学。

具体一些说,语音方面的明显干扰主要表现在声母、韵母上。普通话的四个声调,南方方言区的学生都能大体把调值念准确。但是方言中某些不同于普通话的声母、韵母发音,却移到普通话相应的或接近的声母、韵母上。例如,湖南长沙的学生把"湖""狐""灰""昏""荒""横""宦"等的h声母念成f,把"犁""旅""雷""赖""蓝""鸾""卵""烂""连""淋""烈"等的l声母念成n,把"娘""枪""创""亮""灯""能""邓""蒸""升""冷""更""清""京""声"等的ŋ韵尾念成n。福建厦门的学生往往把"麻""埋""眉""蛮""忙""密""木"等的m声母念成b,把"人""任""然""燃""染""柔""汝""热""日"等的z_{l}声母念成l,把"三""占""金""临""山""前""银""根""星""灯""曾"等带鼻辅音韵尾的韵母念成无韵尾的鼻化韵。广州的学生用半元音j来念普通话的z_{l}声母,给"岸""熬""傲""我""饿""卧""牙""涯"等零声母字添上ŋ声母,把"这""者""折""蔗""遮""奢""赊""舍""涉""社""射""摄""设"等的ə韵母念成iɛ,把"哥""科""棵""窠""珂""可""河""何""贺"等的ɣ韵母念成ɔ。粤方言、客家方言、闽南方言的齿音韵母只有一套ts、tsʰ、s(粤、客个别地方话另有ʂ),这些方言地区的学生就念不出卷舌音声母,无意识地用ts、tsʰ、s或某种舌面前、中的塞音、塞擦音、擦音分别替代它们。粤方言的ts、tsʰ、s其实有点舌面化而近于tʃ、tʃʰ、ʃ,因而粤方言区的学生念普通话的ts、tsʰ、s声母和tɕ、tɕʰ、ɕ声母,也走了样儿。

各种南方方言都没有普通话的儿化韵,绝大多数也没有普通话合成词中的轻声,因此南方方言区的学生以及学校出身的人通常念不出儿化韵,把合成词的轻声音节都加以重读并拖长。"冰棍儿"$piŋ^{55}$ $kuɚ^{51}$说成"冰棍"$piŋ^{55}$ $kuəŋ^{51}$,"鸭子儿"ia^{51} $tsɚ^{214}$说成"鸭子"ia^{51} $tsʅ^{214}$;"火烧"xuo^{214} $shao^3$(烧饼)说成 xuo^{214} $shau^{55}$,"东西"$tuŋ^{55}$·$ɕi^2$(事物)说成 $tuŋ^{55}$ $ɕi^{55}$。大量口语词带儿化韵,大量合成词中有轻声词素,都是普通话口语的重要特点;南方方言区的学生在家乡话的语音干扰下,说不出而且歪曲表现这样的特点,说的普通话固然"生硬"难听,有时甚至会闹出笑话或引起误解。与此同时,对掌握儿化韵和轻声的干扰还起了抑制学生学习普通话口语词语的消极作用。这牵连到并助长了词汇方面的干扰。

南方方言词汇和普通话词汇的差别较大。普通话中相当一部分来自北方方言的口语词语,由于语音形式对于南方方言区的人来说比较特殊、陌生而难学,或者由于词语的含义或所指的事物对象比较陌生,为南方方言区的学生所疏远甚至排斥,他们很自然地用自己习惯的家乡话相应词语或普通话中别的说法来取代这些口语词语。比如,"脑瓜子""嘴皮子""逗趣儿""窝囊""拉倒""装蒜""瞎扯""脸红脖子粗"之类,他们不说也极少说;要表示类似的意思,他们大多分别说成"头""嘴""引人发笑""不中用""算了""装假""乱讲""满面涨红"。这是普通话在南方方言区的学生和知识分子口中,一般说得文绉绉而刻板不活的一个重要原因。口头上如此,书面写作上自然也一样。南方方言区的学生虽然在课本和课外阅读中接触了不少现代文学作品,但是一般不会把作品中生动的口语词语吸收到自己的写作中。他们的行文因而并非偶然地比较死板、干巴,远不如北方方言区学生写得自然、活泼。无疑,在他们的写作上,语文教育得不到应有的成效。

词汇的内部干扰,还表现为另一种情形。南方方言独特的词语比较多,学生们往往有意无意间把自己用惯的这类独特词语带进普通话里,尤其在书面文字中更显突出。粤方言区的学生表现得最甚,诸如"靓(漂亮)""叻(能干)""架势(了不起)""嘈(闹)""揸颈(受气,受制)""揾笨(讨便宜)""撞板(碰壁)""屋企(家里)""铺头(商店)""事头(店主)""伯爷公(老头儿)""恤衫(衬衣)""士担(邮票)""士的(拐杖)"之类,常可见于他们的文字习作。这一来不符合普通话的词语规范,显得怪诞不经,二来也自然不可能掌握好普通话词语,难以使个人的普通话语汇丰富起来。至于毕业后到社会上工作,在书写的事务文字或发表的文章、报道中继续表现出这种爱用方言词语的习惯,那就更产生不利于共同语规范化的社会影响。

语法的内部干扰,在某些地区也是存在的。例如广州的学生在讲话和写作中,都常会出现副词"先"置于谓语动词之后以及间接宾语置于直接宾语之后的说法,这不是普通话的句法结构,而是广州方言的句法结构套用到普通话的词语组合上来。母方言某些特殊的语法习惯,使广州学生掌握不好普通话的句法,至少不能很快正确、熟练地掌握。不过广州话以及其他南方方言,在语法方面和普通话毕竟相同之处较多,也较为主要,南方方言区的语文教育受到语法的内部干扰比较轻,而且有局部性而不普遍。

总起来看,南方方言给语文教育的内部干扰是明显地大量发生的现象。其后果,不仅学生口头上学不好普通话,只能说一口"不像样儿"的蓝青官话,而且影响更大的还在于削弱了书面语的学习成效。这是不容忽视的。

三

　　汉语方言的干扰,虽然为一些客观因素所决定而不可避免,但是只要认清事实,采取治本的办法,完全能抑制其产生或大大降低其程度,尽量缩小其破坏作用。

　　不同类型的干扰,对付的办法、措施应有所不同。

　　要抑制或减少方言的外部干扰,首先须凭靠正确的语言政策和社会规范的约束力量。中国政府三十多年前制定并随即在社会上推行的大力推广普通话和实现现代汉语规范化的政策,对在学校中树立普通话的崇高地位,初步培养起讲求用语规范的风气,起了很大作用。至少使在学校中提倡使用普通话以及规定普通话是教学语言(特别是在语文课中),有一个强有力的依据。但是仅有这样的政策是不够的。

　　由于不能在社会上禁止使用方言,不能用行政命令消灭方言,各种汉语方言还将长期在社会上流行下去。而学校与社会、与作为社会细胞的家庭又息息相通,在语言使用习惯上相互间并没有屏障。因此,政策上还须对普通话的作用或应用范围作具体的正面规定,而教学中也要采取有效的办法,以使学生愿学、愿说普通话并逐步养成说普通话的习惯。

　　1986年在北京先后召开的全国语言文字工作会议和"七五"期间语言文字工作规划会议,明确提出要积极普及普通话,确定到本世纪末在全国范围内使普通话成为教学语言、工作语言、宣传语言和公共场合的交际语言。⑧随着语言政策这种新的规定在社会上的贯彻执行,一定能在应当说普通话上给学生以相当大的社会压力。而社会上普及普通话一旦蔚为风气,也会给学生随意使用母方言以强有力的约束。

但是,要使这种压力和约束力转变为说普通话的现实动力,还有赖语文教学采取如下一些必要的措施。

首先,要使学生十分明确所学语言——目标语的功能。教师应该在课堂中强调,不仅普通话的书面语是文化、科学的重要工具和各种社会工作的必要手段,因而需要学好,普通话的口语也是集体工作、集会、公众的文化体育活动和其他社交场合中止式的、最适宜的交际工具,是国内各民族之间的共同交际语,必须也同样掌握好。有必要让学生懂得,如果不全面掌握好普通话的书面语和口语,将会严重影响他在社会生活许多方面中的行动。学生要是很明确,他的语文课整个学习过程,"是在作好准备,以便为了一定的目的,以一定的身份,在一定的场合使用所学语言"⑨,他就会积极学习普通话口语,愿意开口说并且多多去说普通话。

其次,教师应当要求和鼓励学生尽量多地用普通话作口头交际,并给他们创造进行这种交际的良好条件。只有把目标语用于口头交际的实践,才能以一种相反的力量克服惯用方言的"地方根性"(provincialism)⑩。语文教学尽可结合课文知识,穿插安排种种口头应用普通话的训练活动,诸如课堂内同教师的对答、学生互相答问、辩论会、朗诵会、演讲比赛、话剧和相声表演、座谈作品读后心得、收听广播或观看电视剧后复述基本内容,等等。如果带领学生参观应用普通话较多的文化机关社团如广播电台、电视台、电影厂、剧团之类,访问播音员、演员等普通话说得很好的人士,也必然会有良好效果。

再次,有一种有助于培养口语习惯而一向未被注意的办法,也可以采用。它是利用一般思维同语言密切结合的原理,让学生用普通话进行思维活动,并逐步形成习惯。思维活动是凭借无声的内部言语来进行的,而说话时思维活动的内部言语会很自然地转换为由同一语言符号体系所产生的有声言语。如果说的有声言语要使用一种较不熟悉的、不同于内部言语所用的语言符号,这其间所须进行的换码过程就使有声言语说起来很不方便迅捷,说的话语不可能流畅、生动。因此,只有让学生经常用普通话来进行思维活动,普通话才能在他们身上植根,他们才会习惯于而且乐于口说普通话。要让他们做到这一点,自然须向他们讲清楚带来的好处,更重要的是须采取一些利于检查和训练的方法。例如在很短时间内默读一段诗文,紧接着仍用普通话尽量背诵出来或讲出大意,或者默读剧本或相声作品若干页,仍用普通话背出其中最感人、最有趣的语句,这样的做法是会行之有效的。关键之处是学生须自觉地、诚实地确实用普通话去默读,而且要有毅力强迫自己改变用母方言默读的习惯。如果进一步能够坚持用普通话默读小说等长篇作品,那么以普通话进行思维就能最终习惯下来。

要抑制或减少汉语方言的内部干扰,主要靠语文课教学挖掘自身的潜力,从教学内容和教学方法两方面设计出有效的办法。这里一个很重要的原则,是须要针对母方言最易给目标语学习者带来习惯影响的部分以及学生感到普通话难学好的部分,来组织教学内容和确定教学方法。比如在北方方言区,主要须突出声调的教学,多作母方言与普通话的声调对比,让学生掌握两种话在声调上的规律对应,多纠正学生朗读时出现的调值偏差。在南方方言区,语音教学的重点应是掌握普通话的三套齿音声母、儿化韵、轻声,以及克服母方言异于普通话的声母、韵母的影响;另外,普通话口语词的掌握及母方言特殊词语向普通话的改换,也应突出为重点。这是共同所在;南方不同方言的流行区里,各自还有一些特殊之处。以粤方言代表地点广州市为例,这个地方除了突出三套齿音声母尤其是卷舌音的教学和重点抓儿化、轻声之外,须着重克服声母 j、ŋ、v 和韵母 œ、œy、ɔ、ɔi、ia、ua、iɛ 等所带来的影响,要把广州方言的大量特殊词语同普通话的相应说法作比较,特别留意消除把方言词语尤其是英语借词搬到普通话里来的现象。此外,为了纠正语句里来自广州方言的不规范的句法,可将广州方言一些特殊句法现象同普通话句法作有趣的对比。

对于南方方言区的学生来说,普通话同他们的母方言差别很大,可说是皮特·科德(S. Pit Corder)所认为的"第二语言"[②]。虽然不等于一种外语,但学好它的困难程度是接近于学好一种外语的。加以普通话同母方言之间又有许多类似的、同源而相近的成分,比外语还更易掺进母方言的大量成分。因此外语教学中为正确掌握外语和克服母语影响的有效方法,大体上也可以为南方方言区的汉语教学所用。这其中,特别是强调听和说的训练具有重大的意义。让学生经常仔细收听普通话的播音,勤做听述和字母拼音的听写练习,勤做对话和朗读等,对克服母方言的内部干扰,是能起良好作用的。

附 注

① 这里例外的大城市,或许可以提出哈尔滨。哈尔滨话的语音和北京音基本上一致,土的词语也不多。

② 参考吕叔湘先生在《关于语文教学的两点基本认识》一文里的注文:

"'语文'有两个意义:一、'语言'和'文字',二、'语言文字'和'文学'……一般说到'语文教学'的时候总是用的'语文'的第一义。"(《文字改革》1963 年第 4 期,1 页)。

③ "母方言"这一术语,见皮特·科德(S. Pit Corder)《应用语言学导论》(*Introducing Applied Linguistics*),汉译本 44 页,上海外语教育出版社,1983。

④ 参见陈原《社会语言学》,218 页,学林出版社,1983。

⑤ 蓝青官话指种种不地道的、走样儿的官话。性质上大致就是布龙菲尔德(L. Bloomfield)所提的次标准语(sub-standard language)(见其所著 *Language*,485 页,1935 年英国版)。

⑥ 陈建民《文化语言学说略》,《语文导报》1987 年第 6 期,45 页。

⑦ 参见吕叔湘《汉语研究工作者的当前任务》,《中国语文》1961 年 4 月号,5 页。

⑧ 分别见《中国语文》1986 年第 2 期和《语文建设》1986 年第 6 期上对两个会议的有关报道。

⑨ 皮特·科德《应用语言学导论》汉译本,41 页。

⑩ 参见德·索绪尔(F. De Sausure)的 *Course in General Linguistics*,英译本,205-206 页,1960 年英国版。

⑪ 皮特·科德《应用语言学导论》汉译本,44 页。

(原载香港《语文教育学院学报》第四期,1988)

带连绵义的体词性短语

一

汉语相当一部分短语结构有深层义。这深层义,指的是深层结构所含的结构关系意义。如"一闪一闪"的深层结构是"一 V_1 ＋一 V_1 ＋一 V_1 ＋一 V_1 ＋……","真真假假"的深层结构是"又 Adj_1 又 Adj_2 ＋又 Adj_1 又 Adj_2 ＋又 Adj_1 又 Adj_2 ＋又 Adj_1 又 Adj_2 ＋……";前者的结构关系意义是单一结构项的不断叠连,后者的结构关系意义是两个结构项各一基本语素 M_1、M_2 的联结体的不断叠连——也实际上是两结构项基本成分一并不断叠连。这种不断叠连的关系义,可称为连绵义、延续义或继续意义。

作为语法意义,连绵义并非深层结构所组合的词语意义的相加连,即并非寓存着表层结构的固定短语或自由词组的深层(真实)意义或意思。但它是相应短语深层意义(或意思)赖以构成的必要成分,广泛地出现在许多短语的真实含义之中,具有客观性和一定的内涵。

带连绵义的谓词性短语,如"忽闪忽闪""一闪一闪""进进出出""吵吵嚷嚷""一瘸一拐""一起一伏""说东道西""这里站站,那里坐坐"之类的动词性短语,"高高低低""真真假假""丁丁当当"

"忽冷忽热""时快时慢""一时松一时紧"之类的形容词短语,已有专文论述。① 本文要分析的,是带连绵义的体词性短语(包括由两个体词性短语对等地加合成的短语)。

这类体词性短语最重要的特质,既然是其深层真实涵义中有连绵义成分,就可以凭据是否具有表现出连绵义的深层结构来验定这类短语,把一些与它相近似的单位排除出它的范围。

比如检查下列短语:

(a)一步一步

(b)一声一声

(c)一兵一卒

(d)一县一镇

(e)东一堆,西一堆

(f)东面荷塘,西面林麓

"一步一步"的真实意义(这里指本义,不指比喻的转义),并非字面上的"(走)一步再加一步",而是"连续地一步接着一步,不断出现迈出的步子";短语(b)的真实意义,也并非字面上的"一个声音,又(另)一个声音",而是"发出的一个声音接着一个声音,不断地相接续"。因而(a)(b)两短语各具有展现出其真实意义的深层形式:

(a):一步一步一步一步……

(b):一声一声一声一声……

显然,两深层形式中共同存在一个含连绵关系意义的深层短语结构:

一 N_1 + 一 N_1 + 一 N_1 + 一 N_1 + ……

(a)(b)同为带连绵义的体词性短语,是无可置疑的。

近似于(a)(b)的短语(c)(d),字面意义就是真实意义,并无深层意义;而这字面意义并没有任何连绵性,即

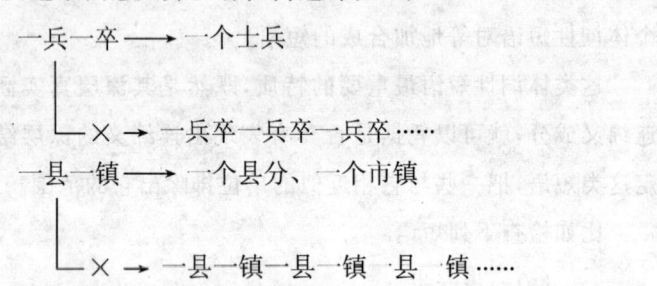

一兵一卒 ⟶ 一个士兵
　　　└ × ⟶ 一兵卒一兵卒一兵卒……
一县一镇 ⟶ 一个县分、一个市镇
　　　└ × ⟶ 一县一镇一县一镇·县　镇……

据此,可断定(c)(d)不属于带连绵义的短语范畴。从形式上看,(c)(d)异于(a)(b)之处与不具有连绵义也不无关系。(a)(b)前后两个"一"之后的体词是同一的(N_1);(c)(d)"一"后的则是不同的两个体词(N_1、N_2),而且后一体词所指的对象不会大于前一体词的所指。凡形式上与(c)(d)一致的短语,如"一粥一饭""一花一草""一人一貌""一分一秒"等等,必不会是有连绵义的短语。而形式上与(a)(b)一致而已经或能够说开来的短语,如"一村一村""一县一县""一户一户""一个一个""一堆一堆""一年一年""一天一天"等等,则必然会有连绵义。

短语(e)的真实意义,也不是字面上的"东边有一堆,西边也一堆",而是"这个地方一堆,那个地方一堆,许许多多地方都有一堆"。因而(e)展现其真实意义的深层形式是

此处一堆,彼处一堆,此处一堆,彼处一堆,……

其中作为骨架的句法结构,是有一并叠连式的连绵结构关系的:

$Loc_1 - Un_1^{②} - Loc_2 - Un_1 — Loc_1 - Un_1 - Loc_2 - Un_1 ——……$

可见(e)无可置疑地是带连绵义的体词性短语。与(e)相近的短语

(f)，则情况不同：

东面荷塘，西面林麓 ⟶ 东边是荷塘，西边是林麓
　　　　└─×⟶ 东面荷塘，西面林麓，东面荷塘，西面林麓，……

(f)不带任何连绵成分，也是无可置疑的。(e)所具有而不为(f)所具的结构特点——短语前后两片段中相对立的方位词后的部分，是完全同样的"一＋Loc_1"——成为带连绵成分的一种标记。这为进一步的观察和发现所证实；和(e)的结构形式一致的短语，如"东一块，西一块""东一包，西一包""这里一簇，那里一簇"等等，都带连绵义；而与(f)的结构形式一致，前后不具"一＋Loc_1"这个结构部分而在相应位置上分别是 N_1、N_2 的短语，如"前面大江，后面大湖""东边金沙水，西边澜沧江""北面秦岭，南面大巴山"之类，都是不可能带连绵义的。

这样，以是否存在带连绵成分的深层真实含义为主要依据，结合着参照结构形式特点，可以比较准确地辨定带连绵义的体词性短语，并进一步把作为它们构造框架的全部短语结构确定下来。

二

这些定量的、表连绵关系意义的体词性短语结构，包含构造形式上不大一样的八个类别。

（一）由四个单音语素、两个等长结构段组合而成的。具有四字格的而且节律匀整的形式。内部又分出三个子类：

（1）ABAB 式的。其中两个 A 可都是基数词"一"或都是形容词"大"。当 A 为"一"时，两个 B 是同一单音名词或同一单音时

间词或同一量词；当 A 为"大"时，两个 B 是同一量词。因此 ABAB 式体词性短语结构可细分为四式："一 N_1 一 N_1""一 T_1 一 T_1""一 Un_1 一 Un_1""大 Un_1 大 Un_1"。

一 N_1 一 N_1 结构的铺盖面不很大。体现它的（由它形成的）具体短语，是有限的七八个：

　　　　一声一声　一步一步　一村一村　一镇一镇　一县一县
　　　　一店一店　一字一字　一题一题

进入一 N_1 一 N_1 式的单音名词，都指独成某种明显有定单位的具体事物，可借用作量词（如"一字笔画""一店货品""一村百姓"），有接近于量词的性质。

一 T_1 一 T_1 的铺盖面也不宽，但是就涵盖进去的时间词占全部时间词的比例而言，应不算小。体现此式的具体短语有：

　　　　一年一年　一季一季　一周一周　一天一天　一秒一秒

不见"*一月一月""*一日一日""*一分一分"的说法。可能因为"一月"会与一年头一个月的"一月"混淆不清；"分"会与货币最小单位的"分"或度量衡单位的"分"相混淆；"日"的书面性与一 T_1 一 T_1"式能在口语普通应用这一功能特点相冲突。

一 Un_1 一 Un_1 的铺盖面极广。几乎所有量词都可以进入这个短语结构。最常见的如：

　　　　一个一个　一条一条　一把一把　一根一根　一双一双
　　　　一块一块　一匹一匹　一辆一辆　一吨一吨　一尺一尺
　　　　一亩一亩　一杯一杯　一盆一盆　一趟一趟　一次一次

只有极少数表示度量衡微小单位的量词和个别"借用的"量词，不能进入一 Un_1 一 Un_1 结构。如不能说"*一毫一毫""*一厘一厘""*一手一手好字"。

大 Un₁ 大 Un₁ 的铺盖面也不小。能进入这个短语结构的量词,是所指的单位具有比较具体、明显但无确定大小范围的空间形式的。如:

　　大块大块　大把大把　大堆大堆　大叠大叠　大本大本
　　大杯大杯　大碗大碗　大口大口　大盘大盘

（2）ABAC 式的。其中两个 A 也同是基数词"一";B——C,或者是借用名词充当的动量词或名词——普通名量词或单音名词,或者是借用名词充当的名量词——相近的名量词,或者是时段小些的时间词——时段大些的时间词。因此,ABAC 结构可具体标示为三式:

　　（Ⅰ）一 Un(v)(←n)/N₁ 一 Un(n)N₂

　　（Ⅱ）一 Un(n)(←n) 一 Un(n)

　　（Ⅲ）一 T₁ 一 T₂(>T₁)

（Ⅰ）式结构的前半截,用以表示活动进行一次或一次活动所用的手段;后半截则用以表示一次活动或一次活动所用手段导致出现的情况。两半截合起来,就能显示"活动进行一次或某种手段用一次——导致的一定情况"的连绵不断。如"一板一眼"的本义是"一板一拍(节拍)一板一拍一板一拍……"。这种结构形式的具体短语,除了已成为固定语的"一板一眼"外,只有四五个:

　　一枪一个("(开)一枪打倒(或打死)一个"的简化说法)
　　一刀一个("(劈)一刀砍下一个脑袋(或首级)"的简化说法)
　　一炮一坑
　　一弹一坑
　　一弹一眼

（Ⅱ）（Ⅲ）两种结构形式的具体短语,也不多见,分别有:

　　　　一家一户　一盘一碟　一坛一罐　一瓶一樽
　　　　一月一年　一天一周　一周一月　一天一月

两种结构表现的连绵,都不是前后两截(AB、AC)并合一起再叠连,而是两截分别自身不断叠现,再相加合。即

　　　　一家一户＝一家一家一家……＋一户一户一户……
　　　　一月一年＝一月一月一月……＋一年一年一年……

(3) AABB 式的。其中 AA 与 BB 都是同一个体词的叠连,A 与 B 是同一类体词——同是名词、量词、数词、时间词、方位词或人称代词,而且意义上同类——指同一范畴的事物对象。"AA""BB"有的可单说(如"字字句句"的"字字""句句","年年月月"的"年年""月月","点点滴滴"的"点点""滴滴"),独立出来用时表示"每一"的语法意义;大多数不能单说(如"男男女女"的"＊男男""＊女女","里里外外"的"＊里里""＊外外","三三五五"的"＊三三""＊五五")。"AA"与"BB"在彼此结连起来的情况下,都可以也仅只表示 A 与 B 各自不断出现。因此,这里的"AA"和"BB",并非单音体词表示"每一"的语法重叠(如"人人""户户""年年"),而是两个一样的单音体词的句法叠连;这里的"AABB"式结构并非表示"每一"义的 AA、BB 相加联的联合结构(如"条条(·tiao)框框(·kuang)""箱箱(·xiang)柜柜(·gui)"之类所体现的结构),而是特殊的连绵结构——它不仅在结构关系意义上,并且在末一字音为重读的音流形式上,与联合结构的 AABB 显出了重大差别。

AABB 式连绵结构,可细分出不同的五种:

(Ⅰ) $N_1N_1N_2N_2$。形成的具体短语不很多;其中大部分已成为固定语,如下列:

子子孙孙　男男女女　老老少少　神神佛佛　字字句句
草草木木　枝枝叶叶　山山水水　沟沟坎坎

自由词组性的只是较小一部分,而且是偶尔一见,如"村村镇镇""渠渠涧涧""花花木木"。社会上有运用 $N_1N_1N_2N_2$ 结构造出新的连绵短语的某种倾向,往往把有两个同类意义范畴的单音词素的复合词还原为两个单词,并使它们分别叠加一个,从而构成连绵短语。像"子子孙孙",便是"子孙"由复合词提升到短语层级并加以扩展的结果;"草草木木"也是这样来自"草木","山山水水"是这样来自"山水","字字句句"来自"字句","老老少少"来自"老少"。不过,把一个复合的名词改变为连绵短语,受到两词素的意义须属于同类语义范畴、相互的关系在复合词内须较明晰、两词素可以复原为名词等条件的制约,$N_1N_1N_2N_2$ 式连绵短语不可能轻易造出。因此它们在数量上有限,不会迅速增多。

有好几种近似的四字格短语,不应混为体词性 $N_1N_1N_2N_2$ 式连绵短语。一种是尽管 A、B 可单独取出作名词来用或 A+B 是个单纯名词,AA 连结上 BB 形成的整体却已是个有描绘作用的、形容词性的单位,如"坑坑洼洼""疙疙瘩瘩":

路面坑坑洼洼,车走在上面颠簸得厉害

(《现代汉语词典》修订本第 719 页,商务印书馆,1996)

走进这个小屋的时候,心里还疙疙瘩瘩,可是,当走出小屋时,心里就轻松多了

(2002 年 1 月 8 日《光明日报》第 2 版)

(按:"坑"从"坑坑洼洼"抽取出来单用,是个名词,儿化的"洼"wār 也是名词[《现代汉语词典》修订本:"❷(～儿)凹陷的地方:水～儿"],但是"坑坑洼洼"的意义已是比况事物的某

种性状特征:"形容地面或器物表面高一块低一块"[《现代汉语词典》修订本第718—719页],其功能表现为能带状语修饰而充作述谓成分;显然"坑坑洼洼"在性质上已相当于一个形容词。"疙疙瘩瘩"是名词"疙瘩"用了形容词表示比较级的AABB式语法重叠,成了形容词的语法变体,意义是"很别扭";自然,它不存在连绵成分。)

一种是两种重述格复合词③联合组成的四字格固定语或自由词组,如"婆婆妈妈""公公婆婆""条条框框""爸爸妈妈";其A与A、B与B都非句法叠连而只是一种构词关系,AA和BB之间存在的是普通的联合关系而非特殊的连绵。再一种,是两个都表示"每一"义而重叠的名词或量词联合组成的自由词组,如"班班组组""家家户户""院院系系";其音流形式以第二、第四字均为轻读而与$N_1N_1N_2N_2$式连绵短语明显不同,其AA与BB之间也只存在普通的联合关系。最后一种,是真实的意义为喻指义或泛指义的、表面上与连绵短语$N_1N_1N_2N_2$似无差别的四字格固定说法,如"风风雨雨""风风火火""头头脑脑""坛坛罐罐""盆盆罐罐""形形式式"等。这类单位由字面义延伸开来而半显半隐的连绵性深层义,并非真实的含义,仍然处于词语意义假的一层④当中;它其实不过是词语的内部形式,词语的真实意义借由它比喻出来或体现出来。如"形形式式",以许许多多形状、方式体现出"各种各样"的真实意义;"坛坛罐罐""盆盆罐罐"以许许多多坛子罐子或盆子罐子体现出真实意义"日常生活使用的各种器皿什物"。"风风雨雨"的内部形式——第一深层义"不断而来的阵阵风、阵阵雨",比喻出更深一层的真实含义"外部境遇带来的许多磨难、困苦"。"风风火火""头头脑脑"亦如此,即:

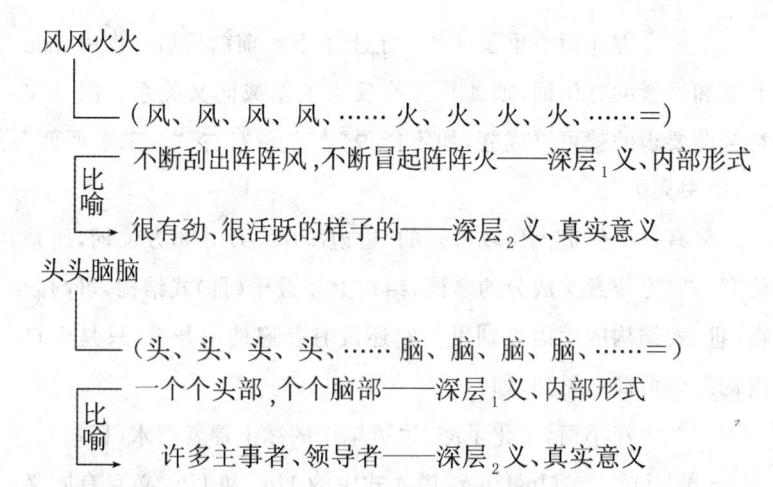

风风火火
└──（风、风、风、风、……火、火、火、火、……＝）
　比└── 不断刮出阵阵风,不断冒起阵阵火——深层$_1$义、内部形式
　喻└── 很有劲、很活跃的样子的——深层$_2$义、真实意义

头头脑脑
└──（头、头、头、头、……脑、脑、脑、脑、……＝）
　比└── 一个个头部,个个脑部——深层$_1$义、内部形式
　喻└── 许多主事者、领导者——深层$_2$义、真实意义

既然真实意义并无连绵成分,相应的 AABB 式单位就不存在连绵性的结构和结构关系。$N_1N_1N_2N_2$ 连绵结构的短语如有比喻的、变得抽象的转义,那么,在用于转义的情况下,该短语的深层结构便也没有连绵性质。如"沟沟坎坎",在本义上是个 $N_1N_1N_2N_2$ 连绵结构短语;但是用于转义"许多阻力、困厄"时,显然深层结构并无连绵结构关系。

（Ⅱ）$T_1T_1T_2T_2$。形成的具体短语都成了固定的说法。只有四个:

　　　年年月月　日日夜夜　时时刻刻　分分秒秒

这种连绵性短语稀少,主要为可供选用的单音时间词数量很有限所决定。进入前置的 A 部位与后置的 B 部位的时间词,彼此须有一定的意义关系:是同类时段范围内的、相邻近的时段,而且前置的包含或至少长于后置的。

（Ⅲ）$Loc_1Loc_1Loc_2Loc_2$。形成的具体短语多是固定语,数量同样有限:

方方面面　里里外外　上上下下　前前后后　南南北北
前置和后置的方位词,彼此须互有反义关系或同义关系。但并非
符合此要求的就可以成立,如不能说"＊左左右右""＊东东西西"
"＊中中央央"。

另有一个构造上比较特别的"边边岸岸":B并非方位词,而是
带有一定方位意义成分的名词,结构上接近于(Ⅲ)式结构,可归附
在(Ⅲ)式结构的短语类别里。它还没有普遍使用开来,只是个自
由词组而可偶尔见到,如:

大江小河,又化了冻,边边岸岸的冰上浮着层水(杨朔)

(Ⅳ) $Un_1 Un_1 Un_2 Un_2$。进入式中的 Un_1 和 Un_2 必互有同义
关系或近义关系而可作用于同样的名词。这个特征也是本结构的
一个重要构成条件。要找到两个符合这种条件要求的量词,是不
大容易的;因而本结构形成的具体短语也较少,只有四个,都成了
固定语:

双双对对　丛丛簇簇　点点滴滴　层层叠叠

(Ⅴ) $Num_1 Num_1 Num_2 Num_2$。这种不同的两个单音基数词
一前一后分别叠现的连绵结构,只形成三个具体的短语:

千千万万　三三五五　三三两两

其中的"三"和"五",实际的意义已是不定的约数"数""三数"和
"四、五""五、六"。至于"七七八八"的说法,由于真实的意义是"多
而杂乱",并无"连绵不断"的成分,当然不入连绵性短语的范围。

(二)含四个单音语素、但分为两个不等长结构段的 BCAB 式
结构。A 是基数词"一",前后两个 B 是同一个时间词,C 是文言副
词"复"。BCAB 式可具体表现为 T_1 复一 T_1。进入这种短语结构
的时间词,只限于"年""日"。因此 T_1 复一 T_1 式的具体短语只有

两个,都早已成为固定语:

  年复一年　日复一日

 （三）由三个单音语素组合成的 ABB 式结构。A 是基数词"一",BB 是名词、时间词或量词的叠现。因此这类连绵结构细分为"一 N_1N_1""一 T_1T_1""一 Un_1Un_1"三式。它们实际上分别是"一 N_1 一 N_1""一 T_1 一 T_1""一 Un_1 一 Un_1"简缩的结果,在项与项的连贯性上比原式表现得较突出,在逐项分指上则表现得较弱。

 一 N_1N_1 结构的具体短语,比一 N_1 一 N_1 结构的少些。虽然一个站得住的一 N_1 一 N_1 式短语理论上可相应有个由之简缩来的一 N_1N_1 式短语,但是实际上人们不一定有那个简缩的说法。所以,一 N_1N_1 式短语只有四五个:

  一声声　一步步　一字字　一题题　一村村

 一 T_1T_1 式的具体短语则与一 T_1 一 T_1 式的数量一致,也是相应的这么几个:

  一年年　一季季　一周周　一天天　一秒秒

 一 Un_1Un_1 式的铺盖面则极广。所有一 Un_1 一 Un_1 式的具体短语,都可相应有省去第二个"一"的一 Un_1Un_1 式的说法。如"一个个""一条条""一把把""一亩亩""一盆盆""一趟趟"等等。

 （四）由五个单音语素组合成的 ABCAB 式。A 是基数词"一",两个 B 是同一个量词、时间词或名词,C 是副词"又"或介词"比"。这种五字格短语结构,具体一点看,就细分出互有些差别的六式:一 Un_1 又一 Un_1、一 T_1 又一 T_1、一 N_1 又一 N_1、一 Un_1 比一 Un_1、一 T_1 比一 T_1、一 N_1 比一 N_1。第一、四式的铺盖面极广,所有量词都可以进入式中,形成的只能是自由词组;第二、六式形成的具体短语,数量上比一、四式少得多,第三、五式形成的就更

少,尽管如此,形成的也是自由词组:

　　　　一个又一个　一本又一本　一斤又一斤　一盆又一盆
……
　　　　一年又一年　一季又一季　一周又一周　一天又一天
　　　　一山又一山　一乡又一乡　一村又一村
　　　　一个比一个(强)　一本比一本(厚)　一尺比一尺(宽)
　　　　一盆比一盆(贵)　一枪比一枪(响)……
　　　　一年比一年(好)　一周比一周(热)　一天比一天(难熬)
　　　　一山比一山(高)　一乡比一乡(富)　一村比一村(破败)
……

　　(五) 由六个单音语素组合成的 ABCABC 式。A 是基数词"一",B 是量词,C 是名词。具体些显示,此式便是一 Un_1N_1 一 Un_1N_1。这个包含两截等长结构段的六字格结构,实际上是一 N_1 一 N_1 结构加插进量词的结果,所铺盖的单音名词比一 N_1 一 N_1 结构多些,即形成的具体短语比一 N_1 一 N_1 式的多。如可有下列:

　　　　一个字一个字　一本书一本书　一道题一道题
　　　　一束花一束花　一盆花一盆花　一棵树一棵树
　　　　一辆车一辆车

不是任何一个一 N_1 一 N_1 式短语都可相应有一个加插量词的六字格短语。如"一字一字""一题一题",可分别相应地有扩展出的"一个字一个字""一道题一道题";但是"一声一声"没有相应的"*一个声一个声"的说法,"一村一村"不存在相应的"*一个村一个村","一县一县""一镇一镇""一店一店"等都不会有相应的扩展说法。反过来,绝大多数一 Un_1N_1 一 Un_1N_1 式短语都不能去掉量词,得出相应四字格的说法,如"*一书一书""*一花一花"

"*一树一树"之类,是不能成立的。

（六）由五个或六个单音语素、不一定等长的两个结构段所构成的一 $N_1/Un_1(v)(\leftarrow n)$一 $Un_2(n)N_2$ 式结构。N_1、N_2 可是单音的或双音的名词。结构的后半截在意义上是前半截得出的结果,或是与前半截密切相关的一种事实,有接近于对前半截所指事物作某种说明的述谓性质。因此整个结构在意义的表现上有自足性。它实际上是(一)类(Ⅰ)式结构(一 $Un(v)(\leftarrow n)/N_1$ 一 $Un(n)/N_2$)的略微变异;能形成的具体短语较为多些,其中也只有一个是固定语:

一步一个脚印　一鞭一道痕　一巴掌一个枣子(来自俚句"打个巴掌给个枣子吃")　一摊档一堆人　一营帐一伙人　一井一溜桶　一弹一个坑　一格一团粉

（七）由六个词(六个或八个单音语素)、两个彼此间有明显停顿隔开的结构段所构成的 BAD－CAE 式结构。A 是基数词"一",B、C 分别是彼此意义相反而音节数一致(都是单音或双音)的方位词,D、E 是同一个量词或分别是彼此可同样作用于一定单音名词的不同量词。具体些显示,此式便是 Loc_1 一 Un_1-Loc_2 一 Un_1/Un_2。它形成的具体短语是意义上能自足的自由词组,数量不很多。如:

东一堆,西一堆　东一盆,西一盆　东头一撂,西头一叠
这里一团,那里一簇　这里一队,那里一队
这边一堆,那边一堆

（八）由八个词(八个单音语素)、两个彼此间有明显停顿隔开的结构段所构成的 BDAE－CDAF 式结构。A 是基数词"一",B、C 分别是有概约性、配合起来表示相应约量的基数词,D 是名量

词，E、F 分别是可同样作用于一定单音名词的不同量词。换为具体一些，此式便是 $Num_1 Un_1 \to Un_2 - Num_2 Un_1 \to Un_3$。由于能配合成对表相应约量的概约性数词很有限，这个八字格结构形成的自由词组只有三两个，意义上能自足：

    三个一堆，五个一簇　七个一簇，八个一团

    八盆一丛，九盆一簇

 以上八类连绵结构的体词性短语，形式上有共同的特征：分成两截完全对称或大体对称的部分，在这两部分里相应一致的位置出现同一个"一"、同一个量词或同样搭配功能的量词、意义同样概约化而彼此相反的方位词、同一个时间词或彼此时段层级邻近的时间词、或者可同样概约化的基数词，从而形成前后叠连呼应、整齐反复的节奏。这足以营造出不断回环的氛围和感觉，因而很自然地能表现出连绵义。

三

 不同的体词性连绵短语，带的连绵关系义可能完全一样，也可能互有差异。在众多体词性连绵短语中，存在的不同结构关系——不同的连绵义，共有四种。全部体词性连绵短语结构及相应的具体短语，都可依带有何种连绵义而分类。

 （一）单连绵。整个短语叠现的两个直接结构项之一（或一直接结构项与另一项所含相当单位之一）不断连续出现。这是短语表层结构 xx（或 x - ax）的真实（深层）结构关系，它可由相应的结构转换式清楚地表现出来：[5]

$$x \text{——} x \text{——} x \text{——} x \text{——} \cdots\cdots \Longrightarrow xx / x\text{-}ax$$

如"一天一天"的单连绵义,就表现在"一天——一天——一天——一天——……"之中。

带(表)单连绵义的体词性短语,有下列结构的:

一 N_1 一 N_1:一声一声　一字一字　……

一 T_1 一 T_1:一年一年　一天一天　……

一 Un_1 一 Un_1:一个一个　一盆一盆　……

大 Un_1 大 Un_1:大块大块　大把大把　……

T_1 复一 T_1(=一 T_1 复一 T_1):年复一年　日复一日

一 N_1N_1(←一 N_1 一 N_1):一声声　一字字　……

一 U_1U_1(←一 U_1 一 U_1):一个个　一盆盆　……

一 T_1T_1(←一 T_1 一 T_1):一年年　一天天　……

一 Un_1N_1 一 Un_1N_1:一个字一个字　一盆花一盆花　……

一 Un_1 又一 Un_1:一个又一个　一盆又一盆　……

一 T_1 又一 T_1:一年又一年　……

一 N_1 又一 N_1:一山又一山　……

(二)并连绵。不同的两个直接结构项合在一起一并不断重现。这种为体词性短语 xy 所具有的真实(深层)结构关系,可从下面的结构转换式看出:

$$xy \text{——} xy \text{——} xy \text{——} \cdots\cdots \Longrightarrow xy$$

如"一板一眼"的并连绵义,就表现在"一板一眼——一板一眼——一板一眼——……"之中。

带并连绵义的体词性短语,有下列结构的:⑥

一 $Un(v)(←n)/N_1$ 一 $Un(n)/N_2$:一板一眼　一弹一坑　……

一 $N_1/Un_1(v)(←n)$ 一 $Un_2(n)N_2$:一步一个脚印　一巴掌

一个枣子 ……

Loc$_1$ — Un$_1$ - Loc$_2$ — Un$_1$/Un$_2$：东一堆,西一堆　这里一团,那里一簇 ……

Num$_1$ Un$_1$ — Un$_2$ - Num$_2$ Un$_1$ — Un$_3$：三个一堆,五个一簇 ……

(三)分连绵。不同的两个直接结构项分别不断重现,再联合起来。下面的结构转换式可清楚显示这种深层的结构关系：

$$xxxx\cdots\cdots + yyyy\cdots\cdots \Longrightarrow xy$$

如"山山水水"的分连绵义,即展现在深层结构"山山山山……和水水水水……"两段中不断重现的项相互的关连上。

下列结构的体词性短语,都带分连绵义：

— Un(n)(←n)— Un(n)：一家一户 ……

— T$_1$ — T$_2$(>T$_1$)：一月一年 ……

N$_1$ N$_1$ N$_2$ N$_2$：子子孙孙　山山水水 ……

T$_1$ T$_1$ T$_2$ T$_2$：年年月月 ……

Loc$_1$ Loc$_1$ Loc$_2$ Loc$_2$：里里外外 ……

Un$_1$ Un$_1$ Un$_2$ Un$_2$：丛丛簇簇 ……

Num$_1$ Num$_1$ Num$_2$ Num$_2$：千千万万 ……

(四)叠连绵。不仅仅结构项 x 凭借副词"又"或介词"比",而与 y 有重出或在某种性状上相较的关联,而且深层里的 W 项与 x(或 y 与 w)有同样的关联,V 项又与 W 项(或 W 与 V)如此关联,U 项(或 V)再同样关联于 V(或 U),T 项(或 V)同样关联于 U(或 T),如是不断叠连。这种深层的结构关系,可从下面的结构转换式看出：

x 又/比 y——x$_1$ 又/比 x——x$_2$ 又/比 x$_1$——x$_3$ 又/比

$$x_2 \longrightarrow \cdots\cdots \Longrightarrow x 又/比 y$$

如"一年又一年"的叠连绵义,即展现在深层结构"一年(辛巳年)又一年(壬午年)——一年(庚辰年)又一年(辛巳年)——一年(己卯年)又一年(庚辰年)——一年(戊寅年)又一年(己卯年)——……"上;"一村比一村"的叠连绵义,展现在深层结构"一村(甲村)比一村(乙村)——一村(乙村)比一村(丙村)——一村(丙村)比一村(丁村)——一村(丁村)比一村(戊村)——……"上。

带叠连绵义的体词性短语,有下列结构的:

一 Un_1 又一 Un_1:一个又一个 一本又一本 ……

一 T_1 又一 T_1:一年又一年 一天又一天 ……

一 N_1 又一 N_1:一山又一山 ……

一 Un_1 比一 Un_1:一个比一个 一枪比一枪 ……

一 T_1 比一 T_1:一年比一年 ……

一 N_1 比一 N_1:一山比一山 一村比一村 ……

单连绵义、并连绵义、分连绵义、叠连绵义,在实质上与谓词性连绵短语的单续义、并续义、分续义、叠连义⑦是完全一致的。它们是继续范畴内四种各有特殊性的语法意义。表现这每一种语法意义的体词性短语结构形式,都多式多样。作为汉语继续范畴表现手段的一大组成部分,带连绵义的体词性短语是种类很不少、数量相当大的,情形与带继续义或延续义的谓词性短语可谓相仿佛。这足以表明,现代汉语短语在结构上和表意功能上有重大的特色和高度的复杂性。

附 注

① 拙文《带继续意义的动词性短语》,载中国语文丛书《语法研究和探

索》(二),北京大学出版社,1984。又拙文《带性状延续义的形容词短语》,载《语法研究和探索》(八),商务印书馆,1997。

② Un代表量词,取这类词实质上指事物计数单位的意思。吕叔湘《中国文法要略》就把量词称作单位词(第九章)。

③ 见拙著《汉语描写词汇学》78页,商务印书馆,1990;又拙文《复合词结构的词汇属性》,《中国语文》1990年第4期。

④ 关于词语意义有假的一层和真的一层的情形,请参见拙文《语法和词汇中的意义真假层》,《庆祝中国社会科学院语言研究所建所45周年学术论文集》,商务印书馆,1997。

⑤ 参考拙文《现代汉语句法中的继续范畴》,载《南开学报》哲学社会科学版1983年第6期,又收进拙著《语法学探微》,南开大学出版社,1996。

⑥ 这些结构的短语,笔者在近二十年前写的《现代汉语句法中的继续范畴》里放在交续义短语份下,是不当的。它们带有的应是并连绵义或并续义。

⑦ 见拙著《语法学探微》98—99页,南开大学出版社,1996。

参考文献

储泽祥 2001 《单音名词AABB叠结现象》,《汉语学报》第2期(2000年下卷),湖北教育出版社。
刘叔新 1984 《带继续意义的动词性短语》,载《语法研究和探索》(二),北京大学出版社。
—— 1996 《语法学探微》,南开大学出版社。
—— 1997 《带性状延续义的形容词短语》,载《语法研究和探索》(八),商务印书馆。

(提交首届国际汉语言文字学术研讨会
(2002,香港),收进该研讨会论文集)

汉语构词法的几个理论问题[*]

一 汉语构词法的内涵究竟是什么

人们从有关汉语构词法的不少论著,从涉及构词法的许多汉语教本的有关看法,很难弄清构词法的性质,不明白构词法究竟应包含什么样的内容。论述者或将它纯作为语法现象来对待,或将它视作词汇现象来谈论,或同时处理为语法的和词汇的问题。在构词法的标目下,有人只研究合成词的构造方式,有人既研究合成词的构造形式,也研究新词如何构造的方法。做法可谓形形式式,反映了观念认识上的歧异和杂乱。有一点是相同的:都在构词法概念上模模糊糊,不明确确定其内涵。

较多人大抵这样理解构词法:第一,它和构形法相对,是构成另一个词的现象。第二,它是一个词如何构造出来和结构情况如何的现象和规律。第三,它属于语法,由语法学去研究,但是词汇学似乎也应该管;理由何在,则不清楚。

形成这种宽泛驳杂而相当含糊的理解,与出版于20世纪50年代的陆志韦著作《汉语构词法》有些关联。这第一部研讨汉语构词法的专书,一方面明显地把构词法完全作为语法问题来处理;另

---

* 这是作者1997年9月应邀在德国洪堡特大学亚非研究所所作讲演的题目。现将原稿增删调整,改成此文,在首届汉语言学国际研讨会上报告。

一方面，研究的内容又包括似乎词汇学也有责任去研究的问题，如词这种词汇基本单位应如何确定，复合词本身的结构分析，等等。陆著影响所及，中国大陆几乎所有语法教本不仅都把构词法列为法定的章节，而且都谈派生词和复合词的结构。但是对于复合词结构的论述，只是做到划分出它的几种基本格式，各贴以句法结构的标签。因为陆著也仅做到这一步，并没有提供成形的清楚的语法分析成果。内地一般的词汇教本或读物，也照搬语法教本关于构词法的论述内容。不过有的词汇研究者还把新词的构成方法或途径也看作构词法的组成部分。

P. R. K. 哈特曼和 F. C. 斯托克著的《语言与语言学词典》(1972)把构词法视作词的形式在词缀上或屈折变化上有意义的变化。这在屈折的变化与词缀的变化同等地列为词的构造形式问题一点上，无疑是符合词的形式结构实际的；只可惜把它们笼统地、无差别地合为同一种语法现象，等于取消构形法在语法上与构词法的对立，而且会导致把近似于派生法的词根组合这类词的构造现象也看作语法学的现象。

消除术语概念上模糊、混乱所带来的不良后果，很有必要来一次正本清源。术语"构词法"（word-formation）最初被提出来，绝非宽泛地指词的所有构造现象。它是为了与有点儿相近的另一词法（morphology，形态）现象——构形法（inflexion，屈折）很好地区分开而产生的，指的就是词根加词缀或换别的词缀造出新词的派生法（derivation）。它产生自西方语言学和印欧语言事实的观察。欧美学者对此容易清醒地了解。英国 J. 莱昂斯在其《理论语言学导论》中表明构词法也可说成派生法，即"word-formation"和"derivation"是一回事。①

很清楚,与构形法相对而提的构词法,本是语法学的术语和概念,本是用于印欧语的词法的。后来把它泛用到词根相加构成词的现象上去,甚至进一步用到一切新词如何构成的问题上去,是并不可取的;特别是把它用到汉语复合词的构成上,更不可取。因为复合词内词根与词根的组合,根本不是语法的结构现象,既无任何定其属于句法的根据,也绝非词法的表现。这一点,本人20世纪90年代初有一文已作谈论,②理由不必在此重述;从该文发表至今也无人持异议,倒是获得理论研究家的一再赞同。③现代汉语的复合词极多,数量之大使派生词显得微不足道;把原使用于印欧语大量派生词结构的"构词法"套用到现代汉语的基本结构——复合词词根组合的结构上,就愈显出张冠李戴、改换性质的严重性。

把"构词法"的概念还原到本来的实质和范围上,显然是必要的;对于汉语的研究来说,更须如此。不然,构词法的研究不仅含糊、混乱的局面难以改观,还必然走进死胡同,进展不了。数年前,喜见德国汉学家们有两部专门研究汉语构词法的著作问世,都是把研究对象只确定在派生法上的。一部著作是《汉德构词词典》,④一部是集五篇长篇论文的《汉语构词法》⑤。词典别开生面;论文集独辟蹊径,论议深宏。虽然都兼有误将非词单位纳入构词法范围的缺点,但是毕竟提供了汉语构词法研究的良好前景。约莫同时,国内也开始有语法学者专门研究汉语派生法中的词缀问题,出现了可喜成果⑥。

复合词的构造或结构方面的问题,是否就不必研究呢?当然不是。它交由词汇学去研究。所有词的构造或结构,都是词汇成员单位自身的问题,词汇学研究它们是理所当然的,应该说,也责无旁贷。这些问题里面,除了复合词,自然包括派生词的构造,甚至还包括词可能出现的构形法变体,因为词位的语法变体也是词的一个代表形式,也有词的构造方式问题。词汇学研究到带有语法性质的派生词和词位的语法变体时,当然不需同于语法学的观察角度。词汇学把它们纳入所有的词如何构成、结构方式的特点及其类别这样一个更大的研究课题范围之内,着重于考察词内的词素之间的关联情况及其与词的意义、形式、交际功能等方面的关系。

为了区别不同的研究角度和分工明确,也为了避免术语使用时容易引起的概念上、观念上的含混、混乱,词汇学研究词的构成或结构方面时,不宜采用"构词法"这一术语。它本由语法学所提出,现在恢复其纯语法学的性质,只用于语法学领域较为妥善。词汇学可以用"词式"来指词的结构方式,用"造词法"指构造新词的方法途径。这样做,不仅理论上有合理的依据,[②]而且已在实践中经受了检验。[③]问题是,术语这样的分流,至少产生一种效果,那就是词式和造词法,能够分别得到词汇学的深入研究,并且这种研究能够摆脱"构词法"语法观念的纠缠而取得成效。

因此,汉语构词法的内涵,如德国汉学家们丰富的研究实践所表明的那样,应明确为词根加词缀的派生法。这不仅能给汉语词汇学开展词式和造词法的研究提供广阔园地的条件,也使汉语构词法的语法研究认清道路,看到发展的前景。

二 汉语构词法的研究任务问题

作为语法学的一个研究方面,汉语构词法的研究自然应该紧紧扣住语法现象的解释或语法问题的解决。要明确其任务就不能离开这一认识前提。

从陆志韦《汉语构词法》开始,如何确定现代汉语的词,似乎就成了构词法研究首先须要解决的问题。其实不仅仅构词法这个方面,整个句法的各个方面,要展开研究都必须弄清楚汉语什么样的单位是词。尽管语素在语法分析中居于基础的重要位置,词对于汉语语法学来说,仍然是句法词法分析的枢纽单位。

这一点已为近数十年来汉语语法研究实践所表明。近有学者认为现代汉语是语义型语言,研究其构词法及句法中词与词的组合都可将词置于一边,只看一个个"字"即单音语素彼此的意义组合。⑨这是以"语义句法"的观点来观察汉语的论述。理论新奇,有待实践检验。不过以"字"来取代词,特别是取代词的枢纽地位,这一点似不符合于现代汉语的现实情况。至少,合成词中语素和语素的结合以及重叠式的词中的词根和重叠成分的接连,与短语或句子中单音词同单音词的组合这样两种不同层面的结构现象,会因此而失去区别,混而为一。另外,汉语句法学倘主要关注字的组合,也势必与汉语词汇研究及词典的编纂、研究完全脱节,乃至背道而驰。

所以,迄今并无充足的理由要求汉语语法研究将词置而不顾。句法学也好,构词法也好,都应明确词的单位。

但是,词(就占词汇成员绝大多数的实词而论)是语言建筑材料——词汇的基本成员,是一个个有音(音流形式)义(概念意义)个性的具体材料单位。因此,它首先是词汇性的东西。词汇性是词的基本属性。语法学真正关注的词,其实是词按照其语法特点而归纳概括出的大大小小的类;无论作为句法结构项的词,还是作为词法变化系统或派生法体系基本结构单位的词,都是这样的语法类别的抽象单位。语法中的词是以词汇单位的词为基础的语法概括。这种情况决定了词作为语法单位的属性是派生的,与词的词汇属性相比较,只能居于次要地位。⑪所以,"研究词,确定词的单位,理应首先从词汇的角度入手,观察和分析作为语言一种特定材料单位的词所应有的和可能具有的意义内容和语音形式"。⑪研究词的单位如何确定的问题,无疑是汉语词汇学的任务,须从词最根本的词汇性质出发,用词汇学的方法来解决。这样做,十年前开始,已一再有所尝试,初步走出一条新的途径,取得比单从句法角度看取得的一般看法合理一些和较为切合实际的成效。⑫从语法方面来研究词的单位问题,也是需要的,尽管对于汉语来说,这种研究只能在句法层面就单一语流切分出词这种语句结构项来,而无法从众多语流中归纳出一个个同一的词位。但是汉语词在语流中分离性的语法研究,仍可以给如何解决汉语的词位问题起一定的辅助作用。⑬

上述可以归纳为一种认识:如何确定汉语的词,不是构词法领域内研究的问题,而主要是词汇学的研究课题;它也可由句法学去研究,但也只能局限于研究单一语流中如何切分开词(遇到词与词的固定组合,这种研究还极其为难)。

汉语构词法的语法学研究,其首要任务应是确定出现代汉语全部词缀并加以梳理分类。

要合理地把现代汉语的词缀一个不漏又一个不误地确定下来,是一项极其复杂的工作,难度很大。自然,要快刀斩乱麻,首先就得明确词缀的性质,以便弄清确定词缀的准则或依据。

在这方面,马庆株(1995)《现代汉语词缀的性质、范围和分类》一文作了相当深入细致的分析,指出"现代汉语词缀是自源性的、相对定位的、语义上带有范畴性的,在构词中有复呈性的黏附于词根的构词成分"。⑭这基本上符合客观实际。但是对词缀的定性似未够全面,在解释中有时似也体现不出理论原则的一贯性或统一性。如汉语词缀,和其他语言的词缀一样,起某种语法作用的性质,应是其重要性质之一。马文在给词缀定性中却未提及。与此相关连,马文一方面征引朱德熙先生关于词缀"都是定位语素","跟词根成分只有位置上的关系,没有意义上的关系"这一论断,并认为词缀据此就"有了一个语法的定义",⑮但是这与谈到词缀有语义上的范畴性质和构词上的复呈性质,明显地出入很大,而且同认为准词缀"与词根的意义关系具有模糊性"⑯的说法也相抵牾。

可见,汉语词缀的性质还不十分清楚。而词缀性质问题,是与确定词缀的依据问题息息相关的。只有从词缀本有的性质出发,才能够准确地看出确定词缀的依据;反过来,确定词缀的依据明确了,汉语词缀的范围便随之能具体确定,词缀的性质也就可以全面、周到地概括出来,清楚地认识。两个方面显然互为条件,互为因果,不可分割。应把它们统合起来研究。

虽然确定某种事物的依据须取决于该事物的性质,性质居于第一位,但是它抽象一些,而确定的依据相对而言较为具体。所以,研究不妨从确定词缀的依据方面下手,以之为纲本,在研究过程中同时把握着性质,概括出性质。

朱德熙(1982)指出词缀黏附于词根的一定位置这个定位特点,⑰有重要的意义。词缀既然有黏附性,就不同于词根可相对自由地在不同位置与别的词根相结合,即没有词根位置的灵活性。无疑这位置上的一定,是确定词缀时首先须凭靠的形式依据。但是只有这一个依据,并不能解决问题;仅凭之给词缀下定义或确定性质,自然也不可能完美妥帖。比如"电脑热""BP机热""熊猫热""快餐热"等的"～热",与"热门儿"的"热～",位置恰相反,而语音形式一致,意义也一致。只按照定位的依据,就不能把"～热"确定为词缀。然而似乎"～热"之为词缀,已得到大多数学者的认可。又如,"～痹""～娜""～菇",都是合成词内黏着于词根而位置一定(只在词根之前或之后)的成分,本身含什么意义及与所黏附的词根之间有什么意义关系,都很不明晰或难以确定,可是若把它们确定为词缀,恐怕没有谁能赞同。而只从这样一种确定依据得出的词缀定义或性质,无疑并不符合对象的客观实际。

马庆株(1995)在承用朱先生的词缀定义的同时,实际上对它作了重大的修正——另提出确定现代汉语词缀的两个依据(标准):"语义上常带范畴性","在构词中有复呈性"。[18]这样自然比只持一个形式依据要周全得多。不过"范畴性"的说法似较含混,不容易把握,抽象概括的极高程度似也偏于绝对化。词缀在意义方面,理应有不同于词根之处。这是词缀的语法作用所决定了的。词缀既然"复呈"地黏附于不同的词根,从而造出多个异于所附词根的词来,而且使所造的词的意义适用于一定的词性上,甚至往往给所造的词带来一定词性的标记,它的意义就一方面必带有不同分量的语法性成素而不同于纯体现概念的词根意义(一种词汇意义),另一方面其词汇性成素也必泛化或类化。语法性成素,最低限度也会是有助于形成该词句法功能特点的因素,如"玩儿""火儿"的"～儿",使"玩儿""火儿"的"～儿"具有可带副词修饰的动词功能特点;最充分的情况下,则能成为词的一定词性的标记,即有词类范畴的语法意义,如"胖子""瘦子""老子"的"～子

(zi)"是名词的标记,把一定词类范畴的语法意义充进所在的词的整个含义之中。词汇性成素,不论"实"到明显地体现概念——如"~家(jiā)""~者"之类,还是"虚"到仅只带来某种语体色彩——如"子儿""样儿"的"~儿",也显然一样有个共同点——泛化或类化,即从字的原义转化为表示范围广泛得多的、成类的事象。

可见得,汉语词缀一如其他语言的词缀,其含义方面具有两层特点:(一)兼有语法性的和词汇性的成素;(二)两类成素都有程度大小不一的情形;语法性成素强的表现为词类范畴意义,最弱的是句法功能特点的因素;词汇性成素也泛化或类化,其中强的表现为概念性词汇意义,最弱的是附丽于词义的感性表达色彩。

"在构词中有复呈性",确定词缀的这第三个依据,提出来是必要的。但是"复呈性"一般只用于词语单位在人们的言语中不断频常地呈现,以别于现成的言语单位(如名言、谚语、俚句)在言语中被有意识地引用的"搬引性"。因而无论在含义和作用上,还是在所指现象的性质和数量上,"复呈性"用来指词缀在若干词中的再现恐怕不够适切,不很合宜。不如说,词缀在构词中应有"一定的覆盖面"。任何语法成分都是语法组合结构关系直接的或间接而曲折的某种抽象概括,因而必能广泛地出现在相应的结构类型中,即有一定的覆盖面。汉语句法虚词的连词、介词、结词、[⑩]语气词,都出现在多种短语结构和句子结构之中;词法虚词,即形态词,出现在许多实词或短语之后;构形性质的重叠成分,则呈现在同一词类的许多词的语法变体结构之中。作为构词法形态的词缀,既然有语法性,就同样应该有出现在多个派生词结构中的相当程度的覆盖面。

上述确定汉语词缀在位置、含义和覆盖面上的依据,是否就充足了呢?不然。还须要提出一个可对含义依据作补充的第四依据——功能表现情况。含义虽然已是词缀重要实质所在而很大程度地体现其功能,但是含义究竟无形可察,对它的判断或解释难免有高度的主观性。所以须得以功能表现情况的考察来配合。

词缀既必有语法功能,也肯定会有词汇性质的功能。前一种功能表现在,词缀所处的词必可出现在表明该词一定句法特点的结构框架和特定位置上,而与之结合的词根单独成词时却没有这种必然性。比如"甜头"可出现在"尝(到)了/尝尝+(这+种+)～"这种表明名词句法特点的结构中,而"甜"通常不能这样出现。因此"甜头"的"～头"带来名词的句法功能表现,它是含有语法意义的词缀便确证无疑。词汇性功能,表现在词缀所处的词因与词根成词时的意义有所不同,而在出现的语体、风格上或词语搭配的语境上与词根作为词时有区别。如"甜头"多出现于口语和会话、俗谈风格,不适用于比较"文"的书面语和相关的风格,常同"尝"或"尝到"搭配;"甜"则在语体和风格上都表现为通用的中性,常同指食品的词"糖""饮料""蛋糕""夹心饼""西瓜"等等搭配。又如"椅子"多见于口语,而"椅"则适用于书面语。这些情况,都表明"～头""～子"含有词汇性的意义成素,与语法意义成素共存。而这正是词缀应有的特性。

确定汉语的词缀,看来须同时依据位置、含义、覆盖面和功能表现四个方面的情形作综合的考察。凡不能全面符合所有依据的条件要求的,就不宜定为词缀。例如:

汉语构词法的几个理论问题

	位置一定	意义有语法性成素和泛化或类化的词汇性成素	有相当程度的覆盖面	有语法性和词汇性的功能表现
～化	＋	＋	＋	＋
～然	＋	＋	＋	＋
～物	－	＋	＋	＋
～人	－	＋	＋	＋
～菇	＋	－	＋	－＋
～颥	＋	－	－	－
～宙	＋	－	－	－

表中表明，只是"～化""～然"够词缀的资格，"～物""～人""～菇""～颥""～宙"则只能是词根。

在确定什么算现代汉语的词缀、什么不算的问题上，提出"准词缀"的概念，⑱ 是饶有意义的。在语言的不同层面或不同性质的符号之间，往往存在着中介的或过渡的单位。这是语言历时变化发展折射到共时相对静态组织面貌上的表现。汉语的词缀一般都由词根或根词演化而来。理论上自然应容许有处于演进过程中的、大体上介于词根与词缀之间的单位的存在。问题在于应如何给这类单位定位——通通归到词缀方面（即准词缀）还是有的仍算作词根。还须要好好研究。原则上，确定准词缀的标准宜于严格一些。如果标准不严，就很容易模糊词根与词缀的界限，有把大量词根划入词缀范围的危险。看来，准词缀也应该全面符合词缀确定依据的要求，只是个别依据方面符合要求的程度可以稍低一些。这个别依据方面不可能是位置、含义或功能表现方面，而只能是覆盖面。因为前三者本身没有程度的高低，只能整体上肯定其存在；而后者本身才有不同程度的性质。据此，像含"器官分泌物"义的"～屎"（只出现在"眼屎""耳屎""鼻屎"）、含"属于那一些人"的"家

(jiɑ)"(只出现在"女人家""孩子家""姑娘家""学生家"),尚欠足够程度的覆盖面,就可以定为准词缀。至于"～化""～家(jiā)""～手""～员"之类,覆盖面相当广,也完全符合其他三个依据的要求,确定为准词缀[②]便显得有欠妥当,与一般都把它们看作地道词缀的共识相背离。

有了确定词缀及准词缀的合理依据,自然,现代汉语的全部词缀(包括准词缀)不难一一明确下来。

进一步,须研究它们的类别划分。本文很同意马庆株(1995)多角度分类的做法,他所提出的构造新词的能力、结合面宽窄、标示词性的功能、音节数量等不同划分角度,[②]都是合适的。但是,需要作些补充。词缀的根本性质,在于兼具语法性和词汇性。因此根据两种性质孰强孰弱的不同情况,把词缀加以分类,在理论上很有必要。拙著(1990)就曾从这一角度,把现代汉语词缀分为三类:语法性强的,如"～子""～价(jie)""～其""～性""～地",等等;词汇性强的,如"～者""～家(jiā)""～员""～手""～士",等等;语法性、词汇性均衡的,如"～化""～头""～老""～见""～初"之类。[③]有了这样的划分,语法学和词汇学就明确各自须着重研究的部分词缀。此外,按照构词能力的角度分出有能产性和无能产性的两类,也还不够。具有能产性的,须按强弱情况进一步加以分类,比如分出强的、一般的和弱的三类。这种次类的划分,有助于看出派生词的动态倾向,有利于词汇规范化工作的进行。

汉语语法学研究构词法的另一任务,是探讨汉语词缀的语法功能以及汉语中有无中缀的问题。

很清楚,如果不把词缀的语法功能单独提出来,对它们进行深入、彻底的研究,确定汉语词缀的功能情况依据就难以确定,甚至完全落空。汉语的词缀,哪些能成为词类的标记?哪些不能?作为词类的标记,是否只应限于标示单一词类的?兼用于两种或两种以上词类的情形下,还算不算词类的标记?这些问题很值得研究,须要求得尽可能合理的结论。至于并非词类标记的词缀,其语法功能如何表现出来,更是相当隐晦曲折的问题,须要作为一个研究的重点和难点来对待。

汉语有无中缀,迄今学界没有一致的意见,有的有影响的教材肯定了中缀的存在。相当多的学者都不支持这种观点。不论正面还是反面的意见,似都需作出充分的解释。可是许久以来,语法学界对此保持着沉默,无人去过问。最近倒是有主攻词汇学的青年学者捡起这一问题来研究,其成果[24]的发表当可引起语法学者们解决这一问题的兴趣。

"打不倒""够不着""走得快""摸得着"等当中的"不"和"得",不可能是词缀,似乎显而易见,大多数学者也这么看。"不""得"都取得词的资格,似不成问题。但是"糊里糊涂""怪里怪气""软里巴叽""叽里咕噜""噼里啪啦""稀里糊涂"等当中的"里","黑不溜秋""酸不溜丢""傻不愣登"等当中的"不",是否可以看作中缀,却需要研究和讨论。本人曾专文分析过四字格中轻声的"里"的性质。认为里$_1$(出现在"糊～糊涂"类)作为重叠成分的标记,是次构形成分;里$_2$(出现在"软～巴叽"类)作为所依附的后缀的标记,是次后缀;里$_3$(出现在"叽～咕噜"类)是象声的复合词根中的语素;而里$_4$(出现在"稀～糊涂"类)则仅仅是个不带任何意义的音节。[25]看来,同类四字格中的"不",似与里$_2$的性质一致。这样,本人对汉语中中缀的存在,是持否定态度的。当然,问题若要得到大家的共识,要彻底解决好,就还须要学者们做深入的探讨。

三 词汇学的构词学研究

让构词法回归语法学,并不意味着词汇学可以不管词的派生或派生词与词缀的问题。不仅词缀有词汇性的一面,词根与词缀的结合又还是词的一种结构方式和造成新词的一种途径,因而词汇学理所当然地也要研究派生词与词缀的问题。事实上,分析语言一定时期的词(包括词可能有的语法变体)的各种结构方式和造成新词的各种方法途径,都是词汇学责无旁贷的任务。

词式(词的结构方式)的全面描写、分析,对于汉语的共时词汇学来说,尤其显得必要和突出。因为现代汉语覆盖面最广的一大类词式是词根加连词根的复合式以及重复合式、多重式;[⑩]而词根加连词根的结构并非语法结构,只是词汇单位内部的词汇性结构。[⑪]

汉语词式有很多复杂的问题,须用词汇学的方法来研究和解决。这些问题,举大端的来说,至少就有下列四个:(1)基本词式应有什么样的范围,或者说,基本词式应是哪些?(2)如何处理和分析构形重叠的词式?(3)词根(包括复合词根)与词根之间的结构关系,应如何分析和分类?(4)词根加连词缀的结构,形式确定而极明显,词汇意义上的关系则往往隐晦难明;这种意义关系应如何揭示、分析和分类?认为词缀与词根之间没有意义关系的看法,[⑫]恐怕是把词缀看成纯语法成分所导致的,并不符合词缀兼有语法词汇双重性的事实。诸如"作家""音乐家""使者""作者""绿化""美化"等派生词,如否认词中的词根与词缀的意义关系,整个词义的形成就无从解释。即使像"椅子""筷子""老虎""老师"这类词义与词根义几乎完全一致的派生词,词义整个内涵毕竟与词根义微有差别的情形,离开了词缀所带来的表达色彩与词根义的关联,也是不可能存在的。词缀在词汇意义(包含可能具有的表达色彩)上与词根的关系,所表现出的特殊性、多样性和复杂性,正是词式研究中须要特别重视和认真处理的一个方面。

汉语词式的词汇学研究,不仅只在词缀和派生词结构问题上同语法相牵连,还在复合词结构的考察上更广泛地关涉语法。因为大部分复合词或由古代的词组、短句演化而来,或仿现代句法结构格式而造,都存有句法结构的投影。在一定情况下,揭示某类复合词结构的句法渊源,可能是必要的。当然这并不意味着词式的描写、分析会改变其归属词汇学范畴的性质。

词式的描写、分析,还必须利用句法分析中普遍采取的层次原则。除单项式、一般简单的派生式(如"甜头")和复合式(如"简明")之外,重复合式(如"游泳池")、重派生式(如"老油子")、类复合式(如"鸡子儿")、多重式(如"山顶洞人")以及几种语法变体的变式(如"清清楚楚""美化美化""糊里糊涂")等都有两个或三个结构层次,⑫应该逐层作分析。为了便于看出最重要的第一层结构以及把它的直接成分和其他层结构的区分开来,可以起用旧译名"词素"并赋以不同于"语素"的新内涵。词或词干可能有的直接组成成分,不论是一个语素还是两个语素的组合体,也不论是词根、复合词根、词缀还是重叠成分,都适于用"词素"来指说;而词或词干的直接组成成分内的结构成分或更低结构层次的成分,就只称为语素或语素的组合。⑬词素出现的境域,之所以一并说是"词或词干",原因在于,汉语有如下的特点:绝大多数合成词都相当于一个词干,即本身是个没有任何构形变化部分(包括零形式)的干词,如"日期""皮鞋""期望""惋惜""幼稚""粗暴""红领巾""鞋子""游泳池""样子""甜头""奔头""老外""老粗"之类。这些词当然都可以切分为两个词素。而作为词干出现的单位,如"活动活动""雪白雪白""美化美化"中的"活动~""雪白~""美化~",若径直定为词素就显然与绝大多数合成词能切分出两个词素的事实相抵牾;其中带有零形式的标准词干,如"美化(~∅)""绿化(~∅)""净化(~∅)",从自身内部结构看,和派生的干词实际上没有区别,把它们定为词素(而"老化""矮化""弱化""虚化"等却是含两个词素的干词!),就更显得有悖于理。而"词素"又总是适用于语言全部合成词、特别是其词汇性部分的构成成分切分。因而,把表面上层次有别而实质上(词汇性质上)一致的词(包括干词)和词干统合起来,统一划分其中包含的词素,不仅逻辑上站得住,而且也唯有如此,才能把在词和词干中一致出现的词根/词缀统一地用"词素"来概括,才能避免把同一结构项性质的同一语素项派以不同身份(如把"老化"中的"~化"看作词素,而"美化美化"中前一个"~化"却不是词素)。构形法形态性质的重叠成分,从词的语法变体整个结构来看,自然也应是词素,只不过不能因此而将与它相对的结构项——词干也定作词素。因为重叠成分与词干的结构关系是纯语法性的,而词素与词素的结构关系属于构词层面,主要是词汇性的。由是,将重叠成分置于与词根、复合词根、派生词、前缀、后缀等相平行的地位,即在词有重叠成分的情况下并不改变各种词根和词缀的词素性质,方始恰当、合理。这种安排,是词式的词汇学研究不能不将涉及的一定语法现象纳入词汇现象主体分析中所决定的。实践证明,这种安排完全能适应于汉语词式全面系统的、层次性的分析。①相信它对于形态学类型不同的其他语言,如印欧语、日语、韩语等,也是适用的;只不过这些语言未必有像汉语那么多的干词罢了。有的词汇研究者对"词素"新的定性、定位表示否定。⑧这是由于对问题尚未有透彻的理解。不能只依据简单的、表面的、局部的差异,对极为复杂、包含不少矛盾的问题匆遽下论断。

以上对于派以新义、新用场的"词素"问题,说的话多了些。词汇学研究词式,虽然可以借鉴语法学的方法、原则,但是应该根据研究对象的特点适当地对它加以变通,提出需用的新的术语概念,以形成完全适应于自身的词汇学方法。

至于研究造成新词的各种方法途径——造词法,虽然在附加型的结合法上也牵连到语法现象,但从现代汉语多达 28 种造词法⑨的整体属于词汇现象来看,只由词汇学来掌握,语法学不必插手,是毫无疑义的。传统上,造词法这一术语概念的产生和存在,就预示了廓清"构词法"内涵的必要,预示语法学和词汇学在研究词的结构和形成问题上分工的必要。造词法的主要问题,是明确合理的分类准则和分类层次,区分出有能产性和无能产性的类型。

词汇学对于词式和造词法的研究,可以定名为构词学。构词学与构词法研究仅仅在研究对象上有局部的交合点,彼此的研究任务是迥然不同的,研究的路子、方法自然也不完全一致。

附 注

① J. Lyons(1975):*Introduction to Theoretical Linguistics*,p.195,Cambridge University Press.
② 刘叔新(1990a)《复合词结构的词汇属性——兼论语法学、词汇学同构词法的关系》,《中国语文》第 4 期。
③ 徐通锵(1991;1997)《语义句法刍议——语言结构基础和语法研究的方法论初探》,《语言教学与研究》1991 年第 3 期,50 页;《语言论》362—363

页,东北师范大学出版社。

④ Ilse Karl, Helga Beutel, Gunnar Richter, Gottfried Spies(1993):Worterbuch der chinesisch ischen Wortbildung(Chinese-Deutsch), Akademie Verlag GmbH, Berlin.

⑤ Ilse Karl, Helga Beutel, Gunnar Richter, Gottfried Spies(1993); Shinesische Wortbildung, Julius Groos Verlag, Heidelberg.

⑥ 马庆株(1995)《现代汉语词缀的性质、范围和分类》,《中国语言学报》,第6期,商务印书馆。

⑦ 同注②。

⑧ 现代汉语的词式和造词法,已被置于不同章节而分别加以描写论析。见刘叔新(1990b)《汉语描写词汇学》,86—118页,商务印书馆。

⑨ 徐通锵(1997)《语言论》第一编第四章"汉语的结构原理"、第三编第四章"核心字和汉语的构辞法"、第四编第一章"字和汉语的语义句法",东北师范大学出版社。

⑩ 参看刘叔新(1982)《论词的单位的确定——兼谈以词为词目的问题》,载《语言研究论丛》第2辑,天津人民出版社。

⑪ 同上文,同上论文集,188—189页。

⑫ 刘叔新(1982;1990b)《论词的单位的确定——兼谈以词为词目的问题》,载《语言研究论丛》第2辑,天津人民出版社;《汉语描写词汇学》2.5如何确定现代汉语的词位,2.6现代汉语的词同构词成分、固定语及自由词组的区别,2.7词的语法变体、词汇变体和词汇—语法变体。

⑬ 同注⑩。

⑭ 马庆株(1995)《现代汉语词缀的性质、范围和分类》,《中国语言学报》第6期,101页。

⑮ 同上书,103页。

⑯ 同上书,101页。

⑰ 朱德熙(1982)《语法讲义》,29页,商务印书馆。

⑱ 同注⑭。

⑲ 结词,指分别表示定中关系、状中关系、述补关系的"的""地""得"等。见刘叔新(1981;1996)《关于助词的性质和类别问题》,刊于《南开学报》哲学社会科学版第3期;并收入《语法学探微》,南开大学出版社;又见刘叔新(1982)《论现代汉语助词的划分》,《天津社会科学》,第3期。

⑳ ㉑ ㉒ 同注⑭。

㉓ 刘叔新(1990b)《汉语描写词汇学》,79—81页,商务印书馆。

㉔ 王泽鹏(1998)《现代汉语的中缀问题》,《烟台师范学院学报》哲学社会科学版,第4期。
㉕ 刘叔新(1996)《轻声"里"属什么单位的问题》,载《语言教学与研究》第1期;又见《语法学探微》,南开大学出版社。
㉖ 刘叔新(1990b)《汉语描写词汇学》,72—79页、83—84页,商务印书馆。
㉗ 同注②。
㉘ 朱德熙(1982)《语法讲义》,商务印书馆。
㉙ 参看同上书,64—68页;又参看拙文(1993)《词的结构层次分析》,录入刘叔新《语义学和词汇学问题新探》,天津人民出版社。
㉚ 刘叔新(1990b)《汉语描写词汇学》,72页,商务印书馆。
㉛ 刘叔新(1990b)《汉语描写词汇学》3.1、3.2、3.3节,商务印书馆。
㉜ 见葛本仪主编(1997)《汉语词汇论》,26—28页,山东大学出版社。
㉝ 刘叔新(1990b)《汉语描写词汇学》,118页,商务印书馆。

参考文献

朱德熙　1982　《语法讲义》,商务印书馆。
马庆株　1995　《现代汉语词缀的性质、范围和分类》,《中国语言学报》第6期,商务印书馆;又收入《汉语语义语法范畴问题》,北京语言文化大学出版社 1998。
刘叔新　1990a　《复合词结构的词汇属性——兼论语法学、词汇学同构词法的关系》,《中国语文》第4期。
——　　1990b　《汉语描写词汇学》,商务印书馆。

(原载《汉语现状和历史的研究——首届汉语语言学国际研讨会文集》,江蓝生、侯精一主编,中国社会科学出版社,1999)

汉语时间语义范畴的
表现方式体系

○ 问题的提出

0.1 语义学应当研究人们最常接触到的语义范畴,[①]即最常应用的有高度概括性的语义类型,特别是研究这些语义类型的表现方式。原因是各种语言表现同样语义范畴的方式,往往互有差别;而这差别是不同语言民族特点不一样的一个较大的表现方面。诸如时间、方位、数量、单位、程度、性别、人称、亲属、颜色等等范畴,不仅在所包含或概括的具体语义的种类及其内涵上,不同的语言可能不同,更为重要的是在表现方式上各种语言通常各有自己的特色。

0.2 本文只打算考察汉语时间语义范畴。在语义范畴的考察程序中,先研究这样一个语义范畴的内容和表现方式,出于两种考虑。第一,它在各种语义范畴中,是最复杂、最抽象的,也是人们最常应用的、最重要的一种。以它作为突破口,取得研究的经验,有利于其他语义范畴的研究。第二,更为主要地考虑到,汉语语法时制存在与否问题,在当前语法学界有着严重的意见分歧,普遍引起学人们的关注;而这一问题由于牵涉到词汇意义和话语意思,实际上不能只在语法学范围内来讨论和解决,而需要依靠更为宏观的角度——包括语言系统的各种意义及言语意义的研究在内的语义学的角度来进行考察。换言之,语义学研究时间语义范畴及其表现方式,不仅把有可能存在的语法"时"纳入观察的范围,而且能把它置于与词汇意义及言语意义的关联与区别当中来加以鉴定。因此,对汉语时间语义范畴的内容和表现方式的研究,非常有助于汉语是否存在语法时制这一问题的合理解决。

一 研究的必要出发点——合理的理论原则

1.1 应先对语义范畴的"语义"所指对象的范围,有个合理的理解。

如果很严格来看,语义似应指语言系统所有词汇单位和语法单位(包括语法结构单位)的意义。这样的理解对于语义范畴的研究来说,未免过于狭窄,根本上不适应于现实的要求。近三四十年的语法研究也好,新兴起的语义学也好,都既把"语义"用于指语言系统内的意义,也把它用来指具体语句的意思,许多时候甚至混而不分。既然如此,把具体语句意思排除在"语义"之外,便脱离实际,不能解决和语义范畴密切相关的一系列理论问题。

因而,语义范畴是建立在多种多样具体语义的广泛基础上的。它既概括语言系统中的相应具体意义,也同样概括语句中相应的、超语言的意思——言语性质的意义。[②] 以时间语义范畴来说,它就可同时概括那些体现时间概念的词汇意义、词汇性义素,体现时间关系的语法时制意义,以及话意中由言语方式表现的时间含义。这未必有谁会持异议,似可成为共识。

1.2 不过,在时间语义范畴概括语言的和言语的有关时间的意义和意义成分时,又应当明确地把语言事实和言语现象区分开来。如果不区别开这两者,或者有意无意使它们混而为一,那么就会导致产生许多误解或给许多问题错下结论。比如,目前有的学者根据言语中言语性质的搭配现象,断定现代汉语存在时制,就是个典型的例子。须知时制(tense)或语法学中所说的"时",是语言的语法系统中的现象,不能曲解为只受言语条件制约的、言语性质的东西。

因此,严格区分开语言和言语,是研究时间语义范畴必须遵循的另一个理论原则。

1.3 此外,在语言的意义范围内,又还必须划清词汇性的意义、义素与语法意义、义素的界线。这个界线划不清,时间语义范畴是否包括有语法的时制意义,是否有语法的表现方式,就无从求得正确的答案。目前,汉语虚词观念上的模糊、混乱,正被利用为构筑汉语语法时制范畴的基础。虚词被一些人理解为仅仅词义虚一些——词义比较抽象而不易捉摸的词,而不是词义不体现概念、整个单位只是个语法手段的词。于是,时间副词,甚至所有的副词,被定作虚词;而受时间副词修饰的动词就轻易地被看成带有某种时的语法意义。这是明显地模糊词汇意义和语法意义的界线,把词汇现象拽到语法范围中去。其实,副词(纯粹的"语气副词"除外,它们不应归属副词③)表示的意义,虽然有的"虚"一些而不易清楚地体会,但毕竟都体现一定的概念,根本上是被语句的句法所组合的意义,而非相反地只起组合的黏合剂作用的关系意义。所以副词总能充作句子成分;在汉语里,即使相当虚的程度副词"很""极"也能充作补语("好得很""坏极了"),就是个最好的证明。时间副词在语句中都充当状语,其修饰活动或动态的时间概念意义,毫无疑问地是词汇性的,不应误解为语法意义。表示词汇意义的表达方式即属词汇手段。是词汇手段,就是词汇手段,不能硬往语法方面拽;反过来也一样。这两种语言手段的分别定性和相互区别,都有一定的科学依据,绝对应该完全明确而不容许半点含糊,也不应有对哪种手段定严一些或放宽一些的问题。不然,时间语义范畴的表现方式就难以正确地看出其属性;这个范畴是否包容有语法时,也难以作出正确的判断。

二 现代汉语系统内的时间意义和时间性义素及其表现方式

2.1 先考察属于语言的有关事实。也就是先看现代汉语系统内都有哪些时间意义类别和时间性义素类型,特别是它们具有什么样的表现方式。之所以要突出表现方式,因为它正是须凭之而看出和确定语义范畴的物质形式,同时它又是最能显示语义范畴的民族特点的因素。但是为便于表述,须从时间意义和时间性义素方面谈起。

2.2 一般地说,人们关于时间方面的意识,无非时刻、时段、时况三类。时刻是一定的时间点,通常用于反映事件或活动发生的瞬间或短暂时间。时段是一段时间或一定长度的时间,一般用于反映所需时间的量。时况是时间出现或展现的状况,用于反映事件、活动或动态存在的时间情状,或者事件、活动或动态距出现的时间历程情状。

2.2.1 反映时刻的意识,借语言或言语呈现出来,就是时刻义或时刻义素。现代汉语系统中的时刻义和时刻义素,少数是模糊的,但多数具有确定性。这时刻义主要的语言表现方式,是指某

个时点的时间词:

A. 清早　一早　大早　一大早　清晨　黎明　破晓　拂晓　正午　黄昏　傍晚　挨晚　临黑　日暮　薄暮　入夜　入夕

B. 今天　今日　今朝　今早　今晨　今晚　今夜　昨天　昨日　昨晨　昨晚　昨夜　前夕　前天　前日　前朝　前晚　大前天
明天　明日　明早　明朝　明晚　后天　后日　后晚　大后天　大后日
明年　后年　大后年　去年　去岁　前年　大前年

C. 当天　当日　本日　即日　当年　当晚　当夕　即夕　即夜　本夜　本晚　连夜　当时　即时　同时　次日　次晨　次夕

D. 一点(钟)　一时　一点半　两点钟　两时　两点半　三点(钟)　三时　三点半　四点(钟)　四时　四点半　五点(钟)　五时　五点半　六点(钟)　六时　六点半　七点(钟)　七时　七点半　八点(钟)　八时　八点半　九点(钟)　九时　九点半　十点(钟)　十时　十点半　十一点　十一时　十一点半　十二点　十二时　零点　十二点半

E. 早上　早晨　晨　朝　上午　上昼　中午　晌午　下午　下昼　晚上　昼　白昼　白日　白天　夕　夜　夜里　深夜　深宵　朝夕

小部分表现方式,是进一步概括反映多种不同具体时点的抽象名词：

　　　F. 时分　时刻　时点　钟点　日期　日子　时候(1)
　　　　时间(1)　时(1)

　　A组词的时刻义没有大家一致理解的外延——所指时间的起讫点，是模糊的；B、C、D三组词的时刻义则是确定义。B组词在具体言语中的真实时刻义，以使用者的说话期间为参考点而推定。如以 Tq 表示说话期间，Mk 表示时刻义，那么推定下面语句中两个时间词的 Mk，可简示如下：

　　　老李昨天给我说了一句话："明天我得去上海办事儿。"
　　　Tq 为本日——"昨天"的 Mk 是"前一天"；
　　　Tq 为昨日——"明天"的 Mk 在老李的话中虽是"第二
　　　　　　　天"，实际上全话说者和听者能意识到
　　　　　　　是"本日"。

B组词中以"明年"开头的一小组词，由于所指时刻本身是一段长的时间，只基本上有确定性。C组词所示时刻据以推定的参考点，是使用者在使用该词前谈到的事件或活动所发生的时间。如：

　　　他们很快整好行装，连夜出城
　　　"连夜"时刻的参考点——"整好行装"的发生时间：当夜
　　　　　　　　早些时候
　　　"连夜"所示时刻——当夜晚于整好行装的时候

　　B组词的参考点比C组的更简单明确，所以这一类词绝大部分是能够表示较高时刻确定性的语言方式。表示具体基本钟点的D组词，由于指的是时间流程中真正的一点，并非A、B、C三类那样指本身仍有某种过程的时间点，而且所指的是社会已设定的、有具体标记的时刻，因而所示时刻义的确定性比B类又高得多。不过它们表示的还不是十足的绝对时刻,还须依据说话的时间或上下文提示的时间,或依据有关活动、事件所惯常出现的时间,才能看出是指午后的钟点。

E组词都既可用于表示时刻,也可用于表示时段。其意义外延都是模糊的,模糊的程度比 A 组高。

以上从 A 至 E 的各类时间词,都可各以其时刻义直接修饰行为动词和动态动词,表示活动行为或动态的发生(或存在)时间。

F 组词表示的是确定义。不过这意义不是具体的时刻,只体现泛化的、抽象的时刻概念。因而 F 组一类词不能直接修饰动词;其意义的确定性不能与 D、B、C 各类词乃至 A 类词放在同一层面上来比较。它们当中的"时候""时间""时"都是多义的,这里只取其"一定的时间点"的意义。

2.2.2 现代汉语系统中时刻义素的表现方式有两种。

(一)某些复合名词和副词的词根语素。例如:

  G. 时尚 时俗 早操 晨曦 晨星 夕阳
    午餐 晚宴 准时 及时

(二)某些固定语的构造成分——词或词组。固定语整体的意义,也是一种义位;而把它分析开来,构成它的成分便是固定语意义的义素,这种义素倘是有时刻内涵的,就可由固定语中相应的词或词组表现出来。例如:

  H. 人约<u>黄昏</u> <u>朝</u>发<u>夕</u>至 <u>朝</u>花<u>夕</u>拾 起<u>早</u>摸黑
   <u>白日</u>做梦 <u>时</u>来运转 <u>早</u>知<u>今日</u>,何必<u>当初</u>
   不可<u>同日</u>而语 <u>手到</u>病除 <u>马到</u>成功 <u>日出</u>而作 <u>趁热</u>打铁

2.2.3 反映时段的意识,凭靠语言的或言语的手段呈现出来，就是时段义或时段义素。现代汉语系统中，时段义的表现方式是一些时间词及指时段单位的名词。这些时间词，除了上面 B 组中"明年"开头的一小组词及 E 组词之外，还有下列：

  I. 整天$_{1/2}$ 整日$_{1/2}$ 半日$_{1/2}$ 半天$_{1/2}$ 整夜$_{1/2}$

   通宵$_{1/2}$ 全年$_{1/2}$ 半年$_{1/2}$

而指时段单位的名词，则是：

  J. 世纪 年 周年 季 月 周 星期

   日 天 时辰 钟头 刻 一刻钟

   分钟 分 秒

  I 组词侧重于指时间的量时（右下为 1），具有指称性，用作语句中的主语、宾语或定语，是时段的用法。如"整天全耗在琐碎事上""足足等了半日""玩通宵吗""全年的收入"。若侧重于指事件或动态出现或存在的时历情状（右下为 2），则具有陈说性，用作状语，是时况的用法，如"整天跑到哪儿去啦""半天呆坐着"。这时所修饰的 V 或 VP 中的 V 只能是延续性动词，这是 I 组词所指的时间为时段而非时点所决定的。J 组词只具有指称性，不能直接作 V/VP 的修饰成分。

  正如时刻义那样，时段义也有一小部分语言表现方式是概括多种时段的抽象名词：

    K. 时期 时间$_{(2)}$ 时$_{(2)}$ 工夫 时候$_{(2)}$

  2.2.4 现代汉语系统内的时段义素，出现在某些复合名词、复合动词和形容词的意义（词汇性的词义）或一些固定语的意义之中。因此这些词和固定语或其中的某个成分（词根、词或词组），是时段义素的语言表现方式。例如：

    L. 年度 学年 月份 四季 春季 季度

学期　　假期　　世代　　时代　　时期　　一生
平生　一辈子　时限　期限
等候　　等待　　苦等　　久候　　稍候　　守候
拖延　　延续　　延迟　　延长　　推迟　　坚持
持久　　久久　　悠久　　长久　　短暂　　绵绵
匆促　　匆匆　　久

M. 千秋万代　　悠悠岁月　　一日三秋　　一年半载
日日夜夜

N. <u>短</u>工　<u>长</u>工　流<u>年</u>　荒<u>年</u>　满<u>月</u>　小<u>月</u>
<u>周</u>末　<u>长</u>叹　<u>长</u>谈　熬<u>夜</u>

O. <u>日</u>理万机　　通<u>宵</u>达<u>旦</u>　　<u>六月</u>飞霜　　度<u>日</u>如<u>年</u>
<u>春</u>华<u>秋</u>实　　<u>万古</u>流芳　　开<u>夜</u>车　　<u>十年</u>河东，
<u>十年</u>河西　　遗臭<u>万年</u>　　长<u>夜</u>难明　　<u>一日</u>九迁
<u>三日</u>打鱼，<u>两日</u>晒网

2.2.5　反映时况的意识，以语言手段或言语手段来呈现，即成为时况义或时况义素。先从现代汉语系统本身来看，表现时况义和时况义素的方式都是些什么。这是最重要的问题，是看究竟兼有词汇方式和语法方式，还是单具词汇方式。上面各小节列出的表现方式，无疑属于词汇，都是词汇性的；因而若时况义也只有词汇表现方式，就能表明现代汉语不存在时制语法范畴。至于时况义素，即使有语法表现方式，也难据以把时制语法范畴确定下来，因为语法范畴须是语法意义的概括，而不可能只由语法义素构建起来。

可以发现，现代汉语系统内，时况义主要由时间副词和一部分时间词来表现：

P.　1. 刚、刚刚、才——表示（活动、动态、事件发生）在距说话

前或另一活动、动态、事件前极短的时间。如以箭号代表时间流程，H_1 标示时况义修饰的活动、动态等，"——"标示发生或进行，S 标示说话，H_2 标示另一活动、动态等，这类时间副词的时况义内涵可图示为：

$$H_1 \text{———} \| S/H_2$$

2. 已经、已、业已——表示（活动、事件）在说话前或另一活动、事件前的时间内完了（——┤标示完了）：

$$H_1 \text{———}| S/H_2$$

3. 曾、曾经、早、老早——表示（活动、事件）在距说话一段时间之前（发生过或进行过）：

$$H_1 \text{———}| \quad |S$$

4. 夜来、宵来、日来、月来、年来——表示（活动、状态、事件）从过去某个时间或时段发生或出现起维持到说话时：

$$\underset{H_1}{\overset{S}{\xrightarrow{\hspace{3cm}}}}$$

5. 从来、一直、始终——表示（活动、状态、事情）从过去一开始就存在或进行到说话时：

$$\underset{H_1}{\overset{S}{\xrightarrow{\hspace{3cm}}}}$$

6. 前（～无古人；～乞人一饼，后赠人千金）、以前——表示（活动、事态发生）在说话以前或另一活动、事件之前：

$$H_1 \text{———}| S/H_2$$

7. 先、先行——表示（活动、动态发生）在另一活动、动态之前：

$$H_1 \text{———} | H_2$$

8. 即、即刻、立即、马上、即将、就要、就、顿时——表示（活动、事态）距说话之后极短的时间便发生：

$$S \parallel H_1 \text{———}$$

9. 将要、将、行将——表示（活动、事态发生）在从说话时起一段不算很短暂的时间之后：

$$S \text{————} | H_1 \text{———}$$

10. 此后、以后、尔后、后来、后、从此、自此——泛指（活动、事态发生）在说话之后或另一活动、事态之后：

$$S / H_2 | H_1 \text{———}$$

11. 日后、往后——表示（活动、事态发生）在说话时日这一特定时段之后：

$$| S | H_1 \text{———}$$

12. 迟早、早晚——表示（活动、事态发生）在说话之后距说话或长或短的一定时间：

$$S \parallel H_1 \text{———} / | H_2 \text{———}$$

13. 永久、永远、永——表示（活动、性状存在于）从说话时或说话前起到未来无限止的时间：

$$(\underline{\quad S \quad \cdots\cdots\cdots\cdots\cdots > \atop H_1})$$

14. 正在、正、在、现在、现——表示（活动、事态）在说话的当时（发生或进行）：

$$\dfrac{S}{H_1} \text{———}$$

15. 暂时、暂且、暂——表示（活动、事态存在）于从说话时或说话前不久起的一个不很长的时段：

$$(\ |\ \underset{\underset{H_1}{S}}{\overset{H_1}{\longrightarrow}}\ )$$

16. 一时——表示（活动、动态、事态发生或存在）于过去或今后不长的时间内：

$$|H_1〔\text{———}〕|S\quad(|H_1〔\text{———}〕|)$$

17. 临时——表示（活动发生）在过去或未来未预想到的一定时间：

$$|H_1\text{——}|\quad S\quad(|H_1\text{——}|)$$

18. 有时、时而、不时、时不时——表示（活动、事态不止一回发生）在过去某些隔开的不同时间里：

$$H_1\text{——}||H_1\text{——}|\quad|H_1\text{——}|\cdots\cdots S$$

Q. 1. 将来、未来、来日、明日、明天、日后$_2$——表示（活动、动态或事态所存在或发生的）同说话有一定时距之后开始的、未见终止的时间历程：

$$S|\qquad|H_1\ (\text{——})\quad\text{- - - - ▸}$$

2. 过去、往时、往日、往昔、从前、生前、早先、以前、以往——表示（活动、动态或事态所存在或发生的）从距说话之前不短的一定时候开始倒回去看的、无限止的时间历程：

$$\text{◂- - -}\ \ H_1(\text{——})|\qquad|S$$

3. 刚才——表示（活动、动态、事件发生或存在）于距说话前极短时间的时刻或时段：

$$|\ H_1(\text{———})\ \|\ S$$

4. 当初——表示（活动或事态开始的）距说话前较长时间的时刻：

$$H_1|\qquad\qquad S$$

5. 现时、时下、现在、现今、当今、今日、今天、目前、眼前——表示（活动、动态或事态所存在或发生的）与说话所处期间同样的时期：

$$\begin{array}{c}|\ S\\ |\ H_1(\text{———})\rightarrow\end{array}$$

6. 连日、终日、日夜、日夕、常年、整日$_2$、整夜$_2$、整天$_2$、半日$_2$、半天$_2$、通宵、全年$_2$、半年$_2$——表示（活动、动态或事态所存在或发生的）一个完整的、相对地异常持久的时间历程，它可在说话之前或之后，也可把说话时间包括在内：

$$|H_1[\text{———}]|S\quad (|H_1[\text{———}]|)$$
$$(|\quad H_1[\text{———}]|)$$

P各类的单位都是时间副词，Q的则是时间词。还有极少量的固定语，也表示时况义。例如：

    R. 夜以继日   日日夜夜   时时刻刻

2.2.6　无论P、Q的时间副词、时间词，还是R的固定语，都很清楚，表现的时况义是概念性的，可以具体地由图式或自身成分的组合结构显示出来。因此这些词语单位是词汇手段，是词汇性的表现形式。从这里可以看出，把一小部分时间副词看作时制范畴的语法形式，如认为"将""就"是将来时（future tense）的形式，很成问题。须知"将"在意义上和"行将、将要"是一致的，"就"和

"就要""马上""立即"等也一致,都有明确的时况内涵(分别见 2.2.5,P 之 9 和 8),且在单独存在时便可领会;使用在语句中时都是把这概念性含义用来修饰 V 或 VP,而形式上它们都并非必须紧密黏附于 V 或动宾式的 VP(——那是汉语附于动词的形态词的表现特点)不可:

   他将出国 他将明年出国 他将以具体行动兑现诺言
   我就走 我就向门外走 我就从洞口上山

  可见得"将""就"都不是起构形法作用的形态词,不能作语法时制的表现形式来看待。问题还在于,如若这两个时间副词真的是语法时的表现形式,那么所有其他时间副词也没有理由不同样看成时制的语法手段,这样一来,现代汉语就拥有通过大量时间副词表现出的、形形色色的时制语法意义,而这是难以思议的。比方,"刚、刚刚、才"恐怕要被认为表示"最近的过去时","曾、曾经"表示"不近的过去时","早、老早"表示"相当远的过去时",还有"已经、已、业已""从来、一直、始终""前、以前"……等等,不知各要树立一个什么过去时的名目。这样来认识和处理,不说荒诞不经,也未免太离奇了。另外,一旦时间副词被说成表现时的语法意义,可凭之建立现代汉语时的语法范畴,那么必定意味着,范围副词也可以构建起"范围语法范畴",程度副词可以此构建起"程度语法范畴",如此等等。这就确实有些荒诞。目前,没有任何一种语言被认为有这样形成的语法范畴,尽管现代民族语言都普遍存在时间副词、范围副词和程度副词。这不是没有道理的。

  2.2.7 时况义素的语言表现形式,相当多,相当广泛。首先,存在着少量指某种时期而含有时况义素的复合名词,或者所含的某个词素表现出时况义素的副词和复合名词:

S. 当代　　现代　　近代　　古代　　远古　　共时
T. 抢先　　当即　　迅即
　　先生　　先人　　后学　　后生　　前贤　　前期
　　后期

其次,不含谓词的 AABB 式固定语,有的其意义中含有时况义素;其他类型的固定语,有一些其中的构成成分(时间副词或时间词)表示时况义——它也成为固定语意义的义素。如:

U. 朝朝暮暮　　日日夜夜　　年年月月
V. 先入为主　　先发制人　　先下手为强
　　前无古人　　后无来者
　　华灯初上　　江河日下　　世风日下

再次,时况义素数量上最多的一种语言表现方式,是动词和含有动谓成分的固定语。因为它们的含义能展现活动、动态或事态本身如何存在的时间情状(而不是表示活动、动态或事态在现实发展的时间流程中所处的地位、状况——外部时况),即所谓内部时况的种种状况。这些时间情状是作为活动、动态或事态存在形态的必要时间因素而出现的,所以只是整个词语单位意义的成素。归纳一下,它们区别为七种④。分别如下,各举一些词语表现实例:

W. 1. 只表现时间起点:
　　开枪　　起程　　动身　　出发　　动手　　着手
　　起(预备——~!)　　各就各位
　　2. 只表现时间持续过程:
　　含藏　　含有　　包没　　安睡　　安息　　安歇
　　暗含　　走马观花　　碍手碍脚　　安贫乐道
　　爱答不理　　爱屋及乌　　爱不释手

3. 只表现时间终点：
抵达　　触及　　达至　　达标　　成功　　命中
一语中的　　一命呜呼

4. 表现时间起点和持续过程：
按脉　　开方　　开掘　　入睡　　按兵不动
无的放矢　　迅雷不及掩耳

5. 表现时间持续过程和终点：
变成　　安插　　安顿　　暗杀　　衣锦还乡
安家落户　　暗度陈仓

6. 表现时间的起点和终点：
苏醒　　点头　　眨眼　　交付　　交卷　　入梦
方醒　　有始有终

7. 表现时间的起点、持续过程和终点：
呼吸　　循环　　包围　　拢合　　由此及彼
旗开得胜　　唯唯而退

2.2.8 时况义素是否有语法表现方式呢？回答是肯定的。所有体貌词表示某种体的语法意义旁，必伴随有某种相因应的时况意义成分。准确一点说，这时况意义成分实际上就是体的语法意义中能够分析出来的义素，只不过它不是体的语法意义中占主要地位的、起决定意义实质作用的成素罢了。⑤比如"了"，既被公认表示完成体和成事实体，所涉及的活动或事件自然就过去了，因此伴有（包含有）"过去"的时况意义成分——语法意义中的内部时成分，可称为"随体过去义素"。又如"起"，表示的开始体伴有活动点的时况意义成分，即"随体现在义素"。其他体貌词的情况类此：

　　X. 了——带随体过去义素

着——带随体现在义素

过——带随体过去义素

来着——带随体过去义素

的——带随体过去义素

看——带随体将来义素

下去——带随体将来义素

因此,时况义素有体貌词这类语法表现方式。这里,必须弄清,随体过去、现在、将来义素,分别与时制的过去时、现在时、将来时完全是两码事。后者都是语法意义,凭一定的语法形式表明活动、动态或事件发生在说话之前、当时、还是之后。而前者都只是语法意义中的非主要成素,只与体相关而与说话时间的轴无必然关联。例如:

1. 可要在家里等我,吃过晚饭别出去。
2. 吃过晚饭很久也没见他来。
3. 没去过深圳可早知道它的风貌了。
4. 讲下去吧!
5. 她累得不行,可还是讲下去,直到把课讲完。

例1的"吃过晚饭"是将来的(说话后的)时间(future time)发生的,可见得"过"并非时制上的过去时的标记。有人认为"过"用在双动谓句像例1、2里,可表示"先事时"。可是同为双动谓句的例3里,"过"却反而表示在"知道风貌"及说话之后发生,可知"过"并不必是先事时的标记,也可知所谓"先事时""后事时"也只是言语性的东西,并非语言系统中的语法意义。例4的"下去"表示"讲"在说话之后发生,但在例5里却表示在说话之前发生,这也说明,"下去"不可能是语法时的标记。尽管如此,例4、5里的"下去"含有同样的随体将来义素;例1、2、3里的"过"也含有同样的随体过去义素,都暗示活动随着体一道发生于过去。这种含义是绝对的,不因语境的不同而有异。

可见,时况义素虽则有语法表现方式,但是这些方式所表示的时况内涵,并非时制的语法意义,不能由之形成任何时制范畴;它们只是综合为时况语法义素,可以概括到整个时间语义范畴里去。当然,相应的体貌词方式,一如各种词汇方式,可以用到言语中来表现言语性的时间意义。这在下面一节里详述。

三 现代汉语言语性质的时间意义及其表现方式

3.1 人们在言语中往往要表现时刻和时段的观念,几乎在所有情况下须要表现、也能够表现时况的观念。言语中的时间观念,倘只由言语方式或由结合起语言手段和言语手段的言语方式表现出来,则是言语性质的时间意义。

3.2 言语时刻义和言语时段义的表现方式,通常简单地就是自由词组。这在各种语言的话语里没有多大差别。下面 a、b 两组语句里画线的部分,分别是现代汉语言语性时刻时段义的表现方式实例。

a. 1. 这时她感动得流泪。
   2. 你到时候可不能不来。
   3. 午后6点38分开演。
   4. 下一次校庆活动再回来。
b. 1. 今年的2月有29天。
   2. 五个钟头还不够你睡一觉吗?

3. 他浪荡江湖足有<u>几十个春秋</u>。

3.3 话语中出现的时况义,有由语言手段表现的,有由言语手段表现的。在印欧语使用者的话语里,时况义的语言表现手段以语法的形态变化为主,词汇性的表现方式较少,言语方式也居于次要地位。在现代汉语使用者的话语里,情况截然不同,时况义的语言表现手段没有语法的,只集中为词汇性的。因而时况的词汇表现手段相当丰富——突出地表现为时间副词异常丰富多彩;另一方面,时况的言语表现方式也灵活多样,更进一步充分填补了语法表现方式的阙如。由于这种情况,汉人话语里相当一部分时况义是言语性的,交由言语方式来表现。

3.4 现代汉语言语性时况义的表现方式主要有以下五种:
(1) 自由词组。如:
  c. 1. <u>从开始到最后</u>,他都镇定自若,了无惧色。
   2. <u>再考虑一下</u>吧!
   3. <u>别指望</u>这坏蛋变好。
   4. 唐山地震<u>破坏惨重</u>。
   5. 她怯生怕事<u>还是老样子</u>。

(2) 在单动谓句里,某些时间副词或时间词与个别体貌词(了/来着/的/过)的配合。[6] 如:
  d. 1. 班车已经开走了。
   2. 班车刚刚开走了。
   3. 昨天班车就开走了。
   4. 班车开走了一刻钟。
  e. 1. 刚才他在这里来着。
   2. 他夜里在公园里总踱步来着。

3. 前天他还在机关里坐班来着。
f. 1. 我老早吃的饭。
2. 他们刚才吃的饭。
3. 你中午吃的饭。
g. 1. 后来去过青岛呢!
2. 前年我去过新疆。
3. 昨天我去过他的家。

d、e、f、g各例句都由时间副词或时间词与动词后的体词相配合的言语方式,表示述语动词所指的活动发生在说话前过去的时间(past time)。这不能误解为语法的过去时。它纯是言语性的时况义,因为其表现形式没有强制性和固定性。要表现活动在过去的时间发生,不是非得采取这种方式不可。比如那样的说法:"班车已经开走""班车开走不短时间""班车开走了";"刚才他在这里""他在这里不短时间""他好像在剧场来着";"我老早吃完饭";"后来去青岛一趟呢""当然去过青岛"。全都没有时间副词或时间词与体貌词的配合,但全都同样表现了活动或动态发生在过去的时间。

(3) 在双动谓句里,"前一动词+了/过"与后一动词的配合。如:

h. 1. 明天吃了早饭找你去。
2. 晚上做了作业再看电视。
3. 出了大门碰见张师傅。
i. 1. 下月插过秧以后再另想办法。
2. 游过三峡才知道山川的美。

这里,语句中前一述语动词后面出现体貌词"了"或"过",与后一述语动词配合起来，就表示出所谓先事时的时况意义。这也只是言语性的含义，不能作语言的语法意义来看待。须知它是一些具体词语自由组合搭配的产物，而具体词语的组合搭配正是言语现象，言语现象就难有强制性和固定性。比如同是双动谓句，前面的动词后同样出现"了"或"过"，可以造成那样的语句："昨天吃了早饭之前大半个钟头就找过你"；"明天做了作业之前总还放松不了"；"插过秧之前不知道水田上猫腰的累人"；"没到过三峡也早想象出它的美"。这些语句，前头的述语动词＋"了/过"却出现了后事时。另一方面，又可发现，在不出现体词"了"或"过"的情况下也能表现出先事时。如："教学生而后知道自己学识少"；"努力耕耘才有收获"。可知先事时、后事时都纯是言语的时况义，绝非语言的语法意义；它们的表现方式当然也只能是言语性的，不是什么语法形式。

（4）在单动谓句里，"动词/动词短语＋了/过"①与一定的对话语境的配合。如：

  j. 1. 吃晚饭没有？
    吃了。
   2. 给他们写慰问信没有？
    写了。
   3. 他能开汽车吗？
    他学会开汽车了。
   4. 事情办得怎么样了？
    办好了。

  k. 1. 到过南方的大城市吧？
    到过。/只到过深圳。
   2. 那样的事有没有干得比较满意的？

没有干好过。

j、k 中的答语,都表现出活动或事态发生在说话之前过去的时间。这时况义之为言语性,由其表现形式的不具强制性、固定性——即纯为言语方式所表明。比如,可以有这样的问答:"明儿中午给我留两个汉堡包!——到那时我吃了!""明儿找你,得吃过午饭吧?——当然吃过午饭。"由于对方先说的话提示了将来的时间,所以答语尽管一样用了单动谓句的"动词/动词短语+了/过",却表现出活动或事态发生在说话之后将来的时间。

(5) 仅一定的上下文语境的配合。如:

l. 1. 不参加那个会议恐怕不太好。

我参加的。

2. 很多人反对我的提议。

我可同意啊!

两个对话中的答语,都由于有对方先说的语句的配合,分别表现出将来的时间和过去的时间,那是对方一下子就能准确地听出来的。这里的时况义带言语性质,其表现形式之为言语方式最为清楚不过。

四 小结——表现方式的复杂体系

4.1 现代汉语时间语义范畴的表现方式可谓纷繁驳杂。既有语言词汇性的、语法性的,又有言语性的;既有体现时间意义的,又有体现时间义素的;既有专门用于表现时刻义、时段义或时况义的,又有兼可表现不同时间义的。不同性质、不同内涵、不同作用,互相交错着,形成多种不同分类的交叠。虽然如此,以语言和言语的区别为第一纵轴,以词汇和语法的区分为第二纵轴,再以时间意义的三种不同为基本横轴,仍然可以看出全部表现方式在一个坐标上的各自位置——就是说,可以呈现出所形成的体系的基本面貌。

4.2 下面就用一个简化的图,把这近于像个坐标的体系概貌展现出来,作为本文的结束:

时间语义范畴概括的意义和义素	表现方式		
	语言的		言语的
	词汇的	语法的	
时刻义	5类时间词;时点的抽象名词		自由词组
时刻义素	某些复合名词、副词词根;某些固定语的构造成分		
时段义	3类时间词;时段的抽象名词		自由词组
时段义素	某些复合名词、复合动词、形容词及固定语中的构造成分		
时况义	18种时间副词;6种时间词;某些固定语		自由词组;时间副词时间词与"了/来着/的/过"的配合;双句中"前动+了/过与后动的配合;单动中"动/动短语+了/过"与一定对话语境配合;一定上下文语境的配合

续表

时况义素	某些复合名词;某些合名词和某些复合副词的词根;少量不含谓词的AABB式固定语;某些固定语的构造成分——时间副词或时间词		
(内部时义素)	动词;含动谓成分的固定语	体词(了、着、过、来着、的、下来、起来、看、下去)	

附　注

① 参见拙文《语义学的对象问题》,《语文研究》1993年第4期。

② 任何语句都成为言语作品,是最基本的言语单位;其基本的内涵——整个语句的意思已是言语性的现象,不属于语言系统。笔者论述过这一点(见拙文《语言和言语问题的重新认识》,刊于《语言学通讯》1992年第3—4期)。这里是说,从言语性的句义中概括那些由非语言手段即只由言语方式来表现的相应意义。

③ 历来在学校语法中,都把副词分出"语气的"一类,不难发现这类"语气副词"只要含义纯为语气,实质上就只是句子当中(非句末)的语气词。

④ 参考了郭锐《汉语动词的过程结构》(《中国语文》1993年第6期)一文的观点。不过这里的区分与郭文的不很一致。

⑤ 有的人认为"来着""的"表示时制的过去时。这是误将居伴随地位的时况义素看作语法意义。王力《中国现代语法》(1954)早就说明"来着"和"的"都表示"近过去貌",是一种情貌(即体,aspect)的语法意义。此定性无疑基本上正确合理。如果"来着"和"的"都表示过去时,就无法解释用这两个虚词何以能表现出不同的含义,如说"昨天打的球"绝不同于"昨天打球来着"。这里含义上不同,正是两个虚词各表示不同的体的缘故。

⑥⑦ 韩国朴重奎君第一个提出类似的现象,见其硕士论文《影响汉语时体意义表达的因素》,1997年6月,南开大学打印本。不过朴文没有看出其言语性质,而定之为语法形式。

参考文献

陈　平　1988　《论现代汉语时间系统的三元结构》,《中国语文》第6期。
龚千炎　1991　《谈现代汉语的时制表示和时态表达系统》,《中国语文》第4期。
张济卿　1996　《汉语并非没有时制语法范畴——谈时、体研究中的几个问题》,《语文研究》第4期。
郭　锐　1993　《汉语动词的过程结构》,《中国语文》第6期。
陈凤霞　1997　《现代汉语有"时"的语法范畴吗?》,南开大学硕士学位论文打印本,将收入《语言学论辑》第3辑。
朴重奎　1997　《影响汉语时体意义表达的因素》,南开大学打印本。
刘叔新　1996　《谈语法范畴的研究》,收进作者的论文集《语法学探微》,南开大学出版社;也收进马庆株编《语法研究入门》,商务印书馆将出版。

(原载《中国语言学报》第九期,商务印书馆,1999)

句内词语意义关系的
性质和复杂层面

一

　　二十多年来，大陆汉语句法分析密切结合或联系到语义的趋势愈益强劲。这是很好的，符合句法和语义密切相伴的实际。作为语句组合法则的句法，根本上也就是进入语句的词语概念意义相互赖以组成完整意思的物质手段。语义显然是句法的存在基础，而句法最终的功能是使意思得以组成。因此，不联系着语义方面的考察，句法的分析不大可能深入彻底，难以洞察入微。句法分析三层面说所以把语义定为第二层面，原因也正在于此。

　　但是，两种密切关联的不同事象结合考察得频常和普遍，相互的区别界线往往同时被忽视。彼此性质上的差异弄得模糊不清，已使句法分析的质量受到影响。影响得严重的，立论或结论的根基也被动摇。

　　句法分析中所说的"语义"，在指实词或固定语的意义及其义素时，一般不会理解为语法范围内的东西。词语单位意义相互之间的同义、反义、对比、依赖等关系，也不会被谁拽入语法里。语法分析中，"语义"主要用来指的方面——句内（包括短语内，下同）词语(这里的"语"兼指固定语和自由词组,下同)意义间的关系,可就出现了与句法关系混淆不清的大问题。这有两个客观原因。其一,这些语义关系只出现在句法结构单位——句子或短语之中,似乎就是句法结构本身具有的东西。其二,由词语单位充当的结构项之间,分明存在词语意义的关系,那岂不是句法结构形式表示的意义内容——"关系意义"吗? 前一点,似有意识内涵只能依存于物质手段这个唯物论的根据;而后一点,更是句内词语意义关系给人们认清其性质所设下的最大障碍。如像:

  A. 姐姐急得流眼泪。

  B. 老人痛哭。

A 句中,"姐姐"与"流眼泪"存在着"施动"的意义关系。尽管"流眼泪"不是句中的述宾成分,可它总是句子结构中的一个结构项(补语),因而能与同一结构中的"姐姐"形成一定的意义关系,这意义关系能不是句法结构本身之物么? B 句的主谓结构,清楚不过地表现出了"老人"与"痛哭"的语义关系,那么,能不把这样的语义关系看作相应句法结构所蕴涵的语法意义(句法关系意义)么?

  不应被这样的表面现象所迷惑。不拨开现象的表层而探入其深层实质,是不可能正确认识句内词语意义关系的性质的。

  有些语法学者观察句内语义关系的目光,似乎就只局限在现象的表层。他们在各自的语法论议和论点中,或明或隐地、有意无意地提出了或暗示出了一种认识:句内词语意义关系是语法现象。这样的观点,产生了很大的影响。要弄清句内词语意义关系的性质,须得把表露这种认识的几个主要的有关论议或论断提出来,作个检视,分析分析其究竟。

二

　　语法关系有显性与隐性之分的观念,在20世纪80年代和90年代流行过。"隐性语法关系"和"显性语法关系"是朱德熙先生定出的。大家尊崇的语法学权威,其论说未必任何部分都是真理,都不可为后人所质疑。隐性语法关系之说,是可以讨论的。

　　早在70年代后期,朱德熙先生就以短语"捉耗子的猫"为例,认为"猫"和"捉"的施事—动作的联系隐藏在修饰关系之中,"我们可以把这一类语法关系叫作'潜在的结构关系'"①。到80年代初,进一步明确提出:"隐性语法关系是隐藏在显性语法关系后边的潜在的语法关系。"②在句例"我把他说的话忘了"里,朱德熙认为"说"和"话"之间及"忘了"和"话"之间存在间接成分间较亲的语法关系,那都是须要关心的隐性语法关系。③这难以让人信服。语法关系不管有什么样的具体内涵,总是一种意义,即所谓关系意义、语法意义。它必得凭借一定的形式而体现出来、而现实地存在。没有相应赖以体现的语法形式,任何语法意义都是不能成立的。在"捉耗子的猫"里,"猫"和"捉"之间是存在着意义关联,但见不到相应体现这关联的语法形式。在"我把他说的话忘了"当中,也不存在体现"说"与"话"之间、"忘了"与"话"之间的意义关联的语法形式。既如此,怎么谈得上两个语例中的"猫"与"捉"之间、"说"与"话"之间、"忘了"与"话"之间有着语法关系呢?在语法关系没有借以存在和体现自身的相应语法形式的情况下,把这"语法关系"定为隐性的,不仅无补于事,而且适足显露了此说不客观、不科学之处——仿佛没有表现形式(语法形式)的语法关系(语法意义)也是存在的,只不过不是明现出来。④

自然,进入语句中的词语相互间会出现的意义关联,总是语句的整个句法结构体所带来的,总要依赖于句子结构或短语结构。但不能据此而误以为语句结构就是这种意义关联的表现形式。语句内,往往会有一部分语义关系没有被语法所概括——没有表现它的语法形式。而为语法所概括的、相应披上句法形式的语义关系,也并不就等同于和句法形式结合为辩证统一体的语法意义——句法关系。这种情况下的语义关系,只是与句法关系相重合,仍有其自身的特质和独特的实现形式或表现形式。它与重合着的句法关系是可以分清楚的,两者并非二而一的东西。从下面的句例可看出这一泾清渭浊的事实。

C. 小李 高兴 得 流 眼泪。
　　 a　　b　　 c　d
　　　　　　　　　└─e─┘

D. 小王 论述 得 有 深度。
　　 a'　 b'　　c' d'
　　　　　　　　└─e'─┘

E. 客人 坐 沙发。
　　 f　 g

F. 哥哥 一向 吃 食堂。
　　　　　　 f'　g'

C 与 D,句法结构完全一致。a—b 与 a'—b',c—d 与 c'—d',b—e 与 b'—e',从句法关系来看,彼此都是同样的,分别同是"主—动述"关系、"动—宾"关系、"动述—结果补"关系。但是从语义关系看,彼此却不相同:a—b 间的语义关系是"人—情绪激动",a'—b' 间的则是"人—(施行)论议分析活动";c—d 间为"移动着—体液",c'—d' 间则为"存在着—深入的品质";b—e 间为"情绪很激动—(相应的)外在动态自然表现",而 b'—e' 间则为"论议分析活动—(做得)深入"。

E 的 f—g 与 F 的 f'—g',从句法关系看,彼此也完全一致,都是"动—处所宾"关系。若从语义关系看,相互却明显存在差异:f—g 间是"动作—承受动作并为该动作存现的场所之物";f'—g' 间则是"动作—可在其内施展该动作的厅堂建筑"。

与句法关系相重合的语义关系,显然有不同于句法关系的内涵。它远没有句法关系那样抽象,那么高的概括程度;甚至可以没有概括性(如"流眼泪"的语义关系,未尝不可是"流着"与"泪水"的关联)。它的表现形式,虽然表面看去不能不同是表现句法关系的句法形式,但根本上是两个组合到语句中而相互前后呼应的、概念意义类别(非语法类别——词类)的词语。和语义关系重合起来的句法关系的表现形式,只不过是这时语义关系的表现形式所附随着的非本体部分。若根据两种关系的重合状态,径将句法形式看作语义关系必不可少的表现形式,那么像 C 句中无句法形式表现的"小李"与"拍手掌"的语义关系、"小李"与"手掌"的语义关系,人们能看出其存在就成了不可思议的事情。

可知,语义关系和句法关系是两种不同质的现象,绝对不该混同起来。前者若出现在固定语内,属于词汇单位内部稳定的内容结构关联,是词汇学需要考察分析的;若像最常看到的普通情况那样,出现在自由语句里的词或词组相互之间,是语义学在考察、分析言语的句意时的研究对象。语法学,尤其是句法学,诚然须在句法的研究中密切结合着语义关系的观察,但是不必越俎代庖地也深入研究分析它,把它看作语法学的研究对象本身并据以得出语法的结论。

"隐性语法关系"提出了并广泛影响开之后,朱德熙曾解释说,这种语法关系就是语义关系。但是他并没有表示,把语义关系看作隐性语法关系是否不妥。这实际上是更明确地在语义关系和隐性语法关系之间放置等号。学界对句内语义关系的性质本就认识模糊,"隐性语法关系"提出者的前后解说似乎进一步加重了这种模糊的程度。

在长时期内,不少人把"茶已喝足""路口堵住了"之类视为被动句。有更多学人相信,"格的语法"反映了句法的真实情况。这都表明,许多人对句内语义关系的性质误解得多么深。

张志公《汉语语法常识》把"茶已喝足"一类句式定为"自然表明的被动句"。[⑤]后来,王还先生在看不出有任何语法形式的情形下,还是判定这类句式是"无标志的被动句"。[⑥]宋玉柱教授在其《现代汉语特殊句式》里,把这类句式定为汉语被动句两种类型之一,根据是,"只要主语代表动作的受事,句子就可以叫作被动句"。[⑦]他称之为"意义上的被动句"。[⑧]既然句式中没有表示被动关系意义的语法形式,却硬把这句式看作语法的一种结构单位、句法的一种句型——被动句,就是毫无道理的,就是有意无意地把"事物承受动作"的语义关系认作句法关系。所谓"意义上"的被动句,当然是不能成立的。这样的"被动句"没有任何语法形式表示出句法的被动关系,还有资格算语法的被动句句型吗?

其实,"茶已喝足"类句式与"我已喝足""他喝够了"之类有施动意义关系的句式,在主语和动谓成分的关联形式上是完全一致的,都同样没有"被"字(包括"给""让""叫"等)句表被动关系的语法形式。因而只能说,它们都是与被动句("被"字句)相对立的非被动句,带有"非被动态"的语法意义[⑨]。

句内词语意义关系的性质和复杂层面

把句内语义关系与句法关系搅混而影响于学界可能最大的论说,应数"格的语法"。这种"语法"(应是"语法学")的实质,是揭示句中各种体词性成分与动谓成分间有何种关系。一个体词性成分,处在和动谓成分有某种关系的地位上,便赋予某种格。句内成分组织的这种分析路子,并不乖离语言客观实际,不能说不可取。问题在于,"格"同动谓成分之间的关系真的是语法关系吗?"格"能作语法(句法)的结构项来看待吗?其实,"格"的有关现象是语义的关联造成的。句内的语义关联现象被误作语法现象了。看下列实例:

G.

1. The boy opened the door.
   施事格   客体格

2. The key opened the door.
   工具格   客体格

3. The door was opened by the boy.
   客体格   施事格

4. The door was opened by the key.
   客体格   工具格

H.

5. 那男孩开了这扇门。
   施事格   客体格

6. 那把钥匙开了这扇门。
   工具格   客体格

7. 这扇门被那男孩开了。
   客体格 施事格

8. 这扇门由那把钥匙开了。
　　客体格　　工具格

G例4个不同的英语句子中,the boy尽管例1里是主语、例3里是补语,却都是施事格;the door尽管例1、2里是宾语,例3、4里是主语,在4个句子里却同为客体格;the key虽例2里处于主语地位、例4里处于补语地位,却同样是工具格。H例的4个汉语句子中的情形类此。"那男孩"不管处在主语身份上(在例5中)还是状语身份上(在例7中),都只能同是施事格;"这扇门"不论作宾语(例5、6)还是作主语(例7、8),都是客体格;"那把钥匙"不论作主语还是状语,都是工具格。这表明,任何一种"格"与动谓的关联都没有相因应的特定语法形式,任何一种"格"都不能是句法结构中的关系项。"格"与动谓的特定关联,是一类语义关系,而绝非句法关系;它只是事物间合乎逻辑的关联的反映,并非句法成分间结构关系的体现;其表现形式,是前后两个横向呼应着的一定概念意义类别的词语,那并不成其为任何语法形式。这些是事实,都无可置疑。把性质和表现都这样明显的语义关系作句法结构关系来看待,把实质上是动谓句中语义关系结构项的"格"作语法的定性,扭曲是太严重了,真可说是泾渭不分,张冠李戴。"格的语法"倡言者可能意想不到,这种失误至少助长了语法语义辨识上的混乱,助长了一些研究者将语义关系视作语法学研究对象的违理倾向。

"格的语法"20世纪80年代后已日渐式微,终于丧失了发展的生机。这与将句内词语意义的关联定位到语法中来,是很有关系的。硬要这样作分析,当然不可能有发展前景和理论成效。

三

　　句内语义关系虽同句法关系"共生"或"同现"于一个言语片段,自身的层面却与句法关系的层面不同。它本身区分为三个次层面⑩;其中,一个不全与句法关系重合,一个根本没有拧合一起的句法关系。这清楚不过地说明,无论在"质"上和"形"上,句内语义关系与句法关系都是存在重大差别的。

　　与句法关系完全重合的语义关系次层面,是相互毗连组合式层面。如:

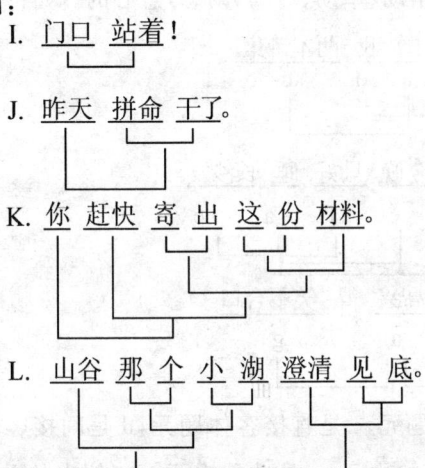

　　I. 门口 站着!

　　J. 昨天 拼命 干了。

　　K. 你 赶快 寄出 这 份 材料。

　　L. 山谷 那 个 小 湖 澄清 见 底。

这种层面的语义关系伴随着句法组合关系而出现;关联的两方必然像相因应的句法关系项那样,毗连地组合成一个复杂些的意思整体。若相应的句法关系分层次,语义关系也会分出完全同样的层次,像例 J、K、L 所表现的那样。但是这种情形下,所有的语义关系与重合着的句法关系也并不是一回事(理由,上面已述)。

　　非中心语义成分关联于中心语义成分,形成一个最复杂的语义关系次层面。充当谓语或谓语主要成分的词语,其概念意义或意思总是句意最重要的核心部分,是牵动其他句意成分关联于它的意心。因此可以说,这类关联形成的是绕心式层面。从它便明显看出,语义关系并不必然处处与句法关系重合,实质上是独立存在于句法关系之外的。

由于充当谓语或谓语主要成分的词语可以是动词性的、形容词性的或体词性的,在汉语又还有主谓短语充当的及主谓结构联合短语充当的谓语,相应的意心及其他意义成分与意心的关联会随着出现不同。因而绕心式层面分为互有差异的四种。

(一) 活动(包括动、举动、行动、动态)意心的。如:

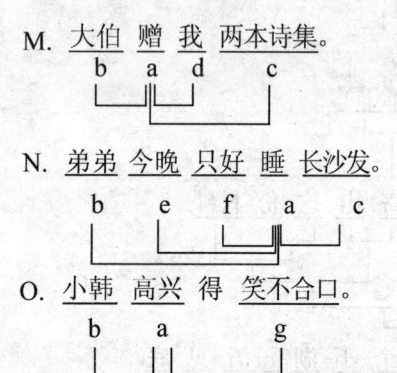

  M. 大伯 赠 我 两本诗集。
     b a d   c

  N. 弟弟 今晚 只好 睡 长沙发。
     b   e   f a   c

  O. 小韩 高兴 得 笑不合口。
     b   a   g

a 是意心,b 是施事题元,c 是直接客体题元,d 是间接客体题元,e 是时间题元,f 是情状次元,g 是动貌次元。三例中的 b—a、例 N 中的 e—a、f—a,都没有重合着什么句法关系。

(二) 性状意心的。如:

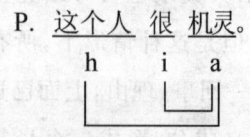

  P. 这个人 很 机灵。
     h   i a

Q. 他的意见 尖锐 极了。
　　　h　　a　　i

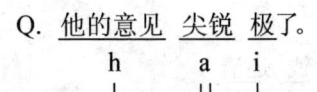

h 是主体题元，i 是程度次元。两例中的 h—a 都只是语义关系，不存在句法关系。

（三）事物意心的。如：

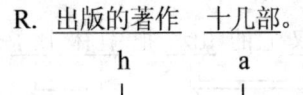

R. 出版的著作 十几部。
　　　h　　　　a

S. 援助她的 是 远方 的 朋友。
　　h　　　　　j　　a

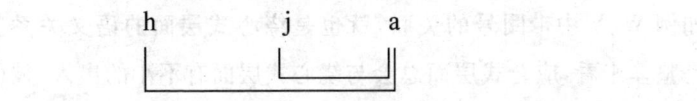

j 是性状次元。例 S 中的 h—a 也只是语义关系，不存在重合的句法关系。

（四）命题意心的。如：

T. 老头子 性子急。
　　h　　　a

U. 这家菜馆 确实 风味独特。
　　　h　　　f　　a

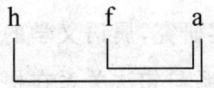

V. 本地眼镜厂 一直 资金不足、人才短缺。
　　　h　　　f　　　　a

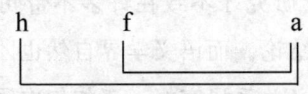

例 U、V 的 h—a 无句法形式，无从存在语义关系与句法关系的重合。

再看语义关系的另一个次层面。那完全不同句法关系叠合，不依凭组合而是依循事物间客观、合理的联系而自然地相互应合

关联,是应合式层面。如:

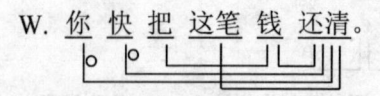

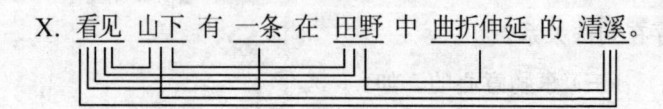

W. 你 快 把 这笔 钱 还清。

X. 看见 山下 有 一条 在 田野 中 曲折伸延 的 清溪。

Y. 阳朔 无 人 不 赞叹 它的 山水 把 桂林 比了 下去。

应合式层面的局部,可能与绕心式层面局部实质上一致而叠合。如例W、Y中带圈号的关联,就也是绕心式层面的语义关系。但是整体来看,应合式层面总会与绕心式层面有不小的出入,彼此只是局部地交错。

可以看出,句内词语意义关系的三个次层面,是各有不同的关联角度、条件和经纬的。但是三者同现于一个语句,相互交合了起来。粗看,交合成一个整体,那就是粗略地不计其内部差异的语义关系层面。但是不能把这复杂的层面囫囵一团地加以认识。尤其对它作分析时,应分别开它的三个次层面,逐一进行观察、分析。

句内语义关系的深入考察研究,属语义学的任务。只有认识上、理论上明确了句内语义关系与句法关系在根本性质上和表现形式上的差异,语法学研究才不致在许多不带句法形式的语义关系前茫然无措或误下结论。而语义学界自然也才会更有责任感地把句内十分复杂的语义关系研究好。诸如句内语义关系的各个层面与句法关系层面的关联究竟如何、各语义关系次层面之间的关联究竟如何、语义关系确定上概括程度高低适宜的依据是什么等等问题,是须要由语义学、也只有由语义学去深入研究,去加以解决的。

附 注

① 朱德熙《关于语法分析》,《外国语教学》1978年第1期。
② 朱德熙《汉语句法里的歧义现象》,《中国语文》1980年第2期。
③ 同上注论文,87页,见《中国语文》1980年第2期。
④ 不明现的语法关系,现实中也是有的。不过此时,它必也相应有赖之存在的语法形式,尽管这语法形式也不明现。某些短语具有表现出真实意思的深层句法结构,其含有的结构关系便是不明现的语法关系;它的语法形式虽不明现,却是随着深层句法结构的存在而存在的。如作为继续范畴表现手段的许多短语的深层结构(如"一瘸一拐""一起一伏"的"一 V_1 一 V_2 一 V_1 一 V_2 ……";"一闪一闪""一晃一晃"的"一 V_1 一 V_1 一 V_1 一 V_1 ……";"高高低低""真真假假"的"又 A_1 又 A_2 又 A_1 又 A_2 ……";等等)(参见拙著《语法学探微》中几篇关于继续范畴的论文,南开大学出版社,1996),就存在从表层结构看不出来的语法关系和语法形式。这样地不明现的语法关系,才是真正的隐性语法关系。
⑤ 张志公《汉语语法常识》,88—91页,新知识出版社,1957。
⑥ 王还《英语和汉语的被动句》,《中国语文》1986年第6期。
⑦⑧ 宋玉柱《现代汉语特殊句式》,32—33页,南开大学出版社,1991。
⑨ 参见刘叔新主编《现代汉语理论教程》,197—199页,高等教育出版社,2002。
⑩ 关于句内语义关系层面,参见刘叔新主编《现代汉语理论教程》"语义系统和句意"章第十一节。

参考文献

朱德熙　1978　《关于语法分析》,《外国语教学》第1期。
————　1980　《汉语句法里的歧义现象》,《中国语文》第2期。

刘叔新　1988　《句法语义的几个语义问题》,《语法研究和探索》(四)。
――――　1994　《语句内的语义关系和语法意义》,《南开学报》哲学社会科学版第1期;后收进刘叔新《语法学探微》,南开大学出版社,1996。
刘叔新主编　2002　《现代汉语理论教程》"语义系统和句意"章,高等教育出版社。

(原载《南开语言学刊》第四期,2004)

习用语辞典与成语惯用语问题

一

汉语自上古以来,便有许多固定的、大于词的词组单位。同时社会上也逐渐涌现出许多谚语、格言、警句、佳句、套语、俚句等固定的、使用开来的语句。到近代,这样两类单位积累丰富,遂有专门编纂它们的辞典问世。近二三十年来,国内出版的这类辞典很多,尤其是成语词典,叠床架屋,或同或异,使人眼花缭乱,颇有重复赘余之感。

问题还不在于那样的辞典出得滥,而在于没有把握好辞典条目的性质,往往把谚语、俚句、名言或套语等收为成语辞典的条目。不仅如此,混为成语条目的惯用语,数量更是多不胜数。如此杂沓混沌,实在把"成语"以及"谚语""惯用语"等概念弄得混乱不堪,也在不同程度上产生了误导的消极影响。

中国"成语"一词,原指"习用的古语,以及表示完整意思的定型词组或短句"[①],"大抵为社会间口习耳闻,为众所熟知者"[②]。这个理解本是很宽泛的,所指对象的范围非常之广,像谚语、名言、俚句等,肯定都被包括了进去。今天若再按照这一传统的理解来使用"成语",显然不行。把谚语、名言、俚句同固定词组如"开门见山""刻舟求剑""晴天霹雳"之类放在一起,统统看作成语,是不科学的,是现代语言学不能接受的,也是现代一般文化人所无法认可的。

20世纪50年代,前苏联词汇学中的术语 фразеологические 输入我国,译为"熟语"。熟语大体上被处理为和成语古来的理解同样宽泛,被看作所有现代固定的词组和句子。有的词汇学者没有提出任何理由,就把熟语完全划入词汇的范围。这样一来,人们对于成语的理解,对于大于词的词汇单位的认识,也就更加模糊和混乱。

欧美指语言中专名、术语之外的固定短语,有一个词,就是 idioms。它已成为国际通用的术语。我国学人多把它译为成语。这是欠妥的,在很大程度上助长了成语概念认识上的混乱。20世纪80年代初期,笔者根据语言的建筑材料单位与言语作品单位在内涵、性质、功能和使用方式上的一系列重大区别,提出熟语当中的谚语、名言(包括格言、警句等)、俚句都是言语作品,不入语言词汇的范围;只是熟语中的成语、惯用语、歇后语(已具有全民性者)、准固定语以及专名语和专门用语(均已具全民性者)等有一定固定性的词组——固定语,才是与词的功能相当的语言词汇单位。③ 而固定语中除去专名语和专门用语,所余的这一大部分用语单位"同 idiom 或 idiome 所指的对象在范围和性质上大体一致","可以称之为'习用语'"④。

两年后,语言学者林书武在其翻译 F. R. Palmer 语义学专著的一文中,把 idioms 译为"习语"。⑤ "习语"稍稍展开来说,也说是习用语。看到这种不谋而合,在数年后出版的拙著中,"习用语"这一术语就再一次使用,并对有关概念和理论问题展开较充分的论述。⑥ 1994年,一种标明以英语习用语为条目而用汉语解释的专门双语辞典⑦问世,不仅以具体语言的习用语的编列,从实践上印证习用语说之可行,而且以"前言"的理论说明与论议,从理论上进一步肯定了"习用语"这一译名及对其内涵所作理解的适切性。

可见得把 idioms 理解为固定语除去专名语和专门用语余下的部分,把它译为"习用语",非个人一己之见,而是得到学界认可,比较切合客观实际的处理。

既然习用语是固定语的主体部分,是富于表达作用的重要词汇成员单位,专门编纂习用语辞典就为社会所需,成为语文教育和语言规范化的一项不可欠缺的工程。现代汉语的习用语又极其丰富,沉积着几千年民族文化和民族创造精神的灿烂菁华,而其性质与内部的分类如今又引起诸多认识问题与分歧,确实需要编纂一部能澄清混乱、正本清源、弘扬民族固有文化精神的汉语习用语大辞典。

二

习用语词典,尤其是汉语大型的习用语词典,似不宜置习用语内部类别差异于不顾。只将习用语条目意义列出加以解释,而不告诉读者条目所属的类别,会大大降低辞典的作用和价值。因为汉语里,习用语明显地区分出多种类别,各类的特性、功能、用法都有不小差别。

在这些类别里,最大、最重要的两个类别是成语和惯用语。可是成语在概念上已相当模糊,有种种不一样的理解,至少历来就十分宽泛而缺乏严密的界定;惯用语是个较新的类名,其内涵与范围更是未趋共识,不同学者对它的理解竟有霄壤之别。不论怎样来理解成语和惯用语,都应使它们能相互关联而又泾渭分明,不可彼此区别不清,因为对它们的理解,实质上无非是给一大堆固定语单位区分为成语、惯用语两类。对成语、惯用语的性质看得准确,便找到区分开二者的合理依据,便能取得实际上较好地划分开二者的效果。反过来,倘若区分成语、惯用语的依据或准则不合理、不科学,不能据以清楚、明确地把这两类固定语划分开来,那么也就说明对它们个别的特性没有抓准确,对它们理解有误。

本着这种认识,笔者《固定语及其类别》一文,重申与李行健先生合撰著作中关于成语特性的基本论点,并从熟语区分为语言的和言语的两大类谈起。尔后,在拙著中更辟两个专节详论成语和惯用语。冀望能将讨论引向深入,逐渐形成共识,以消除认识上的模糊、混乱,消除由此而给习用语教学、成语或惯用语辞典编纂以及其他语言实践与理论方面所带来的消极影响。

但是,从那时以来,引发出另一些对成语、惯用语的不同观点。分歧还是存在着,讨论须继续深入。深信通过进一步的讨论,什么样的观点比较合理、正确,会愈见分明。

如果说,根据是否会表现为带完整收尾语气调的句子结构,是否其含义体现具体判断,是否在造句功能上相当于词而具有复呈性而非搬引性这样三方面,可以较明显、较容易地看出谚语、名言、俚句、套语的言语单位性质,而把它们同语言词汇单位性质的固定语区别开来,那么,成语和惯用语却因都属固定语,具有较多较重要的共同性,而不那样判然有别。要区分它们,关键之处是要抓住它们各自不同的特点,同时须解除历来宽泛而模糊的成语观念的束缚,并讲求分类标准的单一性、完全贯彻于分类对象的彻底性和可操作性。看问题的这样一个原则性的出发点,相信没有谁能不赞同。

在分类之前,还需要把所划分的对象整体的范围确定下来,以免将任何非本体的相近单位混入成语或惯用语之中。上文已述及第一步骤——按照带语言性质还是言语性质,确认全部熟语区分为语言词汇的固定语和言语性的现成句子(——常语,包括谚语、名言、警句、佳句、格言、俚句、套语等)。

第二步骤要把固定语中非成语和非惯用语的单位排除出所面对的划分对象的范围之外,就是要把它们都分出去。先按照各构成成分是否都完全固定这一标准,从固定语中分出准固定语。如"不可""不人道""一行(xíng)""一瞥""小意思""耍花招"之类的单位,只是单位内的一个词固定或较为固定,不能替换以同词性和同型的其他词或仅只能换以一两个这样的词。这就是构造成分并不完全固定、从发展角度看基本上可进入固定语范围的准固定语。关于把它们鉴别出来的方法和意义,这里暂且搁下不谈,下文再细论。有一点很清楚:准固定语除了构造上没有充分固定性这一鲜明特点之外,形式上简短——一般只包含两个词、两个或三个音节,以及表意直白,也是它们的特色;它们自然不可能也不应该被归入成语和惯用语。这成为共识,当不成问题。进一步,须把歇后语排除开。这一点很好办,因为歇后语有对释结构作为标志,大家对具此标志者之为歇后语而绝非成语、惯用语,也早有共识。再进一步,把意义体现个体事物概念的专名语及体现科学概念或行业概念的专门用语排除开来,也很容易排除得明确而干净。人们历来就把专名语和专门用语另眼看待,不使它们与其他类型的固定语或熟语相混淆。

到这里,面对的才是有待于划分为成语、惯用语的对象整体——现代汉语固定语的基本部分。用什么标准为依据来划分它们才妥善呢?这成为争议的焦点,也是正确处理好成语惯用语划分问题的关键。

三

较早提出的、在一些教材中较多传播开来的一个划分标准,是体现在对什么是成语和什么是惯用语的分别说明上的。这是一种从多个角度来确定的、只看大多数情况如何而非严格贯彻对象整体的多式模糊标准。成语被视作"一种相沿习用的特殊固定词组"⑧,来源于神话寓言、历史故事、诗文语句和口头俗语,其意义往往并非构造成分意义的简单相加,其结构是定型凝固的,是一种"以四字格为基本格式"⑨的熟语。而惯用语是"口语中短小定型的习惯用语",其主要特征是简明生动,通俗有趣,口语色彩浓,含义单纯,大多可以拆开用,大多是三字格。⑩这里对成语、惯用语的解说,实际上不仅区分不清这两类单位,而且可使二者互把对方包容进来。比如"惯用语"举的实例"开倒车""放空炮""十字路口"等,都不能说不符合于成语上述的性质特点;反之,"成语"举的来源于口头俗语的实例"狼子野心""一干二净""千方百计""牛头不对马嘴"等,也没有理由不能是口语色彩浓、含义单纯、通俗生动的"惯用语"。症结在于,其一,性质特点的说明不全从对象整体概括而得,只是"往往""基本"或"大多",就不能排除不具相应性质特点的单位。比如,说成语以四字格为基本格式,其意义往往非成分意义的简单相加,就不能把三字格的、五字格的、八字格的、意义似为

"简单相加"的"过来人""脸红脖子粗""四个现代化""三分像人,七分像鬼"之类排除出成语;而说"惯用语"大多可以拆开用,就未尝不可把不能拆开用的"不三不四""七上八下""一落千丈"之类口语色彩浓厚的单位放进惯用语范围。其二,多式标准使用于对事物的一次划分上,是划分不清的。除非各式标准能一致地统一成某种原则,依据其中每一标准都能把同一事物划分出同样的界限,不然的话,同一事物出于各式标准的划分,必然各有不同范围的类别。按照语体的标准,全部成语惯用语除去语体上中性的部分,无疑可以分出书面的和口头的两大类;而诸如口语性的"不三不四""一竿到底""七上八下""过河拆桥"之类,就不能归入成语。而按照意义是否构造成分的简单相加,"不三不四"一类单位又应是成语;分明来自古代典籍的"名正言顺"(出自《论语·子路》)、"后生可畏"(出自《论语·子罕》)、"井井有条"(出自《荀子·儒效》)、"气息奄奄"(出自李密《陈情表》)则只能是惯用语。多式标准显然无法据以确定出单一划分界限,不可能把成语和惯用语区分清楚。

一些论者专门谈成语的性质或惯用语特点[①],虽然有的具体说法与上述教材不同,但是总的看,确定成语也好,确定惯用语也好,提出的依据准则同样不是严格贯彻于对象整体,而只含糊地及于"大多"情况,又同样不是单一性的,而是多式的、无从统一为据的。

有的论者避开成语、惯用语的划分问题,只从音节数的形式着眼而定出四字语、三字语,[②]似乎要以它们来取代成语、惯用语的区分。由于不可能从音节数的不同揭示出用语单位间的实质上的差异,也由于论证中其他某些理据成问题,这种取代性的区分未能成功,理论上也没有多大意义。于是,论者后来还是把这音节数形式准则带到成语、惯用语的划分里去,只不过做些修改,而且加上其他的准则,仍回附到多式标准的做法上。成语被认为:一,有较长的形成历史;二,其典型格式是四字格;三,是书面用语,意义典雅;四,属于全民语言。[13]惯用语被看作三音节语二音节语之外的部分俗语。[14]很清楚,成语的二、四两项性质并非成语区别于惯用语的特点,即不成其为确定成语自身的标准。而一、三两个标准加联起来,则会使据以确定的成语范围宽狭不当:不仅历史上形成较早的固定语,如"半斤八两""七上八下""三姑六婆""大刀阔斧""心痒难挠""贼眉鼠眼""生龙活虎""稳坐钓鱼船""三天打鱼,两天晒网""笑面虎""左右手"之类,因不是书面用语,没有典雅意义,从而不能是成语,而且所有近代现代在书面语中产生的、也有典雅意义的固定语,如"力争上游""遍地开花""下马观花""有的放矢""闭关锁国""攻守同盟""枪林弹雨""戴高帽""唱高调"之类,会因无较长的历史而通通排除在成语之外。另一方面,有悠久历史、用于书面语而具典雅意义的许多固定语,如"由此观之""全军覆没""落荒而走""一己之私""各行其是""不堪造就""言不达意""言之有理""攻其不备""守土有责""融会贯通""不胜枚举"之类,会被定为成语,尽管它们在一般人看来同成语不沾边。把这种表意直白的大量固定说法都塞进成语范围里来,成语就丧失它在一般人心目中所具有的特色。而上述所有被剔出成语范围的固定语,反而绝大多数是大家都承认的成语。

按照上述论者对惯用语性质范围的确定,惯用语则因必须满足其俚俗性、口语性、音流形式超过三音节的要求方能成立,数量会大大减少。下面五类单位会通通排除出惯用语的范围——

A. 近代现代产生的、有口语性而意思直白的三音节固定语：

没奈何　要不然　不一定　抢在头　排长队　打招呼　大齐奏　大串联　小不点儿

B. 近代现代产生的、有俚俗性而意思带比喻性的、其中可插入别的构造成分的三音节固定语：

走后门　戴高帽　吃老本　赶浪头　捞稻草　拍马屁　抱粗腿　枕边风　耳边风　狗屎堆

C. 俚俗，但历史不短，音流形式是三音节的固定语：

打秋风　打算盘　打呼噜　小阳春　打圆场　刮地皮

D. 虽然形式上超过三音节，但没有俚俗性、口语性，而且形成的历史较长，意思直白的固定语：

由此观之　由此可见　一言以蔽之　人尽其才　礼贤下士　任人唯贤　既往不咎　人人得而诛之　名师出高徒　诸如此类　不可胜数

E. 形式上超过三音节，难以说有俚俗性或口语性，近现代所产生而意思直白的固定语：

自愧不如　活命哲学　心安理得　其乐无穷　多快好省　厚今薄古　领导班子　待业青年　单亲家庭　扭亏为盈　四个现代化　一国两制　乡镇企业　独生子女　精神文明　头面人物　劳务出口　假冒伪劣

把以上五类固定语一概排斥掉的惯用语，还能有多少？恐怕拢集起来，只能是那些非二、三音形式而又未成句的俚语了，它们相对来说是相当少的，并且大多已被看作成语（如"七上八下""张三李四""不三不四"等）。这样，论者欲想确立有相当单位数量的、大体能与成语、专门用语、专名语、歇后语及准固定语平行并列的惯用语类别，便只好把成句子的俚语——俚句和其他所有俗语（谚语）都看作惯用语类别，但是这样做会混淆语言和言语，硬使言语作品充作语言词汇成员单位，当然完全有违于理。问题更在于，一般不会把 D、E 两类单位看作成语，学者们也未必有谁会认定它们是成语；如今若也不认为 D、E 两类单位是惯用语，那么它们算是哪一类固定语呢？须知它们在数量上是相当多的；尤其是 E 类，随着当代工农业、商业及科技文化事业的迅猛发展，随着社会生活日新月异的变化和进步，几乎每天都会有新的单位涌现。这样一大堆固定语，确实有不同于惯用语的特性，而须置于惯用语范围之外吗？设想如是，那就要另立一类固定语，给它另定一个类名；同时，惯用语就必然单位稀少，或者被不恰当地定为包含口语性言语作品单位的混杂类别。另设一类固定语，巧立新的名目，是毫无必要的，因为事实上 D、E 两类单位并无不适于定为惯用语的因素，它们本身就是惯用语的主体（其他部分是性质一致的少量三音节语）。而导致惯用语大大缩小范围或改变性质，也显然不合理，是不该发生的事情。

把口语性和书面语性或俗语和雅言的区分，看作界定和区别惯用语、成语的依据，在理论上是否符合实际，还存在很大的问题。按照这种看法，没有书面文字的众多汉语方言就都不可能有成语，没有自己的文字的少数民族语言也不会存在成语，所有这些方言地区和少数民族地区的人们从来都没有创造过成语！这是何等的荒谬。

要合理区分成语和惯用语，应找到使它们相互能清楚划分开来的区别性特点。这区别性特点须是成语或惯用语重要性质的表现，并大体符合人们对成语、惯用语的认识或语感。容易发现，在固定语除去专门用语、专名语、歇后语及准固定语之外余下的部分当中，也就是在须要划分为成语、惯用语两类的一大堆单位当中，有相当多是从字面意义暗暗透出真实意义的，即字面结构的表层意义暗示出真实的深层意义；而剩下更多的部分其字面结构表示的意义就是真正的意义。具有表意双层性的这前一部分的单位，如"杯水车薪""鞭长莫及""杀鸡给猴看""开门见山""唇亡齿寒""遍地开花""三天打鱼，两天晒网""打鸭惊鸳鸯""捞稻草""枕边风"之类，可以确定为成语。只有单层意义，不具表意双层性的后一部分单位，如"长治久安""富国强兵""休养生息""高官厚禄""厚今薄古""不可多得""由此可见""无官一身轻""工农兵""工农商学兵""弱女子"之类，就是惯用语。

表意双层性确实是成语的一个重要特色，是成语在固定语范围内不同于其他类别的区别性特点。一个固定语单位，人们如把它看作成语，通常主要是它的表意双层性起了决定因素的作用。因此历来公认的、不引起任何争议的典型成语，如"缘木求鱼""兔死狐悲""刻舟求剑""杯水车薪""杀鸡给猴看""打鸭惊鸳鸯"之类，会统统进入由表意双层性所确定的成语之列。而根据这样的原则确定下来的成语，其绝大多数也不会与人们的语感相抵牾。相反，若按四字格、雅言、有长久历史等条件准则来确定成语，那么一方面会把数量极大的、无表意双层性的单位如"躬逢盛世""精耕细作""天下大乱""言听计从""官官相护""罪恶昭彰""徇私舞弊""蔚然成风""移风易俗"等等，拽进成语范围内；另一方面，又会把不少非四字格的或非雅言的、人们公认为成语的单位如"三天打鱼，两天晒网""拾了芝麻，丢了西瓜""狮子大开口""杀鸡给猴看""赶鸭子上架""一朝天子一朝臣""桃李满天下""宰相肚里好撑船""平地一声雷"等等排除出成语范围之外。这样,不符合人们语感的情形会非常严重。

　　有人认为,表意双层性不足为据,因为谚语往往采用比喻的说法,一样有表意双层性。会产生这样的意见,是由于没有正确认识讨论问题的出发点。确实,很多谚语都是通过表层的比喻性含义而表达出深厚的真实意思的,如"独木不成林""众人拾柴火焰高""巧媳妇难为无米之炊"之类。许多复合词也一样有表意的双层性,如"佛手""狼狈""穿凿""雪里红""穿山甲""夹竹桃"之类。但是众多谚语、复合词与成语具有这样一种共同性,一方面不影响把它们彼此区别开来,另一方面更丝毫无碍于成语和惯用语的划分。因为谚语已可据其作为言语作品单位的一系列特点而与具有语言建筑材料单位——固定语特性的成语区分开来;复合词与成语的区别问题也被纳入词(尤其是复合词)与词组(尤其是固定语)的区分问题来解决,而词与词组彼此据以区别开的是音义构造上互不相同的一系列特点。包括成语在内的固定语,同复合词的划分也好,同谚语一类现成言语作品单位的划分也好,都是在固定语内部类别划分层次之上的另一高层次的划分,都在成语惯用语的区分之前就进行了的,划分所依据的准则又不牵涉表意双层性。这就是说,在作成语惯用语的划分时,已依据另外的划分准则,把复合词及谚语一类现成言语作品同包括成语在内的固定语区分开来,即已把这些相近的言语单位排除在准备加以划分的、混合着成语和惯用语的整个对象范围之外。自然,复合词和谚语中也存在表意双层性这一点,就根本不影响成语和惯用语的划分。决定了这里不相关涉,还由于另一种更重要的因素:纯在固定语范围内来调动表意双层性的类别划分作用。表意双层性之成为成语的区别特点,是以在固定语范围内为条件的。⑮在这一特定范围内,成语无疑会以起表意双层性而显出自身与众不同的特点,据此而与惯用语及所有其他固定语类别区分开。

根据表意双层性而确定的成语,完全不受历时长久、书面语(雅言)及四字格形式等强加的条件限制。据此单一衡量准则,产生于古代的"洛阳纸贵""萧规曹随""杯水车薪""分道扬镳"之类是成语,产生于晚近的"闭关锁国""枪林弹雨""遍地开花""下马观花""有的放矢"之类也一样是成语;书面语的"刻鹄类鹜""众矢之的""一丘之貉""白驹过隙"之类是成语,口语的"喝西北风""打退堂鼓""借刀杀人""七上八下"之类,也同样充分具有成语的资格;四字格形式的,如上举的实例,可以是成语,非四字格的"马前卒""枕边风""捞稻草""旧瓶装新酒""快刀斩乱麻""银样镴枪头""一鼻孔出气""出淤泥而不染""牵一发而动全身""拾了芝麻,丢了西瓜""三天打鱼,两天晒网"等等,也完全可以是成语。所有上举这些固定语单位,在表意有两层的方式上是一致的,因而都同样取得成语的资格。成语同惯用语、专门用语、专名语及准固定语一样,不断地在从古至今的时间长流中产生,在书面语或口语中出现,具有不止一种字格形式。成语这样的存在方式,才是符合语言词汇单位存在形态的客观实际的。根据有无表意双层性来划分成语和惯用语,人们也才可解释各个时代都产生成语的现象,解释成语在音节数形式上大量地与其他固定语一致的情况。

根据有无表意双层性来划分成语和惯用语,由于准则单一、明豁而可一贯到底地据以进行划分,是能够划分彻底并易于操作的,而且易于被一般人所掌握。成语以一种反映实质的明显标记——外在结构直接表示表层意思而暗示深层真意——同惯用语清楚地区别开来,也很有利于成语的学习和教学。成语具有表意双层性的特点,决定了学习成语的特殊门路和成语教学方法上的特殊要求。

惯用语可说是消极地或被动地确定出的固定语类别。它除了具有固定语的特点之外,没有自身构造上独具的、可据以不同于其他各种固定语类别的特点。因而,它是在固定语中一一确定出专门用语、专名语、歇后语、准固定语以及成语之后,才能得出的类别——这时所余剩的固定语部分。这就是说,惯用语是一类不具成语特点、也不具准固定语、歇后语、专名语、专门用语诸类别特点的固定语。它意义直白,结构一般,很便于理解和运用,易于形成和传播推广,从古至今不断大量地产生,特别在现代社会经常成批成批地涌现,在数量上比成语多得多。

成语和惯用语的区分界线,整体来看无疑相当清楚;但是,同时可以看到,局部短小段落上有些模糊。这是由于在成语和惯用语之间存在着少量中介的或过渡的单位。如:

A. 滔天大罪 心腹之患 天府之国 切肤之痛 犄角之势 锦绣河山 负荆请罪 负隅顽抗

B. 一鸣惊人 一蹶不振 利欲熏心 价值连城 不容置喙 扣人心弦 风云突变 黔驴技穷 金瓯无缺 人间地狱

C. 安如磐石 杳如黄鹤 易如反掌 寥若晨星 侯门似海

D. 如解倒悬 如坐针毡 如火如荼 如入宝山空手回 口若悬河 巧舌如簧

E. 白山黑水 缓兵之计 精卫填海 愚公移山 攻守

同盟　鸣金收兵

　　F. 脸上脸下　屈指可数　侯门似海　七步之才　脸无人色　发号施令

对这些单位进行分析,仍可以确定是基本上属于成语还是宜于划归惯用语。比如 A 组,有双层意义的只是修饰成分;而修饰成分一般比较次要,不致影响整个固定语的基本意义。⑩因此 A 组单位是惯用语。B 组的情形与 A 组相反,有双层意义的部分是占据主要地位的述谓成分、主语、宾语或中心成分,都是形成固定语基本意义的重要元素。因此 B 组基本上是成语。C 组,虽然宾语是个有双层意义的比喻,但述语是表示明喻的字眼,明指后面跟着的宾语是一种比喻的说法,兼且主语也已明示被比喻的事项。因此,C 组单位基本意义是单层的,应属于惯用语。D 组可与 C 组形成对照:述语为明喻字眼,宾语也是一种比喻说法,但是被比喻的事象或者并未说出,或者只是借用指说其他事象的字眼间接地、隐约地暗示出来,因而整个固定语的意义基本上有由表层到深层的表达。这组单位应入成语之列。E 组有另一样的特殊性:都含本义和转义两个义项。本意即字面意义,仍被用于造句(构造一句话的复杂意思——句意),仍是独立存在的真实的意义单位;就这本义而言,当然意义的表达只有单一层次,相应的固定语单位应是惯用语。但是转义不仅有着本义的烘托,而且仿佛就是通过本义透达出来;所以就转义而言,意义的表达是双层性的,这时相应的固定语单位就该是成语。类同 E 组的单位,因存在本义和转义而兼跨两种固定语类别,与多义词往往跨词类的情形正相仿佛,是不足为怪的。这也是一部分固定语在发展出转义之后,本义始终不消失的必然结果。F 组单位,意义基本上是单层的,只是真实意义还有一部分超出字面,即字面意义是真实意义的基础部分或主要部分,因此原则上应归属惯用语。如"脸上脸下"的意义是:指脸的上部和下部;言外之意是满脸。"侯门似海"的意义应为:表示公侯家的门庭像海一样深;言外之意,显贵人家门庭阔大深广,居室在深远处,谒访不易。"脸无人色"的意义是:表示脸上没有正常人的血色。不论超出字面的意思是多少,都可以从字面看出真实意义的基本内容,即并无表意的双层性。

可见,成语、惯用语之间的中介单位,实际上都可以归到成语或惯用语中去。这些中介单位的存在,并不给成语惯用语按表意方式的划分带来破坏或不可克服的困难。世界上的生物并不因为微生物的存在而不能区分出动物、植物两大类。我们面对的中介单位甚至不像微生物那样难以纳入动物植物里,而是完全可以按成语或惯用语来定位,并且它们在数量上还大大少于正常情况下区分出的成语、惯用语,无法与微生物的无以计数相提并论。有的学者认为,以有无表意双层性为准则来划分成语和惯用语,缺乏可操作性,因为不少单位有无表意双层性很难定夺。⑰这是不符合事实的,是没有对现象深入观察调查就做出的臆断。上面的简要分析可以充分说明这种臆断根本上不正确。

附　注

①《辞海》修订本,第二册,1186页,商务印书馆,1980。
②舒新成等主编《辞海》,551页,中华书局,1948。
③④刘叔新《固定语及其类别》,《语言研究论丛》第2辑,天津人民出版社,1982。
⑤ F. R. Palmer《语义学》第二部分词汇语义学,林书武摘译,《国外语言

学》1984 年第 2 期。

⑥ 刘叔新《汉语描写词汇学》,164—166 页,商务印书馆,1990。

⑦ 张旭主编《美国英语习用语辞典》(*A Dictionary of American Idioms*),天津人民出版社,1994。

⑧ 黄伯荣、廖序东主编《现代汉语》上册,247 页,甘肃人民出版社,1981。

⑨ 见注脚⑧所举教材 247—248 页。

⑩ 见注脚⑧所举教材 252 页。"大多是三字格",是笔者从所举的实例看出的意思。

⑪ 马国凡《成语》,内蒙古人民出版社,1985;马国凡、高歌东《惯用语》,内蒙古人民出版社,1982;高歌东《惯用语大辞典·前言》,天津教育出版社,1995;徐耀民《成语的划界、定型和释义问题》,《中国语文》1997 年第 1 期。

⑫ 周荐《论四字语和三字语》,《语文研究》1997 年第 4 期。

⑬ 周荐《成语问题四论》,《词汇学问题》,天津人民出版社,1998。

⑭ 周荐《惯用语新论》,《语言教学与研究》1998 年第 1 期。

⑮ 刘叔新《汉语描写词汇学》,130 页。

⑯ 这是就一般情形而论。有特殊的例外。如"梦熊之喜""发棠之请",定语部分的真实意义不那么容易看出,以至整个固定语的意义也不明豁,可划入成语。又如"发轫之始",定语"发轫"的意思在整个固定语的意义中占有重要地位,而且它与中心成分"始"的意思连接起来仍形成非真实的表层意义,因此这样的定中结构单位也应是成语。

⑰ 周荐《熟语分类问题研究》,《词汇学问题》,94 页,天津古籍出版社,1998。

(原载《词汇学理论与实践》,李如龙、苏新春编,商务印书馆,2001)

关于成语惯用语问题的答问录

香港学者曾子凡先生两年前曾以书信方式,就惯用语、成语如何界定,向我提出一系列问题。在我回答之后,仍来信表示有所不解。今年年初从他寄来的《广州话惯用语的界定》一文,又看到一些实际上是向我提出的质疑。果然,不久在香港与他晤面时,他把这些质疑点提了出来。我就在谈话中以口说方式作了回答。现将前后不同情况下以不同方式进行的答问统合起来,作了一番整理。向学界公开这个答问录,对成语、惯用语问题进一步深入探讨,可能会有些帮助。

问:从"意义的双层性"去划界,是您提出已久的标准。这个标准,我觉得很易操作、判断。但为什么只有成语有"双层义",惯用语就不能有?《汉语描写词汇学》第140页上a、碰钉子、捞一把……b、焦头烂额、水中捞月……都属于成语,我也想不通。我的看法:a类算惯用语,b类算成语。

答:可能您没有注意到,我从20世纪90年代起只说"表意的双层性",不再用"意义的双层性"。两种说法存在差别。"表意"是意义—形式的。双层的方式是形式;由此形式表现出来的两种不同意识内涵,是意义。我提出的划分成语、惯用语的依据,兼顾了意义和形式两方面,而且它们是紧密地结合在一起而不能分割开的。这样的依据,就既反映了所划分的对象两个部分在实质上的差异,又有形可据。因此,凭着它,可以清楚而彻底地把成语和惯用语划分开来;而它又是单一而明确的,易于理解、掌握,便于实际操作。所有其他提出来的划分标准(即依据),或者不能像它那样反映实质的区别,或者不像它那样可据以毫不含糊地把成语、惯用语划分彻底。总之,没有它的适切性,不能合理地或清楚、彻底地划分开成语和惯用语。不同意按照有无表意的双层性来区分成语、惯用语,原因之一,是由于没有看到这个依据反映了实质性区别的品质,没有看到同意义特点密切结合一起的双层形式对于合理而准确地、清楚而彻底地划分开两大类固定语的重要作用。

另有一个更重要的原因,是把固定语不同类别——包括成语、惯用语——的划分放在一次性的、一个层次的分类上,甚至是把熟语各种类别的区分放到同一划分层次上,从而忽略了我按照有无表义双层性作的划分只处在熟语分类过程中一个特定阶段或层次这一要点,抹掉了应用我这种划分的依据必须具有的范围条件。如有人在郑重的总结性文献里说,谚语和其他许多语句也有深层的、比喻的真实意义,故而凭着有无表意双层性,根本鉴别不了成语和惯用语(大意)。这种评断,充分暴露了对所评断的事物了解得过于粗疏和轻忽。对别人的论说不理解清楚便加褒贬评说,会给人以粗暴甚至可笑的感觉。

您存在疑问,也与分类的背景或前提含糊不清有关。界定成语也好,界定惯用语也好,是要把须定性和定范围的这类固定语从所有各种熟语中区分出来。这必须经过多次分类的过程才能做到,才能做好。首先,熟语指各种各样现成的、人们熟悉的、有一定稳定性的词组和句子。这已是学界的共识,没有人持异议,您也不会有不同的意见吧？内部驳杂不堪的熟语,怎样进行类别的划分,对于界定成语、惯用语是第一个关键性步骤。有人曾认为,看出一部分熟语的特征,根据这样的不同特征,就直接分出相应的不同熟语类别,如谚语、歇后语等等。这是一种不讲层次的、区分界限不清楚的划分,不仅分不彻底,而且实际上行不通。比如根据俚俗的特点,"穿小鞋""装糊涂""抓小辫子""七上八下""装模作样""赶鸭子上架""脸红脖子粗""打个巴掌给个甜枣吃""没吃过肥猪肉,也见过肥猪跑"等等,都可算为一类,是所谓俚语。但是根据有比喻义的特点,上举的"穿小鞋""抓小辫子""七上八下""赶鸭子上架",却又与"杯水车薪""一衣带水""独木不成林""众人拾柴火焰高"那样的单位同属另外一类。根据串联着多少个字音这一形式特点,上举的"抓小辫子""七上八下""杯水车薪""一衣带水",与"有理有节""干脆利落""风和日丽""诸如此类""众所周知""无可奉告""恕不一一"等等,都属四字格熟语类,那是某些人所认为的成语。很清楚,这样划分,不仅会把谚语和成语混为一谈,把言辞性质的套语和语言词汇单位性质的固定词组(固定语)等同起来,而且分出的熟语类别势必彼此在部分成员上交叠,不可能有将各类熟语清楚划分开的界限。有些人以为,若把一类熟语的各种特点都综合起来,以这综合的特点为依据,就可以界定该类熟语;如是,可一一界定各类熟语,把它们区分开来。这种做法,实际上只应用在成语、惯用语的界定和两者的区分上。是否完满达到了目的,收到成效了呢? 也没有。主要由于凭着 A 组诸特点的综合性依据,不足以表明只欠缺 A 组诸特点之一的 B 组或 C 组同 A 组有什么实质上的差别。如具有"三字格""比喻性的意义""动宾结构""可破开用"诸特点的熟语,像"走后门""穿小鞋""戴高帽"之类,被定作惯用语;可是同样有比喻意义、动宾结构、可破开来用这些特点,仅仅不止三个字的熟语,像"吃大锅饭""扣大帽子""打擦边球""放一把火""打破饭碗""解剖麻雀"之类,与"走后门""穿小鞋"等能有实质的差异吗?又同样有比喻意义、三字格、可破开用的特点而仅仅不具动宾结构的熟语,如"枕边风""左右手""马后炮""一身松""手头紧"之类,也是同"走后门""穿小鞋"等没有实质差异的。甚至同时不具三字格和动宾结构两个特点的E组单位,或者还加上不具可破开用这一特点的F组大量单位,都很难说可以与A组区分为实质上不同的熟语类别。如"绣花枕头""眼皮子浅""银样镴枪头""小题大做""一日三秋""掌上明珠""雨后春笋"之类(E组),"大吹大擂""狼吞虎咽""满城风雨""一衣带水""近水楼台""满腹经纶""狭路相逢""独步一时""问道于盲""双管齐下""天花乱坠""犬牙交错""良莠不齐""咫尺天涯""一发千钧""九牛一毛""黄粱一梦""沧海桑田""风雨同舟"等等(F组),要说与A组的"走后门""穿小鞋""戴高帽"之类有实质上的不同,是怎样也说不过去的。可能正是由于感到或多少看出,大部分综合起来的特点并不能在实质上区别开有关的熟语类别,综合特点依据的主张者们在作为某类熟语的条件而提到这些相应的特点时,往往留有很大的活口,说什么"大多具有……"或"基本上是……"。这样,综合特点的依据就更充分地暴露出它的根本弊病——不可能凭以将熟语合理地、清楚而彻底地区分为各种不同类别。用它作为熟语分类的鉴别标准,实际上是根本无法划出不同熟语类别之间的明确界限的。

周荐教授换了另一种分类依据来处理问题,不过既仍然不依循多层划分类别的原则,又完全抛弃了长时间以来认可的"语言—言语"依据。他不同意我的关于熟语的理论观点,是以《熟语的经典性和非经典性》一文发难的。我一读该文就了解，作者主要是为提出区分成语、惯用语的新依据作张本，想直接就从熟语划分出成语、惯用语来。但是，依据是否有经典性来划分熟语，是难以进行彻底，甚至难以下手操作的。因为"经典"的意义模糊；什么算经典，什么不算，并不明确。古代许多的野史，数量庞大的"集"，哪些能算经典，恐怕就人言言殊；近代和现代哪些文字作品是经典，更加不好论断，无法形成共识。这种情况，曾告诉过周荐教授。后来他改以雅言—俗语或书面语—口语为准来区分熟语，并大体上也走上以多特点为依据来确定成语、惯用语的路子。在他看来，熟语中具备历史悠久、雅言性和四字格这些特点的单位是成语，非三四字格的、俗言性的单位就是惯用语；至于三字格的"穿小鞋""走后门"等，则是词（理由只有一点：汉语中存在三音节的复合词）。由于仍综合一些并不反映不同类别实质差异的特点来划分熟语次类，而且仍是不分层次来划分熟语，周的分类明显地陷进了大量古代的名言及普通常用的短语（如"日复一日""老当益壮""莫逆之交""遐迩闻名""风和日丽""莫测高深"之类）会等同于成语的困境；也明显地导致将三字格熟语强定为词的离奇不当；还势必推导出成语不能在近代、现代产生，不能在人民群众的口语中产生，不能在无文字的许多方言及民族语言里产生的错误结论。

必须站在宏观的高度，抓最重大的性质特点，对熟语做第一层次的划分。那就是按照属言语性的言辞作品还是属于语言性的词汇单位，把驳杂的熟语区分为性质迥然不同的两部分——常语和固定语。常语是一句话，有完整的、终止的句调，表示的意思体现一个思想，有属于意识形态的内容；使用时加以搬引以代替普通的一句话，有搬引性。包括所有的谚语、名言、俚句（成句子的俚语）

和套语。固定语在结构上是个短语（词组），没有完整的、终止的句调，表示的意义体现一个概念，内容不属意识形态；使用时和词一样地充作造句的成分，不是搬引来代替自己的一句话，因而没有搬引性，而有经常反复出现在人们语句中的复呈性。首先把熟语这样两大类异质的成员——常语、固定语——划分开，具有极大的重要性：完全把非词汇单位的熟语成员排除出词汇范围之外、明确哪些熟语类别属于词汇、哪些熟语单位才是词汇学真正的研究对象；另外使谚语与成语及惯用语清楚地区分开来，还大大缩小了从中划分成语、惯用语的熟语范围，从而便于这一划分问题的解决。如此看待熟语，首先这样把它一分为二，要不同意，我看是难的。你采用了"固定语"的概念，相信也是承认了先分熟语为固定语、常语两大类的必要吧？惟一表示反对意见的，是周荐教授。他的理由是，从熟语直接看出或分出的各个类别里都有语言性和言语性。当然，这不能成立。名言、谚语、俚句等现成句子，难道都有语言性和言语性的两种吗？成语或惯用语，难道还有言语性的一类吗？

在固定语范围内来看什么是成语、什么是惯用语，就进入熟语分类的第二步。这一步也并非一次就分出固定语的各个类别。似乎会是同时在固定语中把专名语、专门用语、歇后语划分来，这是错觉。实际上分先后几次性划分，才得出这些类别的。先看到固定语中某些成员具有实质上显著地区别于其他成员的特点，就以有无这种特点为依据，把有此特点的固定语同所有其他的划分开来。然后在无此特点的其他固定语中再看出部分成员有另一种反映实质差异的区别性特点，根据有无这些特点来划分出第二类固定语。如是一层一层地划分下去。比如，很可能先根据是否结构上以当中的停歇分为对释的两段，而划分出歇后语。在除开歇后语的那绝大部分固定语中,再根据意义是否体现个体事物概念,划分出专名语。随着,再根据意义是否体现专门的科学概念或行业概念,划分出专门用语。在分出了歇后语、专名语及专门用语之后,我再依结构上是否局部成分不固定,把准固定语同其他一般固定语划分了开来。到此,固定语除去分出的四类所余下的众多成员,就是人们所说的成语和惯用语。这时,先有个问题会提出来:是否需要区分开两者呢?或者说,有无必要将这众多固定语成员划分为两类或更多的类别呢?如果在它们一部分成员身上看到能表明实质差异的区别性特点,当然就有必要把它们一分为二。如果在它们几部分成员身上分别看到各有反映实质差异的区别性特点,那也就需要分几次把它们划分为多个类别。我只在它们一部分成员上看出表意双层性这一重大特点。它不仅可表明这部分成员与余下另外那部分成员在实质上的差异,还可表明这部分成员与固定语范围内其他种种类别的实质区别。这样划分出来的两类固定语,本没有一定的名称,管甲类叫什么,乙类叫什么,本是无所谓的。只是已经流行开的两个类名"成语""惯用语"还没有派上用场,就宜加以利用,不必另造新的类名(推出两个新术语,会增加人们认识上的混乱和学习者的负担,带来的负面作用太大)。而大家一致认可具备成语资格的单位,像"缘木求鱼""一箭双雕""鹤立鸡群""杯水车薪"之类,会通通包括在具有表意双层性的甲类之中;大家绝不会认作成语的单位,如"装糊涂""睡懒觉""大吉大利""不知不觉""山山水水""风和日丽""浮想联翩""诸如此类""不胜枚举"之类,也会通通排除在甲类之外。所以,把甲类称为成语是比较适宜的。乙类单位没有自己的区别于其他固定语类别的肯定性特征,平平常常,只是由于人们用得多,用惯了,就成了功能和词相当的固定单位。这样,把它定名为惯用语自然也很恰切。

现在您问,"为什么只有成语有'双层义',惯用语就不能有",问法有点儿奇怪吧?你是以先划分好了的惯用语、成语为出发点和基准而提出此问的。如果您想到上面讲的分类过程,可能就明白那样问会有什么意义。要回答您这个提问,尽量简短一些,就只能说:既然以有无表意的双层性来作为区分成语、惯用语的依据,那么惯用语自然就不能有"双层义"。前面谈的分类过程和方法,是这句话的背景和理由,也可以说是你所提问题的真正答案。单看这句话,是不成的,容易使人感到好像不讲道理。我说那句话,多少是想让你意识到,提问与一般事理或逻辑相冲突。比如,若有人主张,惯用语具有三字格、口语性、比喻性、动宾结构、可破开用等五个特点,不同时具有这五个特点的便是成语,而我问他:为什么成语不能有三字格、口语性、比喻性、动宾结构和可破开来用的特点?人家就是以是否具备五个特点为依据而划分开惯用语和成语两类嘛,当然成语就不能有这五个特点了,何必问他呢?要问的应是:凭这依据能合理而有效地划分出惯用语和成语两类吗?

您所以会对"碰钉子""捞一把"之类和"焦头烂额""水中捞月"之类都属于成语这一点想不通,认为前一类应算惯用语,除了受过去流行观点影响太深之外,一个主要原因也在于不明白何以"有无表意双层性"这个依据而非其他依据才合理而有效。所有单纯形式上的特点,诸如三字格、四字格、动宾结构等,都不足以体现不同类固定语各自不同的特质。以同固定语相近的词来说,双音词(二字格词)同三音词(三字格词)就并没什么词的特质上的区别;杂合格的复合词如"开锅""捣鬼",与支配格的复合词如"司机""执笔",也没有复合词特质上的不同,不可能区别为两类性质不同的复合词。同样,四字格固定语与三字格固定语及多于四字的各格固定语的划分,不是性质不同的类别划分,因而不会有什么意义。动宾结构的"不求甚解""枉费心机",与主谓结构的"庸人自扰""后生可畏"、述补结构的"出于无奈""无济于事"能有什么固定语实质上的不同呢?显然,从词汇学角度看,是毫无必要确定出语法结构不同的固定语类别的。就是涉及整个结构形体固定性的"可破开来用"这一重大形式特点,由于并不影响固定语的意义,尽管可据以把固定语划分出离合的和非离合的(或一般的)两大类,根据有无这种形式特征而作的分类也反映不了多少实质上的区别,是比较粗糙的、表面的类别划分;分出的大量非离合单位也好,少量些的离合单位也好,其中都存在性质上差异相当大的不同部分。比如,非离合的那部分会包括"杯水车薪""筚路蓝缕""一发千钧""以牙还牙""天花乱坠"等等和"哈哈大笑""大是大非""反复无常""不胜感激""狼狈不堪"之类;而离合的那部分也会包括"一针见血""引火烧身""抛砖引玉""枕边风""抱粗腿""走后门"等等和"见利忘义""有理有据""悔过自新""大材小用""装胡涂""睡懒觉"之类。很明显,"杯水车薪"等和"哈哈大笑"等,"一针见血""抱粗腿"等和"见利忘义""装糊涂"等,才有性质上的莫大差异;而"杯水车薪"等跟"一针见血""抱粗腿"等,"哈哈大笑"等跟"见利忘义""装糊涂"等,却都性质上一致,反被分到不同的类别里去。总之,表明了按照能否破开用来观察和划分,是划分不出像成语、惯用语这种各有不同特性的类别来的。至于按照非固定语本身的而是它外在的因素来划分,情况更是这样。如依据运用于口语还是书面语,"赶鸭子上架""杀鸡给猴看""狮子大开口""七上八下""三姑六婆""张三李四""走后门""抱粗腿"等等和"大哭大闹""小不点儿""山羊胡子""稀里糊涂""没奈何""不一定""排长队""装糊涂"等等,会定作口语性的一类;而"孤云野鹤""咫尺天涯""杯水车薪"等等和"地广人稀""不一而足""不胜枚举"等等,则定作书面语性的另一类。两类里都包括着异质的成员。另外,还有许多通用于口语、书面语的单位,它们成为中性的第三类,与口语类或书面语类的差别都更加微弱;它们当中却必然也包含着异质的成员,如"打退堂鼓""大煞风景""另起炉灶""顺手牵羊""晴天霹雳""石投大海""挖空心思"等等,与"反复无常""价廉物美""按劳分配""有理有据""粗制滥造""自由恋爱""精神文明"等等,彼此性质上是差别相当大的。可见,用于不同语体的界限,也分不出像成语、惯用语这样有重大个性特质的、人们希望划分出来的类别。

不少学者把几个形式的、外在的因素加合一起,或者还加上个意义的因素,提出惯用语的或成语的综合特点,以为这样就可以避免一两个形式的外在的因素起不了辨质作用的弊害。其实,可以说无补于事。比如认为具有 A. 三字格,B. 口语性,C. 动宾结构,D. 可破开用,E. 比喻性等五个特点的是惯用语,具有 F. 四字格,G. 书面语性,H. 悠久历史,E. 比喻性等四个特点的是成语。可是,同样具有 B、C、D、E 诸特点而只是不具 A 的"抓小辫子""打擦边球""喝西北风"之类,与定为"惯用语"的"抱粗腿""捞稻草""穿小鞋"等不可能有任何实质区别,却排除在"惯用语"之外。具有 A、B、D、E 而仅仅没有 C 的"马后炮""枕边风""马前卒"等,具有 B、D、E 而不具备 A、C 的"绣花枕头""半斤八两""张三李四""七上八下"等,都被排除在所定的"惯用语"范围外,也同样看不出有什么实质差异的理由。而有着 F、G、E 三特点而仅仅不是历史悠久的"遍地开花""解剖麻雀""力争上游""有的放矢"等等,具有 F、

H、E三特点而仅仅没有书面语性的"三长两短""七上八下""张三李四""三姑六婆"等等，或者具有G、H、E而不是四字格的"打鸭惊鸳鸯""杀鸡给猴看""打秋风""三天打鱼，两天晒网"等等，通通剥夺了成语的资格，也是绝对说不出道理的。综合特点说实际上凭着个别或某些形式的、外在的因素的有无，来划分成语、惯用语，那是划分不出真正互有实质差异的不同类别来的，而且不可能划分得清楚、彻底。说到底，这样划分出来的"成语""惯用语"不可能是彼此实质上有什么差异的类别，而且相互间的界限是模糊不清的。

您认为，"碰钉子""捞一把"之类算惯用语，"焦头烂额""水中捞月"之类算成语，看法跟综合特点说的划分、定类一样，怎能合理、正确呢？现在您不妨跳出流行观念的框框，细想一下，"有无表意双层性"的依据如何解决问题。这样做做，总有好处。

在歇后语、专名语、专门用语和准固定语区分出去后余下的固定语中，甲部分有表意双层性，其余的乙部分都无此性质表现——即表意是单层的。从同时管到意义及其表现形式来看，表意双层性自然是甲部分一种特质——重要实质、鲜明特性的表现，而表意单层也表明了乙部分在材料构成上的实质。凭这两种实质的巨大差异，划分出甲、乙两部分——成语、惯用语，界限自然是明确而清楚的，划分也必然能彻底而简便易行。既然清楚划分出的成语、惯用语两部分彼此在实质上迥然有别，而且这样的成语和惯用语还大部分符合人们的语感，那么据以划分的准则就是合理的、正确的。您觉得这个准则"很易操作、判断"，正是它能据以划分出实质明显不同的两类来这种品质的客观反映。事实上，除了"有无表意双层性"，没有其他任何准则能合理、清楚、彻底地划分开成语、惯用语。

问：吕冀平等关于惯用语划界问题的那篇文章(《中国语文》1987年第6期)，所提好像易被接受？我的语感也比较接近。该文认为您的观点不符合人们的语感，您以为如何？

答：该文对两种对立的观点各打五十大板，正面的主张是什么，还看不出来。这是使人失望的。作者提到了惯用语应有口语化、通俗化的特点，但是否就凭这点确定惯用语呢？并没有证明。究竟根据什么可以把惯用语和成语划分开并分别加以界定？作者并没有提出意见。至于说，批评我的看法不符合语感，这要看指什么单位而说，有多大的范围。但是不管怎样，只那么简单笼统一句话，否定不了我的看法。在语言研究中，对语感是往往需要考虑到的，但是须要慎重。一般地说，不能拿语感作鉴定正误的根本依据；语感果真有那么大的"权威"，又那么灵，就无须对语言进行什么科学研究了。在语言学的某些领域，如在确定音位、确定词位等方面，语感会起较重要的作用，是某种决定性的因素；但是其他多数领域里，语感只是须要或可以参考的东西。问题更重要的是，现代知识分子的语感通常是建立在语言知识的基础上的。语言知识更新变动了，相应地，语感迟早会跟着变动。在马建忠的时代，中国文人并没有词的语感，只有字的语感。《文通》就只是拿"字"来译西方的 word。到三四十年代，中国语言学者明确地提出"词"这个术语概念，划清词和字的界限，人们便渐渐摒弃"一个方块字是中国话一个使用单位"的旧语感，形成"一个字未必记录一个词、词是语言的而非文字的单位"这样的新语感。所以，人们对语言许多方面的感觉(如词语类别、结构类别的感觉)会受到一定时期的认识水平的限制，但不会凝固不变。语言科学向前发展，会提高人们的认识,使人们改变某些语感,形成新的语感。关于熟语的性质和分类,成语、惯用语如何划分和界定的研究、讨论,明显地就是这样一种过程。

问题正在于,不论从什么观点出发来划分和界定成语、惯用语,都免不了要在某种程度上改变人们的语感。因为"熟语""惯用语"等是现代新出现的术语概念,只要承认它们的"合法"地位,就意味着须要改变一向对成语的认识和语感。成语原指"习用的古语,以及表示完整意思的定型词组或短句","大抵为社会间口习耳闻,为众所熟知者"。新旧《辞海》对"成语"条目的这个解释,代表了自古以来人们的成语观念和成语语感。今天还需要保持这种语感吗?要界定惯用语,使它成为与成语平行的类别,能不改变成语原来的语感吗?要以四字格或雅言、或历史悠久、或把它们都包括在内的多个特点,来界定成语,能不改变对成语的语感吗?而我提出的成语、惯用语划分法,改变成语原来语感的幅度还可能小于其他划分方式,至少不会比它们都大。

问:能不能说"成语都是全民性的,共同语的",并无方言成语;要有,都是使用共同语的,如"斩草除根""东床快婿""东施效颦",广东话照说。方言里却有大量的惯用语。

答:不能说成语都是共同语的,方言没有成语。原因之一,这是错误的按断(成语只能是书面语性的雅言)所导致的结论。原因之二,这更重要,不符合人民群众有创造语言的同等能力这种客观事实,也不符合口语优先于书面语这个现代语言学的重要原则。原因之三,共同语总是建立在一定方言基础上,其相当一部分成语是从方言"转移"过去和吸收过去的。共同语词汇单位的全民性,只是其使用范围上的外部特点,不是其本身实质上的内部特点。

根据具有这种特点确定出的"成语",不会是词汇单位的什么特定类型。何况作为一种语言符号系统的地域方言,也是有全民性的,只是"全民"的范围比共同语相对地小些而已。如果共同语使其成语带上的特别之处,是书面语性或雅言性,那么会有那样的问题:第一,普通话中口语俚俗性的"七上八下""不三不四""鸡飞蛋打"之类,岂非都不能是成语?大量通用于口语和书面语的"斤斤计较""半斤八两""过河拆桥""张牙舞爪"等等,也都不能是成语了。若由于这两大类单位也能用于书面语而只好承认它们属于成语,它们与方言中双层表意的固定语却是本质上没有什么差异的,而不承认后者为成语就会毫无道理了。第二,等于说,成语是知识分子创造的,是他们的专用品。这样极大缩小成语为全民所用的范围,完全否定未掌握书面语的劳动人民创造和使用成语的能力,不承认没有文字的方言和民族语言同样拥有自己的成语,能是恰当的吗?第三,有的大方言,如广州话(包括其香港变体),也有表示其大量特殊语素的方块字,有自己的完善的书写形式。那么这样的方言岂不就理所当然地拥有成语?而这些"成语"跟其他无自身的书写文字的方言里同样表意活泼生动(因双层表意的缘故)的固定语,又有什么质的差异呢?各地方言诚然都或多或少地搬用普通话的成语,但是都会有自己的、土生土长的成语。像"撞板""穿煲""炒鱿鱼""一身蚁""一头雾水"等等,就是广州话的"土"成语。拥有极其丰富的成语,正是广州话的一个特色。

问:"不完全句"可作惯用语吗?如"画公仔画出肠""打死狗讲价"等。

答:这一头要看对"什么是惯用语"如何回答,另一头要看具体的不完全句是否还保有句子的基本性质。只要还有终末的完整句调,还表现一种思想认识而非一般概念,使用时是被搬引的而非复呈——不是作为句子成分来用,"不完全句"就是言语性质的常语,绝不能是固定语的单位。就你举的粤方言例子来说,"画公仔画出肠"似定为常语中的俚句较妥。"打死狗讲价"的深层意思,我不大清楚,不好按断,您依据原则来定吧。

问:您认为成语或惯用语有二字格的吗?如"吹牛""装蒜""高买""煲水""人蛇""大饼"(指一元、两元、五元的钢镚儿)。

答:理论上说,成语或惯用语可由两个单音词构成,因此会存在二字格形式的。成语、惯用语的实质不由多少个字的格式来决定;它们除了以两个音节为下限、十余个音节为上限之外,不可能有具体音节数形式的条件。从普通话的实际情况来说,二字格的成语、惯用语是极少的,但是不能说没有。粤方言由于口语中从古代沿用下来的单音词很多,因此有充足的条件构造较多二字格成语、惯用语。"煲水""撞板"之类是成语,"揾笨""偷佬"之类是惯用语。"高买""人蛇",不太清楚其含义,不好确定。至于"大饼",则是词。普通话的"吹牛""装蒜"也属于词。

问:你认为的"习用语"就是"固定语"吗?与《现代汉语八百词》的"习用语"是否不同?把成、惯、俗、歇统称为"习用语",很有必要吗?

答:我从来没有把习用语和固定语等同起来。固定语包括了习用语,固定语除去其中的专名语和专门用语,余下的整个部分就是习用语。《八百词》的"习用语",就所指说到的实例来看,内涵与我用的"习用语"似乎一致。该词典的绝大多数实例是惯用语,但也偶有成语(如"谁知道",两个义项都非字面意义)和准固定语(如"真是")。没有歇后语实例,那恐怕是长度上不太适宜所致。这部语法性质的词典能这样准确地使用词汇学的术语概念(习用语),是不简单的。作者避开有争议而未统一认识的"成语""惯用语",采用大一级的、正好与国际术语接轨的类名,显得相当高明。之所以有必要把成、惯、歇、准(我并非提"俗")统称为习用语,是因为它们的意义都体现普通的类概念,成为固定语中较常、较普遍为人们日常应用的一个主体部分,与意义体现个体事物概念或科学概念、行业概念的专名语和专门用语那个余下的部分形成明显的差别和对立。一般的语文辞典不收专名语和专门用语为条目,理由也在这里。第二个原因是有助于与国际语言学接轨。张旭《美国英语习用语辞典》所收的条目,是与我确定的汉语成语、惯用语、准固定语一致或相当的三类固定语。国际语言学就统称它们为 idioms。词汇单位的称名和类别观念,尽量与国际的取得一致,不是很应该、很好的吗?

问:张清常《有关惯用语的一些问题》,看来支持您的观点,但后面说到四点"启发"又好像与您所提不同,支持了郎峻章、杨欣安的观点。您怎么看呢?李行健先生来信说,惯用语应以三字格为主,也有意义双层性。他好像改变了以前和您共同提出的观点。您怎么看待呢?

答:张先生那篇文章,是前后意见不一致。究竟是否支持我的观点,这并不重要。你转来的李行健先生的信,我是看清楚了。他的观点变得好像有点模糊和自相抵触。一方面承认"意义双层性还是揭示了成语的本质"(信中语),一方面认为惯用语应是"穿小鞋""戴高帽"之类,它们也有意义的双层性。那么,"惯用语"岂不也有成语的本质?二者怎能划分为性质、名称都不同的两类固定语呢?三字格,口语性,这些都不可能是不同种类固定语的特质表现,不能凭以把惯用语同成语区分开,道理前面已经说过。李先生是要平行地分出三块:A. 惯用语,B. 成语,C. 一般固定词组。这里却出现大问题:第一,C 之于 A、之于 B,是同样一种差异,它是实质性的差别,比 A 与 B 之间纯形式上的、语体上的(姑且算存在)差别重大得多。因此首先会分出 C/A+B 这样两大类,而后在 A+B 类内再分出 A/B。这与我的划分实际上不会有多大差异。我从来主张把"穿小鞋""戴高帽"之类定作成语的一个特殊小类,称之为三字格离合成语。第二,称 C 块单位为一般固定词组,欠妥。因为根据我的统计,数量上 A+B 大致与 C 形成一与二之比,只占三分之二的 C 不能就是"一般"。

问:赞同惯用语传统观点的学者较多。赞同您的观点只有谭达人、刘洁修、黄玲玲、张旭、徐耀民等学者,以及您的几个研究生。这是否说明,传统观点比较易为人们所接受?

答:我不大赞成把三字格惯用语的观点说成是传统的。"惯用语"这个术语不过是 20 世纪五六十年代才提出来的,它的内涵从一开始到现在都未形成共识。只不过三字格的、可破开用的观点进入大部分教材,二三十年间较为流行罢了。正由于这个缘故,大多数人只知道或相信那样的观点。流行的并不必然是正确的。即便是传统,也有优良与陈陋之别。有的学者,已经明显地背离了流行观念。如高歌东先生,其《惯用语大词典》半数左右的条目是超过甚至大大超过三个字的。周荐先生在论文里已明言三字格的"走后门""捞稻草"之类都应算三音节词。与我们观点基本一致的学者,不止您提到的那些。像石安石先生,生前表示过,赞同我的看法。史式先生在其《成语研究》中对成语的界定,实际上和我的看法也基本一致。我过去带的和现在带着的十多位博士生和二十多位硕士生,绝大多数是接受了我的观点的。目前,即使接受我的观点的学人较少,这也不是什么问题。以后会逐渐变多的。

问:只以有无表义双层性一种表现为依据,是否简单而不全面?

答:抓到一种实质上的表现作划分的依据就解决了问题,不会是简单化或不全面。因为它符合客观实际的要求。相反,若以两种或多种表现为依据来划分,只能划界不清,分不彻底。这样的"全面",是不可追求的。

(原载《南开语言学刊》第一期,2002;录入中国人民大学书报资料中心编的《语言文字学》2003年第2期)

中国诗歌文化的语言条件

一

诗歌在中国历来是最发达的、最有群众性的文学形式。从周代起各地民间就有蓬勃的诗歌创作活动。编成于春秋中期的《诗经》，其十五国风的150篇诗章，是从采集到的大量民间诗歌当中精选出的部分佳作。可以推见远在3100—2500年前，中国各地民间不断涌现的诗歌作品会是何等丰富。《诗经》所辑74篇小雅、31篇大雅和40篇颂，又表明该时期的知识阶层和贵族官吏崇尚赋诗，以之作为表达政治态度和社会观感的重要手段。这样，在普通百姓和上层阶级作诗风尚的土壤上，萌长出战国后期的艺术奇葩——楚辞，从而矗立起中国文人诗的第一个艺术高峰。尔后，民间诗歌创作又进一步兴盛，以致两汉中央政府设置世界罕见的负责采集和整理民间诗歌的乐府机构。而文人诗则接连涌现一个又一个的艺术高峰，其相应时期主要诗体的创作因而随之升到辉煌、繁盛的极致程度。唐诗不仅使律诗和古风的艺术性登峰造极，其作者和作品之多也是惊人的。并未收录全的《全唐诗》，录诗四万八千九百多首，作者二千二百余人。宋代诗词作品在数量和质量上，都可与唐诗相伯仲。至明清，诗词的创作不仅未衰，实际上比唐宋还要普遍。清诗数量之多，更是大大超过唐诗，而且其中的精品占相当大的比例。

在广袤的中华大地,诗歌一代比一代愈益广泛地深入社会生活的诸多领域。从春秋时期诗歌充作基础教育的一种必要内容,发展到后来成为殿试取士的凭借手段;从国家礼乐中的唱赞,发展到文人仕女的雅集;从个人抒发感情的吟哦,扩大到用于酬唱和题咏;从活跃于变文、骈体文等文艺形式,进一步扩展到用于戏曲和小说。不仅文人普遍会作诗,皇帝、朝官和高级地方官员也莫不能诗,甚至不少僧人和闺中小姐都懂得吟风弄月。在书文上,在戏棚、酒楼、庙宇、亭榭、回廊和名胜山石间,随处可见写得不坏的诗作和诗句。整个华夏社会,可说沐浴在诗歌海洋之中。

可见得,就"文化"最严格的意义而言,中国古来确实存在着个性鲜明的"诗歌文化"。它是那样丰厚而多彩,那样雄浑有力而蔚为壮观,在文学发达的国家中也是罕见的、非常突出和特殊的。正由于此,中国被称为诗的国度。这没有一点过誉之处。

何以独在中国存在如此灿烂的诗歌文化?除去社会历史、民族心理素质等方面的原因,作为物质材料手段的汉语的独特性,是个起很大作用的因素。前些方面要由社会学和民族学去探讨;本文只考察汉语是怎样成为中国诗歌文化赖以形成和恒久存在的重要条件的。

语言是文学的第一要素,诗歌是特殊地、高度精巧地运用语言的艺术。一个国家和民族的语言体制特点,自然成了其诗歌构建形式的基础,也成了其诗歌表现形式的制约因素。那么,挖掘汉语特点与中国诗歌的特殊关联,显然是必要的。揭示汉语对于中国诗歌形意优美和制体优越性的保证作用,揭示汉语对于整个诗歌文化所起的条件作用,可给旧体诗词改革和新诗的改进提供合理正确的路向,促进中国诗歌文化的复兴和发展,同时也可推动汉语文化功能的研究。

二

汉语在整个古代发展时期里,单音词都占优势。尤其在上古,几乎所有普通的词(不计地名、人名等)都只具单音节形式。到中古和近古,双音词才逐渐增多,超过两个音节的词则仍极为稀罕。现代汉语里,虽然双音词跃居数量首位,又涌现相当数量的三音词,还有一些四个音节或五六个音节的词,但是单音词仍很活跃,是构词的基础单位,而且数量上仍然不少。这形成汉语词汇的一种突出现象:统指单音词和词内单音带义成分的单音语素——即一些学者所说的"字",自古至今都是主体的部件或表意单位。虽然近代以来,汉语多数独立的表意单位不再是字而是双音词,因而不能说汉语仍是单音节语或字本位语,但是它始终以单音语素为组句、组词的重要分子,即具有单字性的特点,则是无可否认的事实。

汉语单音语素在文字上的表现既恰好是个方块汉字,人们谈论诗句用字情况或由多少个字组建成时,所说的"字"应能理解为兼指汉字单位和单音语素,而且含义上恰是这两种单位概念的和谐合并与高度统一。不难看到,传统诗歌通常句子短小轻盈、句句字数有限,这种基本表现,与单音语素在汉语中的显著地位有着密切的关系。

组合两个单音词,即可造成一个短语甚至独立的句子,表示完整的、比单个词的意义复杂些的意思。因此并非偶然,在有的词调如"诉衷情""河传""荷叶杯""上行杯""定风波"等之中,可以安排上几个二字句。如果组合的词不限于单音节的而用上了双音词，那么，同样表现二字句所能表现的完整、复杂意思的诗句，也只是短短的三字句或四字句。而如若只组合单音词，三字句和四字句就可表现内蕴丰富的、比较复杂的意思。三字句可出现在古风诗特别是歌行体中，又广泛地为大量词调所采用，正是有着表意能量方面的依据的。词中的三字句，还往往成为作品里最活泼而精警传神的诗句。如：

转朱阁，
低绮户，
照无眠。
不应有恨，
何时长向别时圆？
……
（苏轼《水调歌头》下阕）

春如旧，
人空瘦，
泪痕红浥鲛绡透。
桃花落，
闲池阁。
山盟虽在，
锦书难托。
……
（陆游《钗头凤》下阕）

四字句在《诗经》时期就盛行，直至魏晋仍是古体诗的一种主要句式；而后在词中还被广泛采用。这充分表明了它有相当强的表意能力。

随着五言诗和七言诗在汉代的诞生，五字句和七字句逐渐取代了四字句在诗歌中的优势。隋唐时起直至近代，五七言句就在中国诗歌里成为主体句式。这与五七言句可表达曲折多层的、更丰富复杂的意思密切相关；也与两种句式分别比三四言句增加一个两个音步,导致语气较为舒缓而利于吟诵有关。

从仅只用上单音词的情况看,五字句是组合起五个词的意义,七字句则组合起七个词的意义。不论这组合是单层次还是多层次,组合成的整个语句的意思自然足够丰厚或非常丰厚。如:

> 海日生残夜,江春入旧年。(王湾《次北固山下》)
> 野旷天低树,江清月近人。(孟浩然《宿建德江》)
> 感时花溅泪,恨别鸟惊心。(杜甫《春望》)
> 羁旅长堪醉,相留畏晓钟。(戴叔伦《江乡故人偶集客舍》)
> 鸡声茅店月,人迹板桥霜。(温庭筠《商山早行》)
> 万里悲秋常作客,百年多病独登台。(杜甫《登高》)
> 春潮带雨晚来急,野渡无人舟自横。(韦应物《滁州西涧》)
> 月落乌啼霜满天,江枫渔火对愁眠。(张继《枫桥夜泊》)
> 冰簟银床梦不成,碧天如水夜云轻。(温庭筠《瑶瑟怨》)

即使从多用双音词或在句子允许范围内便采用双音词的情况看,五字句表意充实自如;七字句能用到四个词,表意自然更为完满。如:

> 浮云游子意,落日故人情。(李白《送友人》)
> 凉风起天末,君子意如何?(杜甫《天末怀李白》)
> 可惜终南色,临行仔细看。(司马光《别长安》)
> 声色与臭味,颠倒眩小儿。(苏轼《泛颍》)
> 夕阳无限好,只是近黄昏。(李商隐《登乐游原》)
> 诸葛大名垂宇宙,宗臣遗像肃清高。(杜甫《咏怀古迹》五首之一)

五更鼓角声悲壮,三峡星河影动摇。(杜甫《阁夜》)
岁岁金河复玉关,朝朝马策与刀环。(柳中庸《和人怨》)
客子光阴诗卷里,杏花消息雨声中。(陈与义《怀天经智老因访之》)

诗歌语句讲求凝练而富于内蕴,同时要求便于朗诵和记忆,因而简短是形式上的第一需要。在表意完满自如的前提下,五字句是非常简短的了,七字句也相当短小。传统诗歌诗句的简短,导致整个诗篇的小巧玲珑,同其他民族的诗歌比照来看,会十分明显、突出。试比较阮籍咏怀诗第一首与它的英译:①

夜中不能寐,起坐弹鸣琴。
薄帷鉴明月,清风吹我衿。
孤鸿号外野,翔鸟鸣北林。
徘徊将何见,忧思独伤心。

Midnight, and I can't sleep.
Sitting up, I play upon my harp.
My gauze curtains mirror the moonlight,
Fresh breeze, fluttering my sleeves.
Listen, the lone swan cries, crossing the milderness,
Shriek from the Northern Wood.
Pacing the courtyard, pacing the courtyard, what can I see?
Anxieties, fretting my heart.

诗的五字句到了英译里，最长达到 12 音节、14 音节，最短也有 6 个音节。整篇译诗的音节数是原诗音节数的 182%。造成这种巨大差异的一个重要原因，乃是英译须采用的英语词有相当一部分是多音节的。再比较韦应物名作《滁州西涧》的两个诗句与笔者对它们试作的英译：

春潮带雨晚来急，野渡无人舟自横。

The tidewater carried rain in spring is surging rapidly in evening.
There isn't any person at the ferry of wilderness and the boat waves itself.

同样的意思内容，英译句需如此之长来表达，而原诗句是短小得多的七个字。从对比，可见得七个字的精干、轻盈。而对译的英语诗句之显得冗长、笨重，部分原因正是句中须出现不少双音词和多音词，不可能像原诗句那样完全采用单音词来组句。

汉语的单字性，不仅使传统诗歌可以把诗句确定在短短数个音节的长度上；还进一步使通首诗每句长度划一及句与句之间在音步和语素上的整齐对应成为可能。由此形成体制十分精巧完备、节律极为匀整有力的近体五言绝律和七言绝律。近体诗正是以其短小而字数一致的诗句以及区区有限的句数，造成体制上小巧玲珑的基本特色，并从而给装载满实丰厚而表达凝炼含蓄创造最佳的条件。凭着这样的特色和秉赋，它对于诗人和诗歌爱好者来说有着很大的魅力，从隋唐以来一直能在旧体诗中占据主要体式的地位。其生命力甚而至今不衰。在句数和总字数上,虽然律诗和绝句远不平衡,但是律诗却以建立在诗句单字性及字数等同基础上的两联对仗,添来巧妙比衬的美感和意趣。这种牵联对照的精巧方式,是所有其他语言的诗歌所没有和不可能有的,在增益诗歌艺术美的效应上,弥补了句数和总字数因倍于绝句而不如绝句的作用大这一点尚有余。而五绝、七绝分别只有 4 句 20 字和 4 句 28 字,并且句句字数和音步都相同,确实达到了诗体小巧精美的极致。句数字数如此之少,形式如此整齐而富于节律性,却又正好能最充分地表现含蓄和节律之美,这在全世界的诗歌体式中是独一无二的。没有哪个国家的诗歌体式可以在短小而整齐并极富表现力上与绝句相比。只有日本的俳句和短歌在诗体的长度上与绝句约略相近。俳句含 3 句 17 个音节,虽比五绝还短,但是诗句的音节数并不一致:第一、三句 5 音,第二句却 7 音。节律性难及绝句,表现力也因只有三个短句而较逊色。短歌含 5 句 31 音,两个五音句,三个七音句,句数和音节数都多于七绝;表现力虽不差,却难见绝句短小而整齐的优美。俳句之所以要编插一个七音句,短歌之所以不全用五音句而要把七音句与五音句掺合来用,以致节律的匀称整齐受到一定程度的影响,一个主要的原因,是日语由于几乎全部音节都简单地由一个辅音与一个元音加合构成,因而绝大部分的词是双音节和多音节形式的,单音词很少,甚至语素也很少是单音节形式的。在诗的句数很有限的情况下,诗句若都只是短短的五音句,全诗能用上的音义结合的语言单位——词和语素——必然很少,特别是会出现没有一个诗句可自由地容下略多一些词的情形,这样诗歌欲想表现丰厚的意思内容是无法做到的。

近体诗在句数很少的情况下,做到诗句音节数的一致,在句数不是十分少的情况下,则充分发挥诗句音节数一致的优势,增添以对仗对应美的谐配,从而无论绝句还是律诗,都能成为极适于含蓄地优美地表现丰厚思想感情的短小诗体。近体诗具有这种恰到好处的优秀品质,主要不是律绝体创造者们得天独厚的心慧所致然,而是由于作为诗体物质材料的汉语存在单字性,客观地给短小诗句提供能用上尽可能多的单音词或单音语素,从而保证表意自如并造成句与句之间在词、字及音步上一一整齐对应的充足条件。

可知,近体诗之普遍受到文人和人民群众的喜爱,千百年来被广泛采用,具有顽强的生命力,绝不是偶然的。有着坚实的物质基础,支持它这种特质和力量的恒久存在,那就是汉语单字性的词汇。而从隋唐至近代,中国诗歌文化一直是以近体诗为主要支柱的。可以说,没有近体诗延续不断的创作上的繁荣,就不会存在壮观的中国诗歌文化。因此,汉语词汇的单字性任何时候都是中国诗歌文化的一个重要条件。

三

还有另两个语言条件,也相当重要。那就是汉语语法的利索性、灵活性和音节的乐音性。

汉语没有印欧语那种繁复累赘的屈折形态,也不像日语、韩语那样有许多表示某种语法意义的黏附成分。为构成语句而被组合的词,一般仅以自身"词汇意义＋一定音节形式"的形体——即根词或干词的状态进入语句,个别或少数情况下也只是带有原词形的重叠成分。它们彼此靠联一起,通常只凭着一定的先后排列位置,间或加上或单凭着连词、介词等媒介,就直接表明它们的语法组合关系。汉语这种几乎可以省去词法、甚至连句法手段也相当精简的语句组合方式,与许多语言拖泥带水、臃肿笨拙的表现相反,显得直截了当、轻便利落。语法的这种利索性,使得语句中通常不出现或只出现极少量音节形式的语法成分;从而给诗歌构建只含实词的、可把音节控制在很有限且规定的数目上的诗句,提供极为有利的条件。比如李白的《静夜思》:

床前明月光,疑是地上霜。
举头望明月,低头思故乡。

通首诗仅在第二句出现一个虚词("是");第一、三、四句完全组合含概念意义的实词,第二句组合的也多是实词,各句得以都在5字小范围内自如地即景抒情,饱满透达出生动的情景和感染人的情绪。可是换了用英语来表达同样的意思内容,由于英语语法不够利落,竟需在11处用上虚词,在第三句用上构形法形态——单音节词尾-en,并在五处以代词标明第一人称主语,一处标明从句主语,从而大大助长了诗句长度的扩增。见笔者对《静夜思》试作的英译:

There is the light of bright moon before the bed,
I suspect, and think it may be the frost on the ground.
After I have risen my head to look bright moon,
I bow my head and think native land.

汉语语法的利索性还给它的灵活性奠定了基础。灵活性就是弹性：语法规则并不到处一成不变，而是随时可作变通，甚至有时可不遵循。汉语音素或音节形式的语法成分很少，词语通常按某种排列顺序放在一起即可确立彼此间的语法关系和语义关系，这样没有具体的物质形式来固定和标明的词语组合，自然不十分稳固，在很大程度上是随意的、松散的加连。而汉语不同的词语放在一起，只要不违反逻辑和常理，通常也可看出相互间的意义关联来。因而语句当中作为黏合剂的语序较易被改变，即它本身提供了可因需要而变动或不加采用的可能。这种可能性在诗人的笔下，相当普遍地在诗句中成为现实。语序的临时改变或破坏，有利于诗句叶韵和黏对妥帖，还可以使意思表现得迷离惝悦而有助于意境的营造，并使诗句显得与普通语句不大相同而饶有特色。因此，语法灵活性在语序方面的表现，事实上成了诗句高度艺术表现力和境界、形式美的积极因素，一种可贵的条件。例如，下列诗句意象朦胧动人、格调婉曲别致，同时符合对仗和韵律的要求而形式优美，是同语序的特殊变动分不开的：

残影郡楼月，一声关树鸡。（刘沧《早行》）

灯影秋江寺，蓬声夜雨船。（温庭筠《送僧》）

衰眼高堂泪，寒砧少妇悲。（俞安期《忆家》）

絮飞度屋何许柳，花落填沟无数桃。（王安石《晚春·其二》）

离骚屈子幽兰怨，风度元戎海水量。（柳亚子《呈寄毛主席一首》）

（以上：中心成分改置前）

独行潭底影，数息树边身。（贾岛《送无可上人》）

羁心霜下草,生态水中萍。(刘基《望孤山作》)
无可奈何花落去,似曾相识燕归来。(晏殊《浣溪沙》)

(以上:主语改置后)

寒树鸟初动,霸桥人未行。(刘禹锡《途中早发》)
江山九秋后,风月六朝余。(杜牧《企望》)
秋草独寻人去后,寒林空见日斜时(刘长卿《长沙过贾谊宅》)
白发天涯叹流荏,今宵听雨在宣州(张宛丘《雨中题壁》)

(以上:宾语改置前)

广泛使用于近体诗中的意合法,也体现着语序灵活性的效用。它大多是某种语序的改造——使表现特殊的、非寻常搭配的句法成分进入一定语序中,从而导致该语序表现得模糊、不一般,作用隐晦,但仍然形式上大体可归为不同的类型,具有定型性和稳定性,因而是一种类语法现象。②极少部分来自少量习用语的意合法(如"千钧一发""杯水车薪"之类)则完全撇开语法,不利用一定语序,只是使不同的词语靠联一起而产生语义上的关联。显然,具有语法性的和完全无语法性的意合法,都能使诗句在字数很有限而又长短划一的情况下,灵活地表现较复杂的意义关系和丰富多彩的意义内涵,而且表意含糊隐约,导出想象的广阔空间。这也就是给短小整齐的诗句能具有极强的表意力和特殊的美学功能,提供了保证条件。这种保证条件作用上的可贵和奇特,从下面诗句实例即可略窥一斑:

秋草灵光殿,寒云曲阜城。(韩翃《送故人归鲁》)
冻雪寒梅双屦腊,澄江明月一竿丝。(王从周《觅诗》)

草枯鹰眼疾,雪尽马蹄轻。(王维《送宇文太守赴宣城》)

百年地僻柴门迥,五月江深草阁寒。(杜甫《严公仲夏枉驾草堂兼携酒馔》)

楼看沧海日,门听浙江潮。(宋之问《天竺寺》)

春水船如天上座,老年花似雾中看。(杜甫《小寒食舟中作》)

山昏函谷雨,木落洞庭波。(许浑《送人南游》)

孤舟夜泊东游客,恨杀长江不向西。(李梦阳《夏口夜泊别友人》)

汉语语法的灵活性,还常表现在词的词性可临时改变上。这能给诗句带来强烈的新鲜感和生动性,是使句式短小整齐的同时不仅不生板滞、而且表意活泼有力的积极因素。王安石的"春风又绿江南岸,明月何时照我还"(《船泊瓜洲》),因改变"绿"的词性而活了四肢百节,成为历来传诵的佳句,是众所周知的。像这样无须更动或增加任何成分,临时改变一个词的词性而使诗句表意新鲜有力的情形,在传统诗歌作品中是相当多见的。举几个实例:

春水满四潭,夏云多奇峰,

秋月扬明辉,冬岭秀寒松。(顾恺之《神情诗》)

三分开霸业,万里宅神州。(虞世南《赋得吴都》)

云横秦岭家何在,雪拥蓝关马不前。(韩愈《左迁至蓝关示侄孙湘》)

野旷天低树,江清月近人。(孟浩然《宿建德江》)

山光悦鸟性,潭影空人心。(常建《破山寺后禅院》)

犹为齐梁旧时殿,尘昏金象雨昏碑。(王安石《古寺》)

久客新丰惟命酒，长遥故国一登楼。（黄姬水《与友人共饮》）

汉语音节在构造上的特点，使它备有明显的、丰厚的乐音，从而特别利于营造诗句的铿锵音韵。特点之一，是带有声调。声调是乐音音高的定型展现形式；由几个带声调的"字"（单音节语素或单音词）串联而成的诗句，其整个声音形式就必然成为有高低起伏的乐音音流，近似于音乐旋律的乐句。近体诗还利用"字"的声调特性，在一句之内使平仄两大类声调与音步相结合地交替排列，在句与句之间又使它们形成黏、对的规律对应，从而导致诗句的乐音音流铿锵动听，兼具旋律因素和节奏性。这样近体诗吟诵起来就像歌唱一般，极富音乐性的、浓郁的音韵美。近体诗之所以长久被人们喜爱，具有如许强的生命力，一个关键的因素便是这异常突出的音韵美。凭借声调的巧妙编织，把诗歌音流形式和节律的美学作用提升到近似于音乐的高度，在世界诗歌中是独一无二的。现代除了东南亚个别国家，其他国家的诗歌，都没有中国诗歌音律得天独厚的声调手段，因为它们所用的语言不存在声调。英、美、加、澳等国的英语诗歌，只有利用音节的音重差别来形成诗句的节律，加上常有非乐音的复辅音或辅音串的较长断隔，整个诗句的音流很难成为明显的连贯的乐音音句，是无法在音韵美上同中国诗歌比肩的。至于泰国、越南的诗歌，虽然分别使用的泰语、越南语是有声调的，却并没有形成声调排列对应的一定体制。

汉语音节构造的另一个特点，是乐音因素占绝对优势，既无复辅音，韵尾在上古、中古也主要是乐音性的元音和鼻辅音，近古、近代以来甚至仅有的三个噪音尾 p、t、k 也已消失。而近体诗是规定了,韵脚必须用平声韵,即归入仄声韵的所有噪音尾入声字都不可用作韵脚的。因此,汉语音节进入诗句本身,就大大增强诗句的乐音性,使句末韵脚有可能悦耳、响亮而拖曳,特别导致近体诗韵脚铿锵,句句音韵亮丽入耳。

　　对于诗来说,音韵美是异常重要的。诗歌具备了它,不仅易于上口、易于记忆,而且才可形成诗所特具的艺术品质和魅力——韵味。[③]汉语音节乐音性很强的特性,赋予中国诗歌特别是近体诗异常突出的音韵美。中国诗歌在很大程度上,正是借助其音律的高度美感征服人,广泛地为人们所喜爱和记诵,在各个历史时期拥有不计其数的创作者。

四

　　从上述可以看出,汉语词汇、语法、语音的独特处形成中国诗歌文化的一根巨大支柱。认识这一点,对复兴和发展中国诗歌文化是有重大意义的。

　　五四运动后,随着白话文的提倡和推广,新诗兴起,成为主要诗体,旧体诗词消沉下来,走向式微。但是八十年间,新诗虽然涌现过一些佳作,取得一定的成绩,却由于体制无定,过于自由,既少音韵铿锵而难以记诵,复欠含蓄隽永而吟咏乏味,始终不能在民间广大群众中流行,也无法得到多少知识分子的喜爱。因此,在现代中国,诗歌的发展遇到巨大障碍,陷入前所未有的危机。诗歌文化已遭到很大损害,有完全倾毁之虞。尽管改革开放以来,旧体诗词创作重回生机,诗家蜂起,各地结社,有一些诗词集子出版,但是距离古代那种蔚然成气候的局面,还是非常远的。

要重新振兴中国诗歌文化,切实的办法应是使新诗和旧体诗词都移植到现代汉语利于诗歌的各种特点的土壤上。这样,新诗惟有走格律化的道路来做改进。做到格律化,就是要限定诗句的长度,充分发挥汉语单字性和乐音性的作用,结合这两方面确立起音步节律和押韵体制。而旧体诗词的改革,则主要是语言材料的改换——由古代汉语转为以现代汉语为主体材料——和韵律规则的相应改变。旧体诗词一旦做到用词以现代词语为主,平仄押韵以现代音系为依据,同时声调节律的基本原则仍一样保持,那就可以使它适于表现现代社会生活和现代人的思想情调,易于为广大群众所掌握,又充分保留它把汉语特点利用得极好的长处。

新诗和旧体诗词都按照尽量发挥汉语特点条件作用的原则而变革,必将彼此逐渐靠拢,共同深入民间,为社会各阶层所接受和欢迎。而这样的结果,就必是重现中国诗歌文化的繁荣兴旺。

附　注

① 该诗英译引自吴伏生、格林鹿山《英汉对照 阮籍咏怀诗》,辽宁大学出版社,1988,沈阳。

② 参见拙文《汉语诗句和习用语中的意合法》,载《吕叔湘先生九十华诞纪念文集》,商务印书馆,1995,北京。

③ 参见拙著《韵缕——亚欧吟草》"自序"所论:"韵味者,由二要素充填其内涵,即俗说之诗味与韵律铿锵之美";"诗味须有铿锵韵律相配,使人回环品赏,同获境界、韵律之美感,始可形成韵味。"(第2页,天津古籍出版社,1999)

参考文献

王　力　1958　《汉语诗律学》,新知识出版社。

高东山　1990　《英诗格律与赏析》，商务印书馆，香港。
刘叔新　1995　《汉语诗句和习用语中的意合法》，收进《吕叔湘先生九十华诞纪念文集》，商务印书馆，北京。
——— 1993　《南北咏痕——诗词稿选抄》跋，天津人民出版社。
——— 1999　《韵缕——亚欧吟草》"自序"，天津古籍出版社。

(原载《南开学报》哲学社会科学版1999年第5期，八十周年校庆专刊。2003年被选录入《21世纪理论与发展优秀论坛经典》)

当代汉文事务文体的特点[*]

　　事务文体广泛使用于政府机关、企业、事业单位、院校社团及相关部门的各种应用文之中。使用这种文体的目的是办理各种公务和处理其他各方面的事务。事务文体是当代汉语书面语中出现的一个特定的言语类型,它有一定的言辞表达手段系列、篇章结构形式和体裁。从使用范围看,它比通常所说的"公务文体"(即"公牍文体"或"公文体")要宽泛一些,不仅涵盖了公务文体,还包罗几乎所有与公务事务有关的各种实用性文体。

　　事务文体是适应公务事务活动范围的不断扩大和日趋复杂而逐渐形成的。它是应用全民共同语的一种书面形式的言语类型。

　　当代这种言语类型是处理实际事务、解决实际问题,以讲求实效为目的的一种实用文体,它不仅使用的频率高,而且运用得十分广泛,几乎活跃在当代社会生活的各个领域——从政治、经济、文化、外交,到日常生活交往互动等等。在运用中,具体表现为多种多样的文字形式,常见的就有:命令、指令、决定、指示、布告、公告、通告、通知、批复、批示、会议纪要、协定、条约、声明、备忘录、请示、公函、邀请信、计划、总结、报告、大事记、简报、海报、申请书、倡议书、述职报告、聘书、请柬、讣告、悼词、碑文等等。事务文体可以说是从公务文体发展而来的。公务文体一般仅限于"公牍"类的文

---

　*博士生刘力坚与本人合作写成。

字,古时指官场上用的诏、命、令、制、谕、奏、章、表、启、疏、事等。1911年辛亥革命后,南京临时政府曾颁布了一个公文程式条例,专门规定了公文名称和使用范围。这时的公文体在包含的文字类别上,就有了不小的变化。新中国成立后,1951年政务院颁布了《公文处理暂行办法》。改革开放后,1981年国务院办公厅发布了《国家行政机关公文处理暂行办法》。1987年又公布了《国家行政机关公文处理办法》,规定了10类15种法定公文。1994年重新颁布的《国家行政机关公文处理办法》规定了12类13种公文及使用格式等,从而使公务文体有了更加明确的格式和类别范围。然而,这12类13种法定的公文是以公文的管理、指导、协调、组织等方面的法律、法规效力为前提而制定的,不能包括那些日常应用而无法律、法规约束性的事务文字——大到总结、讲话,小到便函、条据的所有实用性文体。这样从文体的共性着眼,公务文体或"公文"就有必要扩大其范围,把各种应用性文体包括进来,从而形成的就是范围宽广、包罗全体的事务文体。从使用功能这个角度,它可分为二类:第一类是专用事务文体,主要包括国家机关为处理公务经常使用的、具有一定法律或法规效力的文字形式,如:命令、议案、决定、指示、公告、通知、请示、批复、协定、条约、声明等。第二类是日常事务文体,一般不具有法律方面的效力,包括调查报告、简报、讲话稿、启事、大事记、贺信、请柬、申请书、辞职书、悼词、碑文等。

在讨论事务文体的特点之前,有必要明确事务文体的基本性质、广阔范围和大类划分。进一步,又须弄清文牍风格的概念,因为这种风格同事务文体紧密相关。

通常一定的文体总是建立在某种风格的基础上。文体与风格密切交错着,但是二者并非同样的现象,相互在各自不同类别上也不一一因应。①"风格"在语言学中有两种不同的涵义:一是指为了适应某种交际场合需要,有意或习惯地选择出的语言手段和言语手段所形成的言辞表达手段系列。这是功能风格。另一指个人(特别是作家)在语言运用中显示个性特点的特定言辞表达手段系列,这是个人言语风格。事务文体所倚凭的、在其中必然寓存着的风格,是文牍风格。它是当代明显存在的功能风格之一。

事务文体,由于人们要凭之发布政令、通告、下达指示、请示上级、传递事务信息和进行礼仪交往,也由于它只用于这样的事务交际,因而它在采用的言辞表达手段上就有一定的要求或限制,以适应于这类交际的庄重性、平实性、法规性和程式性。采用的是如下各类言辞表达手段:

1. 具有古旧、典雅色彩而又兼有俗套性的词语。像"兹有""查""为荷""为盼""为幸""谨上""拜上""顿首""领悉""惊悉""大鉴""鉴谅""敬启者""碍难""切切""专此""布礼""此布""敬礼""即颂""撰祺""大安""大札""敬请光临""仰各知照""余不一一"之类。这些词语大多只进入公文文牍,少数兼用于事务性的公函和私人一般信件中。因此它们常有文牍风格色彩,是造成文牍风格的一种主要风格手段。如下面两例,由于使用了这类词语(加横直线者),使人一看就感知其文牍的格调氛围:

A. 查××班学生×××一贯自由散漫,不遵守校规。×月×日课外活动时,与同班××同学口角。该生首先动手打人,并用拳头将××同学头部打伤。为严肃校纪,教育本人,经校务会议决定,给予学生×××记大过处分,以观后效。

此布

(节录自刊授大学编《中国实用文体大全》)

B. 兹有×××等×名同志前往你处联系×××,请接洽并予协助。

　　此致

敬礼

(引文同上)

2. 反映各行各业特有的事务内容或业务概念的专门词语和专名词语。例如下面几份文牍片断就用了一些,这主要是文牍表达的基本上是事务性内容所决定的:

C. 税收是国家财政收入的主要来源,宏观调控的重要经济杠杆。在我国社会主义现代化建设中,税务机关担负着十分繁重的任务。为了完善税收法制建设,保证国家各项税收法律、法规的贯彻实施,加强税收征管工作,国务院认为,制定法律,强化税收管理是十分必要的。

(此例引自陈家驹等《新编应用文写作》中的"国务院关于提请审议《中华人民共和国税收管理(草案)的议案》")

D. 与此同时,师资待遇特别是中小学教师,随物价上涨正呈逐年下降趋势。调查表明,教师月工资平均水平排列在国民经济12个行业职工工资的倒数第三。与世界各国相比,其指数只是同档次发展中国家的1/4,甚至不到印度的一半。

(节选自安树一等《实用公文语言·来自神圣学府的呼声》)

E. 根据中华人民共和国宪法第十一条规定,中华人民共和国对澳门恢复行使主权时,设立中华人民共和国澳门特别行政区。

(节选自《中华人民共和国政府和葡萄牙政府关于澳门问

题的联合声明》草签文本)

3. 比较浅近而无生动性、描绘性的文言词语。这是同样适应于表述平实的文牍风格、科学风格和政论风格的手段。例如下面几个文牍片断:

F. 忆昔 54 年前,先生<u>一本</u>爱国赤子之忱,关心民族命运和国家前途,<u>在</u>外侮日亟、国势危殆之秋,毅然促成国共合作,实现全国抗战;去台之后,<u>虽</u>遭长期不公正之待遇,<u>然</u>淡<u>于</u>荣利,<u>为</u>国筹思,赢得人们景仰。恩来在时,<u>每念及</u>先生<u>则必云</u>:先生<u>乃</u>千古功臣。

(节选自"邓颖超同志 1990 年 5 月 30 日给张学良先生的贺电",全文见当日《人民日报》)

G. 因身体<u>一时欠佳</u>,医嘱暂不远行,<u>故不克与会</u>,<u>甚</u>憾。以往对风格学多视为修辞学一部分,<u>鄙</u>意似乎单独研究<u>或</u>更妥切。至于翻译学与风格学关系<u>亦</u>复杂,<u>一</u>并研究,<u>甚</u>有意义。<u>谨祝</u>大会成功,诸友健康愉快。

(引自于成琨《现代应用文》所收张志公先生给澳门大学中文系举办的"风格学研讨会"的贺电)

4. 具有时代色彩而平易朴实的书面词语。例如:

H. 实际生活告诉我们:<u>金钱</u>、<u>物质</u>不是真正爱情的保险锁;<u>奢侈</u>也不能给人带来真正的幸福。青年人既要看到成家的快乐,更要看到<u>立业</u>的艰辛,成家还要想到<u>立业</u>,……需要我们继承革命前辈<u>艰苦创业</u>的精神,把主要精力投于<u>振兴中华</u>的<u>大业</u>中去。

(节选自 1981 年 12 月 12 日《中国青年报》"共青团中央关于提倡婚事新办给全国共青团员、青年朋友的一封信")

I. 要抓住 1998 年南北水患给人们的警醒和中央对生态环境建设高度重视的机遇，充分利用我市毗邻京、津的特殊区位优势，积极争取国家投资，大力引进京、津资金，加大对生态建设的投入。

（节选自唐山市人民政府办公厅印发的《唐山市 1999 年发展节水灌溉实施意见》的通知）

5. 由下列介词、连词和"特作""特将"等引起的短语结构："关于……"，"鉴于……"，"为了……"，"非经……"，"凡……"，"根据……"，"对于……"，"只要……"，"除非……"，"特作……"，"特将……"。

6. 为叙事容量大而准确、严密，往往采用多层性质限定关系的长定语。例如：

J. 澳门现行的社会、经济制度不变；生活方式不变；法律基本不变。澳门特别行政区依法保障澳门居民和其他人的人身、言论、出版、集会、结社、旅行和迁徙、罢工、选择职业、学术研究、宗教信仰和通讯以及财产所有权等各项权利和自由。

（摘自《中华人民共和国政府和葡萄牙共和国政府关于澳门问题的联合声明》）

K. 调查表明教师工资平均水平排列在国民经济 12 个行业职工工资的倒数第三。与世界各国相比，其指数只是同档次发展中国家的 1/4，甚至不到印度的一半。

（节选自安树一等《实用公文语言·来自神圣学府的呼声》）

7. 由较多短小的动谓分句组成的联合复句、让步复句、因果复句。例如：

L. 澳门现行的社会经济制度不变；|生活方式不变；|法律基本不变。

（摘自《中华人民共和国和葡萄牙共和国政府关于澳门问题联合声明》）

M. 忆昔54年前,先生一本爱国赤子之忱,关心民族命运和国家前途,|在外侮日亟、国势危殆之秋,毅然促成国共合作,|实现全国抗战;去台之后,虽遭长期不公正之待遇,|||然淡于荣利,|为国筹思,|赢得人们景仰。

（节选自"邓颖超同志1990年5月30日给张学良先生的贺电"）

N. 目前我市果菜产业发展迅猛,|||但流通设施比较滞后,全市尚没有大型产地批发市场,|因此,这一状况制约着果菜产业的发展。

（节选自唐山市人民政府办公厅"关于建设冀东果菜批发市场有关问题的协调会议纪要"）

8. 除命令和指示之外,一般采用客气、委婉的措辞方式。包括敬称、谦称词语、带客气态度色彩或委婉语气色彩的词语等。例如:

O. 来函收悉。本公司对<u>贵</u>方建设很感兴趣。我方有意开拓上海市场,我方亦<u>愿请贵</u>店作为我方独家代理,具体事宜,我方将于近日派员前往<u>洽谈</u>,盼能促成此事。<u>希望你们能</u>准备所需证明文件。

（本例选自于成琨《现代应用文》）

P. 欣闻贵会主办的"语言风格学与翻译写作国际会议"在澳门举行,<u>谨</u>向大会<u>致</u>热烈的祝贺。

(选自《现代应用文》"中国修辞学会给澳门写作学会的贺信")

Q. ××先生台鉴：

<u>欣</u>得佳音，获悉<u>令</u>世兄已在××大学毕业，学绩颇佳，有志者事竟成，可<u>贺</u>可<u>贺</u>！近来风气渐开，各处推广教育，此诚学界之幸事。……倘<u>蒙</u><u>不弃</u>，尚祈<u>惠我</u>数行，<u>专此道贺</u>。

顺请

台安

弟××谨上

（节录自《万象文书大全》）

9. 选用对比、反复、引用、排比等修辞格；排斥比喻、夸张、拟人、借代等破坏平实表述的修辞手段。下面两例运用了排比，对比和间隔反复：

R. 党提出一系列"两手抓"的战略方针，强调一手抓改革开放，一手抓打击犯罪；一手抓经济建设，一手抓民主法制；一手抓物质文明，一手抓精神文明。

（本例选自安树一等《实用公文语言》）

S. 他们呕心沥血，夜以继日，做到了精心设计，精心创作，精心施工，圆满地完成了任务。

（同上）

由于采用上列九种表达手段，加上使用"中性"的、各种文体风格通用的词语、句式，就形成一个事务的言辞表达手段系列，即在事务文牍里出现文牍风格。它给事务文体营造出一种平实、务实、庄重、朴实的格调氛围。

具有事务风格，使用与这种风格相因应的一系列言辞表达手

段,无疑是事务文体的重要特点。然而这只是特点的一个方面。事务文体作为一种文字体裁,还有另一方面的特点。它们是:

1. 结构简单平直而明晰。事情直截了当地提出来,平铺直叙,事情说完,文字即结束。排斥迂回曲折、拐弯抹角、倒叙跳动。由于事务文体使用频率高、以实用简洁为原则,故而要求结构的高度明畅,尤其开头与结尾要十分明确。这使开头与结尾往往用一些特定的词语来标示。如开头语有:兹、此、鉴于、拟、获悉、收悉、惊悉等。收尾语有:谨祝、并盼、为盼、是荷、此致、敬礼等。

2. 内容部分讲求一定的先后序列和格式。如行政事务文字按 1994 年施行的《国家行政机关公文处理办法》规定了 12 类 13 种公文类型、具体形式、行文方式和所用纸张尺寸等。公文格式规定文头——包括版头、发文字号、秘密等级、紧急程度、签发单位等的格式;又规定文夹面上的——标题、主送机关、正文、附件、发文机关和发文时间的格式;文尾——规定了正文后的附注、主题词、抄送和抄报机关、印制份数等的格式。例如:

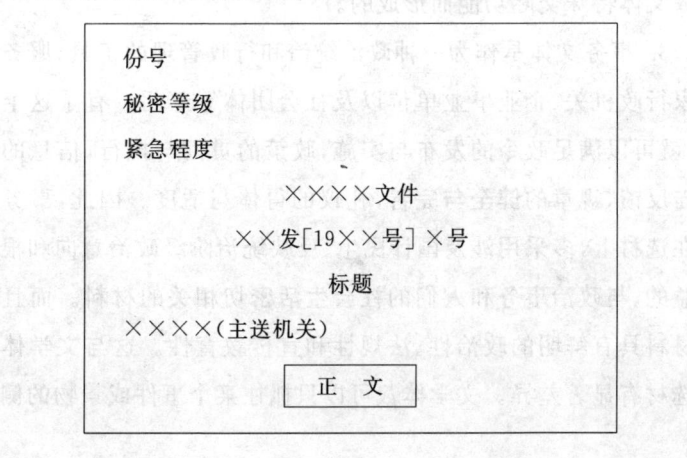

```
份号
秘密等级
紧急程度
         ××××文件
       ××发[19××号]×号
            标题
××××(主送机关)
          正  文
```

续表

```
附件：
                              ××××（发文机关）
                                ×年×月×日
                                   （盖章）
————————————————————
（附件）
主题词：××  ××  ××
抄报：××××　××××
抄送：××××　××××
××××办公厅        19××年×月×日
                                 共印××份
```

(此格式选自于成琨《现代应用文》)

事务文体的一般信函、贺电、讣告、聘书等，较之公文事务文体，格式要简单些。大多为开头靠左边——称呼语；内容另起行＋结束语；另起行具名＋年月日。这些非语言手段完全是为了满足事务文体特殊交际功能而形成的。

3. 事务文体是作为一种政治统治和行政管理的工具，服务于国家行政机关、企业事业单位以及社会团体等部门。有了这个工具，就可以满足政令的发布与实施，政策的贯彻与执行，信息的发送与反馈，规章的健全与完善，礼仪的得体与适度。因此，事务文体在选材上，多采用涉及国计民生、反映统治阶级政治意向和根本利益的、与政治事务和人们的社会生活密切相关的材料。而且这些材料具有鲜明的政治性、法规性和宣传教育性。这与文学体裁的选材有显著差异。文学体裁可以只抓住某个事件或景物的侧面进行描写，引起人们丰富的联想。事务文体则必须选材完整，范围包括：事件、人物、时间、地点、数量、条件以及必要的因果关系等细节。而且要一文一事，主题单一，突出重点，用简约、朴实的言辞把所选材料性状、特征、成因、关系、功用等表达出来。

附 注

① 参见刘叔新《言语风格、语言功能变体和文学体裁》，《刘叔新自选集》，河南教育出版社，1993。

参考文献

于成鲲　1996　《现代应用文》，复旦大学出版社。
陈家驹等　1997　《新编应用文写作》，广东高等教育出版社。
刊授大学编　1990　《中国实用文体大全》，上海文化出版社。
黎运汉　1990　《汉语风格探索》，商务印书馆。
安树一等　1995　《实用公文语言》，天津人民出版社。
玉溪生　1990　《万象文书大全》，花山文艺出版社。
刘叔新　1993　《言语风格、语言功能变体和文学体裁》，载《刘叔新自选集》，河南教育出版社；又载《语言学论丛》第六辑，商务印书馆，1980年。

(原载《语体与文体——"语体与文体学术研讨会"论文集》，程祥徽等主编，澳门语言学会、澳门写作学会出版，国际书号 ISBN 99937-647-1-X, 2000年12月)

跋

二十年前,我的论文集《词汇学和词典学问题研究》出版,带来欣慰的同时,在一首诗里也感慨:"文海沧沧涓一滴,韶光忽忽近余年。"确实,那时已年届半百,才出一部论文集!而且个人独著的书,这也才是拿出来的第一部!隔了九年之后,出版第二本论文集《语义学和词汇学问题新探》,又过三年,第三本论文集《语法学探微》问世,总算亡羊补牢,不致过晚,觉得多少对得起自己,多少对得起社会。不过,也滋生了几分满足,以为在语言学几个领域都耕耘过一番,三种专题性论文集应该够数了。

这种想法,没有过多久就知道不对。约莫在第三本论文集付梓前数月,出于中文系博士点发展情势的需要,我已开始把大部分时间、精力转投到壮傣语和粤方言的关系词考察上面,同时,也加厚了研究粤方言一些问题的兴趣。几年下来,多次赴少数民族地区及东江流域做语言、方言调查,获得了第一手材料,陆续出了一些研究成果。到今夏为止,累积得这些方面多篇还算有分量的论文。那是可以汇成专集的。只要是工作自然发展的结果,是适应于实际需要的成品,个人专题性论文集应该没有定额,多多益善。

十余年来,在语言学其他几个领域写的些许论文,零散多样,不能独编为专题集子,且字数综合起来亦不足成册。如今将它们附列于本集子粤语壮傣语组栏之后,似乎还算恰当。一来它们不至于喧宾夺主,反而能陪衬集子主要部分,使其突出;二来又显著扩展集子的研究面,有助于较广泛地适应不同志趣的读者群。其实它们当中,大部分都是呕心沥血而成,也自感比较称意,是能给集子增添分量和彩泽的。

  我想,这本集子仍可定以专题集名。该名与内容的"实"不十分吻合处,另设的副标题大概可清楚揭示,并聊作补救。

舒　辛

2004年夏日书于韵缕斋